RÉPERTOIRE

HISTORIQUE

DES CHEVAUX DE RACE PURE.

RÉPERTOIRE

HISTORIQUE

DES CHEVAUX DE RACE PURE

EN FRANCE

Publié avec l'autorisation de Son Excellence le Ministre de l'Agriculture, du Commerce
et des Travaux publics

SUR LES DOCUMENTS RÉUNIS

Par M. PONTET

Rédacteur du *Stud Book français.*

1ʳᵉ Partie. — Reproduction.

(1801 A 1853.)

PARIS

IMPRIMERIE ADMINISTRATIVE DE PAUL DUPONT

Rue de Grenelle-Saint-Honoré, 45.

1856

AVERTISSEMENT

A quelques rares exceptions, l'on ne s'occupait point en France, il y a vingt-cinq ans environ, de constater l'origine des chevaux ; les accouplements et les croisements s'opéraient un peu au hasard, et sans que l'on tînt exactement compte des qualités que tel ou tel cheval avait particulièrement montrées, ni de celles dont ses ancêtres avaient pu faire preuve, soit sur le terrain des courses, soit dans l'œuvre de la reproduction. Cette situation anormale fut comprise, et vers l'année 1828, un homme, auquel le pays doit beaucoup pour les sages idées qu'il a contribué à répandre et à faire prévaloir, l'honorable Duc des Cars, entreprit, de concert avec l'administration et plusieurs personnes devenues plus tard membres fondateurs de la Société d'encouragement de Paris, d'établir un registre matricule pour l'inscription des Étalons et Juments de race pure existant en France. L'exemple de l'Angleterre était là pour montrer les avantages qu'on pouvait attendre d'une semblable publication qui devait permettre aux éleveurs et aux propriétaires de con-

naître et de suivre sûrement la généalogie des chevaux.
Aussi, sur la proposition du Ministre de l'agriculture, du
commerce et des travaux publics, une ordonnance intervint,
le 3 mars 1833, pour autoriser la création du Stud Book
Français ; et, en exécution de cette ordonnance, le *Conseil
des Haras* fut chargé de réunir les éléments nécessaires
à la confection de ce recueil. Le travail était de longue
haleine : la nature et la diversité des renseignements qu'il
devait renfermer commandait de nombreuses recherches,
des vérifications multipliées, et ce fut seulement en 1838
que parut le premier volume du Stud Book Français : il
comprenait 1,458 animaux, dont 402 étalons, 214 poulinières et 842 poulains ou pouliches.

D'année en année, la production et l'importation ont
grandi, et, d'après le travail livré aujourd'hui au public,
on comptait, à la fin de 1853, 4,500 naissances ; on peut
donc dire que la famille de race pure, issue de sang anglais
ou de sang oriental, est aujourd'hui naturalisée en France,
et que cette production repose sur des bases qui, eu égard
au nombre, permettent de devenir bientôt aussi larges que
celles sur laquelle est assise la prospérité hippique de la
Grande-Bretagne. Les chevaux de pur sang nés en France,
soumis au même régime d'éducation qu'en Angleterre,
soutenus par une nourriture substantielle, ont montré qu'ils
avaient en eux les mêmes vertus que leurs ancêtres,—la
précocité, le *sang*, c'est-à-dire, cette aptitude d'une vieille

race toute formée à transmettre ses qualités par la voie de la génération.

En raison du développement qu'a pris en France, surtout dans ces dernières années, l'élevage du cheval de pur sang, il a paru opportun à l'Administration des Haras de faire ressortir, sous une autre forme que celle adoptée pour le **Stud Book Français**, les utiles renseignements que cet ouvrage comporte. Dans le Stud Book Français, chaque poulinière, classée selon l'ordre alphabétique, est suivie des produits qu'elle a donnés avec tel ou tel étalon : le nouveau travail publié est établi dans un ordre inverse. Sous le nom de chaque étalon, se trouve placée la nomenclature des poulinières qui lui ont été amenées, et, en regard de celles-ci, les noms des poulains et pouliches résultant de l'accouplement. De cette manière, on peut en quelque sorte embrasser d'un seul regard l'œuvre entière d'un étalon comme reproducteur, et juger en même temps la valeur des alliances par le mérite des produits.

Des résumés statistiques qu'on trouvera aux pages XI à XVIII complètent, à ce point de vue, les renseignements, en indiquant le chiffre total des naissances obtenues des œuvres de chaque étalon ; ces mêmes résumés sont suivis de l'état nominatif des étalons de pur sang anglais et orientaux importés en France de 1801 à 1853. Le volume se termine par la liste des étalons anglais et orientaux exclusivement employés avec les juments indigènes de demi-sang ou de trait.

Tels sont les différents éléments constitutifs de la première partie de l'ouvrage que l'Administration des Haras publie : la seconde partie, qui est en voie de préparation, comprendra les *performances* de tous les chevaux de pur sang ayant paru sur les hippodromes français depuis l'année 1817, époque à laquelle les courses ont commencé à avoir quelque valeur.

LISTE DES ABRÉVIATIONS.

H.	Haras.
H. I.	Haras impériaux.
D. I.	Dépôt impérial d'Etalons.
M.	Mâle.
F.	Femelle.
Al.	Alezan.
B.	Bai.
B. b.	Bai brun.
Bl.	Blanc.
G.	Gris.
N.	Noir.
Ro.	Rouan.
N. m. t.	Noir mal teint.
S. B. An.	Stud Book Anglais.
S. B. F.	Stud Book Français.

Les lettres placées à la gauche et en regard des poulinières s'expliquent ainsi qu'il suit :

M.	Morte.
Ex.	Exportée.

Les lettres placées à la droite des produits s'expliquent de la manière ci-après :

M.	Mort.
M.-L.	Mort au lait.
M.-N.	Mort au naissant.
C.	Castré.
Ex.	Exporté.

L'astérisque * placé au sexe des produits mâles ou femelles indique les poulains passés à la classe des étalons et les pouliches passées à l'état de poulinières.

Étalons de pur sang nés en France, pages 271 à 280. — L'astérique * placé à la suite du nom des étalons, indique ceux qui sont nés dans les haras impériaux.

Il en est de même pour les *Étalons Orientaux*, pages 281 à 288.

ERRATA.

Page 112, Milton, importé en 1824; lisez en 1820.
— 134, Petworth, — 1835; — 1833.
— 135, Physician, — 1842; — 1841.
— 172, Tancred, — 1834; — 1828.
— 173, Tandem, — 1836; — 1829.
— 175, Terror, — 1836; — 1835.
— 184, Tooley, — 1827; — 1819.
— 186, Trance, — 1831; — 1825.

RÉSUMÉ STATISTIQUE

PAR ORDRE NUMÉRIQUE

DES PRODUITS ISSUS D'ÉTALONS ET DE JUMENTS

TRACÉS AU STUD-BOOK FRANÇAIS

DEPUIS 1801 JUSQU'EN 1853.

ÉTALONS ANGLAIS.

	Mâles.	Femelles	TOTAL.		Mâles.	Femelles	TOTAL
Royal Oak............	84	87	171	Sting	20	20	40
Emilius (Young)......	93	74	167	Worthless............	24	16	40
Napoleon.............	51	78	129	Eastham.	16	23	39
Gladiator.............	53	54	107	Dangerous............	23	13	36
Lottery, ex Tinker....	53	46	99	Fitz Emilius..........	19	17	36
Terror.	50	49	99	Premium.............	14	22	36
Bizarre...............	30	32	62	Paradox.............	17	18	35
Ali Baba.............	24	37	61	Alteruter.............	21	11	32
Physician............	21	37	58	Cadland.............	17	14	31
Brocardo.............	21	35	56	Eylau.........An.-Ar.	16	15	31
Pickpocket...........	29	27	56	Hœmus..............	12	19	31
Mr. Wags............	32	23	55	Baron (The)..........	12	18	30
Garry Owen...........	21	32	53	Tipple Cider..........	16	14	30
Harlequin............	23	30	53	Rainbow.............	16	13	29
Sylvio............	30	23	53	Tigris......	9	20	29
General Mina.........	27	23	50	Nuncio..............	16	12	23
Caravan.............	38	11	49	Quoniam............	15	13	28
Commodor Napier.....	23	23	48	Rowlston............	14	14	28
Ibrahim (Sultan)......	19	29	48	Nautilus.............	12	15	27
Captain Candid.......	22	23	45	Ionian...............	12	14	26
Mameluke...........	27	18	45	Franck..............	16	9	25
Beggarman...........	27	15	42	Ibis.................	14	11	25
Deucalion............	23	17	40	Mr. d'Ecoville........	12	13	25

	Mâles	Femelles	TOTAL
Hercule (Rainbow)....	11	13	24
Napier.	13	11	24
Tetotum.............	12	12	24
Ægyptus.............	13	9	22
Carbon..............	12	10	22
Gigès.	9	12	21
Nelson.	9	12	21
Pagan...............	8	13	21
Trance.	13	8	21
Assassin.	7	13	20
Emperor (The)...	15	5	20
Kohel.........An -Ar.	15	5	20
Marcellus...........	7	13	20
Mustachio...........	10	10	20
Truffle.	14	6	20
Arthur.	8	11	19
Felix (Rainbow).......	10	9	19
Holbein.	6	13	19
Polecat.............	12	7	19
Skirmisher...........	9	10	19
Tancred.............	7	12	19
Xenocrate.....An.-Ar.	12	6	18
Milton.	6	11	17
Nunnykirk...........	10	6	16
Inheritor............	4	11	15
Romagnesi....An-Ar.	7	8	15
Tarrare.............	7	8	15
Windcliffe...........	9	6	15
Novelist.............	9	5	14
Prospero.	6	8	14
Royal George........	8	6	14
Tooley..............	5	9	14
Jocko..............	3	10	13
Lutzen..............	8	5	13
Belmont............	6	6	12
Renonce............	5	7	12
Attila..............	6	4	10
Friedland............	5	5	10
Libertine............	5	5	10
Prospectus.	4	6	10
Schamyl.	7	3	10
Abron..............	5	4	9
Brabant.	2	7	9
Crispin ex Caspian....	5	4	9
Ion.	3	6	9
Malton.............	6	3	9
Reveller (Young)......	6	3	9
Slane ex Abadoudoulack	8	1	9
Tandem ex multum in Parvo.............	3	6	9

	Mâles	Femelles	TOTAL
Doge of Venice........	2	6	8
Easton..............	4	4	8
Edmund.............	3	5	8
Governor............	3	5	8
Juggler (The)........	3	5	8
Liverpool............	2	6	8
Minster.............	3	5	8
Tragedian	6	2	8
Foscarini............	4	3	7
Paillasse..	3	4	7
Premier Août.........	4	3	7
Scavenger (The).......	5	2	7
Theodore............	2	5	7
Titus ....An.-Ar.	4	3	7
Assault.............	1	5	6
Copper Captain.......	2	4	6
Edwin.	4	2	6
Emilio........An.-Ar.	2	4	6
Lestocq.............	6	»	6
Masaniello...........	3	3	6
Oak Stick...........	3	3	6
Prince Caradoc........	3	3	6
Spectre..............	3	3	6
Vendredi............	3	3	6
Volcano.............	3	3	6
Anglesea............	2	3	5
Antithèse. .....An.-Ar.	2	3	5
Cataract............	4	1	5
Coriolan.......An.-Ar.	4	1	5
Fra Diavolo...........	»	5	5
Little Rover...........	1	4	5
Peter ex Pater.........	1	4	5
Prime Warden (The)...	2	3	5
Rosas..............	4	1	5
William.............	1	4	5
Adolphus.	4	»	4
Biron.	2	2	4
Cardigan......An.-Ar.	1	3	4
Dominichino.........	3	1	4
Fang...............	3	1	4
Glory ex Bold Archer..	2	2	4
Jason (Rainbow)......	2	2	4
Lutin...............	2	2	4
Morok..............	3	1	4
Rob Roy............	3	1	4
Roi de Rome.........	4	»	4
Snail (Young).........	2	2	4
Arwed.	2	1	3
Bolero..............	2	1	3
Brandy Face.........	3	»	3

	Mâles.	Femelles	TOTAL.
Cédar	2	1	3
Chesterfield Junior	1	2	3
Claude	2	1	3
Eremos......An.-Ar.	1	2	3
Farmington	1	2	3
Freystrop	2	1	3
His Highness	2	1	3
Jean Bart	1	2	3
Jeroboam	3	»	3
Loto	1	2	3
Philip Shah	1	2	3
Quine......An.-Ar.	1	2	3
Sylvino	2	1	3
Tartare	»	3	3
Vandyke (Young)	3	»	3
Whisker (Young)	3	»	3
Ajax	»	2	2
Albatros	2	»	2
Aliboron	1	1	2
Ascot	»	2	2
Astre	1	1	2
Barelegs	1	1	2
Bataclan	2	»	2
Bijou	»	2	2
Canton	»	2	2
Carthago......An.-Ar.	1	1	2
Chance	2	»	2
Colwick (Young)	1	1	2
Conjecture	1	1	2
Curé de Silly	1	1	2
Doctor Stello ex Schubry	»	2	2
Dumnacus	2	»	2
Filder	1	1	2
Javan	2	»	2
Lanerscot	1	1	2
Lodin	»	2	2
Maître d'Ecole	1	1	2
Mariner	1	1	2
Moor (The)	»	2	2
Pain d'Epice	2	»	2
Plower	2	»	2
Pontchartrain	1	1	2
Ratopolis	1	1	2
Rinaldo	2	»	2
Romeo	2	»	2
Schedony	1	1	2
Sghir - Ben - Abd - el, An.-Ar.	2	»	2
Shamil	1	1	2

	Mâles.	Femelles	TOTAL
Sir Benjamin Backbite	2	»	2
Snail	2	»	2
Tinker Junior	»	2	2
Vampyre	1	1	2
Whiteface	1	1	2
Xerxès......An.-Ar.	1	1	2
Zopire......An.-Ar.	1	1	2
Algérien	»	1	1
Allington	1	»	1
Artenay ex Embonpoint.	»	1	1
Auriol	1	»	1
Ballinkeele	1	»	1
Ben Massoud...An.-Ar.	»	1	1
Ben Nevis	»	1	1
Berenger	»	1	1
Boleslas	»	1	1
Bon Ton	1	»	1
Calderstone	»	1	1
Cameleon	»	1	1
Capharnaum	»	1	1
Cerf-Volant	1	»	1
Chamois......An.-Ar.	»	1	1
Chatterton	»	1	1
Clôture (La)	1	»	1
Darlington	»	1	1
D. I. O	1	»	1
Don Juan	»	1	1
Egbert	1	»	1
Emilius (Young)	»	1	1
Felix (Accident)	1	»	1
Fingal	1	»	1
Fleury	1	»	1
Fortuné......An.-Ar.	1	»	1
Frogmore	1	»	1
Fulford	1	»	1
Horace	»	1	1
Invincible	»	1	1
Jason (Centaur)	»	1	1
Jonas	»	1	1
Knight Errant	»	1	1
Korsac	1	»	1
Lancastre	1	»	1
Lioubliou	»	1	1
Medocain	1	»	1
Mendicant	»	1	1
Middlethorpe	1	»	1
Minister	1	»	1
Minonick	1	»	1
Moloch	»	1	1
Muezzin	»	1	1

	Mâles.	Femelles.	Total.		Mâles.	Femelles.	Total.
Myrmidon	»	1	1	Shylock	1	»	1
Patricks	»	1	1	Sloop......An.-Ar.	1	»	1
Petworth	»	1	1	Sophiste	»	1	1
Philosopher	»	1	1	Spy	»	1	1
Pirate	»	1	1	Tanger......An.-Ar.	»	1	1
Quadrilatère	»	1	1	Tim	»	1	1
Quaker......An.-Ar.	1	»	1	Tivoli......An.-Ar.	»	1	1
Quinola	»	1	1	Ulric	1	»	1
Rabelais	»	1	1	Vanloo	»	1	1
Remus	»	1	1	Va-nu-pieds	»	1	1
Rio Janeiro....An.-Ar.	1	»	1	Vatel.... ....An.-Ar.	1	»	1
Roland	1	»	1	Victot	»	1	1
Sapling	1	»	1	Well Done	1	»	1

ÉTALONS DE RACE ANGLAISE

Ayant fait la monte en Angleterre et dont les produits sont nés en France.

	Mâles.	Femelles	TOTAL.
Emilius	5	4	9
Charles XII	4	2	6
Nonsense	2	3	5
Actæon	»	4	4
Camel	3	1	4
Sir Hercules	2	2	4
Touchstone	3	1	4
Venison	2	2	4
Birdcatcher (Irish)	2	1	3
Buzzard	2	1	3
Colwick	1	2	3
Don Cossack	»	3	3
Erymus	»	3	3
Glaucus	3	»	3
Harkaway	»	3	3
Logic	2	1	3
Rod Robin	1	2	3
Tiresias	»	3	3
Caïn	1	1	2
Colonel (The)	2	»	2
Cotherstone	2	»	2
Doctor Syntax	»	2	2
Don John	1	1	2
Elis	1	1	2
Footstool	»	2	2
Hymen	1	1	2
Lancercost ¹	1	1	2
Langar	1	1	2
Liverpool	1	1	2
Manfred	1	1	2
Morisco	»	2	2
Moses	1	1	2
Oppidan	1	1	2
Plenipotentiary	1	1	2
Priam	2	»	2
Reveller	1	1	2
Sir Tatton Sykes	»	2	2

	Mâles.	Femelles	TOTAL.
Sober Robin	1	1	2
Taurus	2	»	2
Trueboy	1	1	2
Alcaston	1	»	1
Auckland	1	»	1
Augustus	»	1	1
Bay Middleton	1	»	1
Bedlamite	»	1	1
Ben Nevis	»	1	1
Bramble	»	1	1
Carew	1	»	1
Count Porro	»	1	1
Defence	»	1	1
Economist	1	»	1
Emancipation	»	1	1
Eryx	1	»	1
Euclid	»	1	1
Exile	»	1	1
Figaro	»	1	1
Filho da Puta	1	»	1
Fungus	1	»	1
Gaberlunzie	1	»	1
Glencoe	»	1	1
Gulliver	»	1	1
Haphazard	»	1	1
Harry	1	»	1
Ishmael	1	»	1
Jacques	»	1	1
Jerry	»	1	1
Libel (The)	1	»	1
Little John	»	1	1
Maroon	1	»	1
Merchant	»	1	1
Merlin	»	1	1
Middleton	1	»	1
Mus	»	1	1
Nigel	»	1	1

¹ Importé en France en 1853.

¹ Importé en France en 1852.

	Mâles.	Femelles	TOTAL.		Mâles.	Femelles	TOTAL.
Oakley	»	1	1	Selim	»	1	1
Octavius	»	1	1	Shah (The)	1	»	1
Pantaloon	»	1	1	Spanish Jack	»	1	1
Peter Lely	1	»	1	Surplice	»	1	1
Phantom (Young)	»	1	1	Swinton	1	»	1
Picaroon	»	1	1	Theon	1	»	1
Ratcatcher	1	»	1	Tranby	»	1	1
Redshank	1	»	1	Urbano	»	1	1
Robin Hood	1	»	1	Vampyre	1	»	1
Rockingham	1	»	1	Velocipede	1	»	1
Rouncival	1	»	1	Waxy Pope	1	»	1
Saddler (The)	1	»	1	Whisker	1	»	1
St. Francis	1	»	1	Woful	»	1	1
Scutari	1	»	1				

ÉTALONS ORIENTAUX.

	Mâles.	Femelles	TOTAL.
Hussein	40	49	89
Massoud	22	29	51
Karchane	23	19	42
Hamdani blanc	21	14	35
Bedouin	17	12	29
Bagdadli	11	16	27
Koheil Obayan Sederei	14	12	26
Mesrur	14	11	25
Kouleli	14	6	20
Antar	7	11	18
Abufar	7	10	17
Agib	5	11	16
Frigian	7	7	14
Numide	6	7	13
Rajah	7	5	12
Saoud	7	5	12
Sidi Mahmoud	5	7	12
Ibrahim II	6	4	10
Koheil Hamdani	5	5	10
Laïsum	7	2	9
El Ared	2	6	8
Hadjar	2	6	8
Mansourah (Bay Arabian)	4	4	8
Shaklawie Amdam	5	5	8
Abou Arkoub	4	3	7
Frivole ...... An.-Ar.	3	4	7
Mezaroum	2	5	7
Benny	3	3	6
Impétueux	4	2	6
Koheil Hamdani Arbi	3	3	6
Raz el Fedawe	1	5	6
Selim	4	2	6
Turkman	5	1	6
Adeban	»	5	5
Durzi	2	3	5
Heliopolis	1	4	5
Kochlany	2	3	5
Mesroor	»	5	5
Bou-Maza	1	3	4

	Mâles.	Femelles	TOTAL.
Chelif	2	2	4
Coureur	1	3	4
Gor	1	3	4
Hlavie	3	1	4
Hlavie Obayan	4	»	4
Nasser	2	2	4
Polidas	2	2	4
Tachiani	1	3	4
Tippo Saëb	1	3	4
Abian	3	»	3
Abou Arkoub	2	1	3
Aslan	»	3	3
El Bedavy	2	1	3
Hableur ...... An.-Ar.	»	3	3
Hector	2	1	3
Koheil Saadan	3	»	3
Mascara	1	2	3
Açly ex Hamdan	»	2	2
Amrou	2	»	2
Dahmani	1	1	2
Eclair	»	2	2
Emir Abou Arqoub	»	2	2
Haleby	1	1	2
Hamdani bai	2	»	2
Ibrahim Ier	»	2	2
Mentor ...... An.-Ar.	»	2	2
Nedjdi	1	1	2
Patrocle	1	1	2
Seklavi II	2	»	2
Tamerlan Ier	»	2	2
Téméraire	»	2	2
Arrogant ...... An.-Ar.	1	»	1
Berk	»	1	1
Cashef	1	»	1
Chaban	»	1	1
Codadad	1	»	1
Cophte	»	1	1
Emmon	1	»	1
Gallipoly	1	»	1
Gheisani	1	»	1

	Mâles.	Femelles.	Total.		Mâles.	Femelles.	Total.
Haly.........An.-Ar.	»	1	1	Quidam................	»	1	1
Helenus..............	1	»	1	Régent................	»	1	1
Kabin...............	1	»	1	Selim.................	1	»	1
Mehedi..............	»	1	1	Sherif................	»	1	1
Melbean.............	1	»	1	Sidi Moussah.........	»	1	1
Nadar...............	»	1	1	Xérès.........An.-Ar.	1	»	1
Oakab..............	1	»	1				

RÉCAPITULATION

des produits de race pure nés en France, de 1801 à 1855.

RACE ANGLAISE.

Mâles issus d'étalons...	ayant fait la monte en France............	1,814	1,898
	— — Angleterre.........	84	
Femelles issues d'étalons	— — France............	1,796	1,887
	— — Angleterre.........	91	

RACE ORIENTALE.

Mâles issus d'étalons ayant fait la monte en France................	543	715
Femelles issues d'étalons ayant fait la monte en France............	572	

TOTAL des productions....... 4,500

ÉTAT NOMINATIF DES ÉTALONS DE PUR SANG ANGLAIS

Importés en France, de 1801 à 1853.

ANNÉES de l'importation.	NOMS DES ÉTALONS		NOMBRE d'étalons importés.
	Ayant produit avec le pur sang.	Ayant produit avec les juments indigènes.	
1801	....	Vivaldi......................	1
1811	....	Statesman...................	1
1814	....	Piccadilly...................	1
1815	....	Clayton	1
1817	Truffle	Ad Libitum..................	2
1818	Tigris. — Spy. — Bijou. — D. J. O. — Middlethorpe.	Camerton. — Coriolanus. — Diamond. — Hamlet. — Paulus. — Streatlam Lad. — Tozer. — Velvet.	13
1819	Tooley. — Snail..............	Egremont. — Phosphor. — Y. Statesman. — Y. Staveley.	6
1820	Milton. — Fulford............	Y. Gohanna	3
1822	....	Aldford. — Enamel...........	2
1823	Rainbow. — Easton. — Ben Nevis. — Kinght Errant.	....	4
1821	Myrmidon...................	Parchement..................	2
1823	Captain Candid. — Eastbam. — Premium. — Trance. — Doge of Venice. — Minister. — Claude.	Peter Liberty. — Y. Sir Joshua..	9
1826	Holbein	Brigand. — Félix (Comus). — Homer.	3
1827	Rowlston. — Y. Vandyke.......	Locksley.	3
1828	Carbon. — Mustachio. — Tancred. — Abron. — Dominechino. — Barelegs. — Frogmore.	Alfred. — Charon. — Electrometer. — Toil and Trouble. — Wartworth.	12
1829	Lutzen. — Tandem............	....	2
1830	The Moor. — Vampyre. — Vanloo.	....	3
1831	Harlequin. — Belmont. — Libertine.	Captive. — Enamel. — Y. Merlin. — Rembrant.	7
1832	Mariner. — Y. Emilius (Sal)....	Mohican.....................	5

ANNÉES de l'importation.	NOMS DES ÉTALONS		NOMBRE d'étalons importés.
	Ayant produit avec le pur sang.	Ayant produit avec les juments indigènes.	
1833	Royal Oak. — Allington. — Petworth.	....	3
1834	Y. Emilius. — Napoleon. — Lottery. — Paradox. — Hœmus. — Cadland. — Tetotum. — Ægyptus. — Marcellus. — Spectre. — Fang. — Jason (Centaur).	Y. Bedlamite. — Clarion. — Morotto.	15
1835	Terror. — Ibrahim (Sultan). — Novelist. — Crispin. — Edmund. — Minster. — Copper Captain. — Sir Benjamin Backbite. — Jonas.	Mahomet — Pegasus. — Slang..	12
1836	Pickpocket. — Dangerous. — Alteruter. — Windcliffe. — Tim.	Count d'Orsay. — Dick. — Faunus. Tourist. — Vauloo	10
1837	Mameluke. — Skirmisher. — Royal George. — The Juggler. — Anglesea. — Little Rover. — Chance.	A. — Navarin....................	9
1838	Theodore. — Bon-Ton..........	....	2
1839	General Mina. — Tarrare. — His Highness.	Brookland......................	4
1840	Bizarre. — Ascot. — Mendicant.	....	3
1841	Physician. — M. Wags. — Beggarman. — Farmington.	....	4
1842	Caravan........................	Delphi. — Spatterdash.........	3
1843	Brabant. — Romeo.............	....	2
1845	Assassin. — Canton............	....	2
1846	Gladiator. — Worthless. — Tipple Cider. — Pagan. — Polecat. — Attila. — The Scavenger. — Freystrop.	Rabat-Joie....................	9
1847	Sting. — Nuncio. — Ionian. — Tragedian. — Prince Caradoc. — The Prime Warden. — Glory. — Félix (Accident).	Roebuck. — Romager..........	10
1848	Brocardo. — Arthur...........	....	2
1849	Garry Owen. — The Baron. — Inheritor. — Volcano. — Chesterfield Junior. — Shylock.	....	6

ANNÉES de l'importation.	NOMS DES ÉTALONS		NOMBRE d'étalons importés.
	Ayant produit avec le pur sang.	Ayant produit avec les juments indigènes.	
1850	Napier. — The Emperor. — Nunnykirk. — Brandy Face. — Ballinkeele. — Philosopher..	Fortunatus.....	7
1851	Schamyl. — Ion. — Assault. — Cataract. — Calderstone.	Craven. — Fitz Pantaloon. — The Roue.	8
1852	Malton	Andalusian. — Auckland. — The Ban. — Constellation. — Elthiron. — Scarborough. — Sir Charles. — Sledmere. — Stoker. — Strongbow. — Velox.	12
1853	Lancercost......	Y. Birdcatcher. — Fortunatus. — Hernandez. — Iago. — Minotaur. — Richmond. — The Setter. — Sir Roland de Bois. — Womersley.	10
		TOTAL.	211

NOTA. Quelques-uns des reproducteurs, désignés en 1852 et 1853, tels que ELTHIRON, STRONGBOW, VELOX, HERNANDEZ, IAGO, RICHMOND et WOMERSLEY, ont été classés dans la catégorie des étalons employés avec les juments indigènes, par ce motif qu'importés récemment en France, ils n'ont pas eu le temps de se signaler comme reproducteurs de la race pure.

ÉTAT NOMINATIF DES ÉTALONS DE PUR SANG ORIENTAL

Importés en France, de 1801 à 1853.

ANNÉES de l'importation.	NOMS DES ÉTALONS		NOMBRE d'étalons importés.
	Ayant produit avec le pur sang.	Ayant produit avec les juments indigènes.	
1801	....	Yemen	1
1802	Cophte.............................	....	1
1803	....	Cobail.............................	1
1804	....	Arabe. — Iman	2
1805	....	Bertrand. — Imarabe	2
1806	....	Bagdad.........	1
1807	Kochlany. — Eclair. — Cashef..	Diezzard. — Godolphin..........	5
1808	....	Amrou. — Mocrabi — Sediman. — Séduisant.	4
1809	Amrou.............................	....	1
1810	Heliopolis........................	....	1
1811	....	Aboukir. — Bacha. — Bajazet. — Chebeis.—Drogman.—Rish-ham. — Sheikh. — Soliman.	8
1812	....	Algérien. — Ana. — Euphrate. — Mirza. — Orosman. — Sesostris. — Shah. — Sheitam. — Tarracan.	9
1813	Gallipoly.........................	Aly.—Beni.—Cadi. — Caligula. Circassien.— Farceur.—Galazzy.— Halavert.—Herac.— Muphti. — Mustapha. — Scipion.	13
1814	Tamerlan Ier............	Ararath. —Darius.—Tamerlan..	4
1815	....	Aga. — Curde....................	2
1816	....	Babylonien. — Bayrachter. — Craps. — Kochlany II.	4
1817	....	Titzican	1
1818	Antar. — Gor,....................	Abeian. — Algebeck. — Ouzeley. —Sesostris Ier.—Wellington.	7

ANNÉES de l'importation.	NOMS DES ÉTALONS		NOMBRE d'étalons importés.
	Ayant produit avec le pur sang.	Ayant produit avec les juments indigènes.	
1819	Raz el Fedawe. — Coureur......	Almanzor. — Badin. — Geredan. — Rhadeban. — Seglawie. — Shami. — Treffy.	9
1820	Impétueux.— Aslan.—Temeraire.	Actif. — Ariel. — Colosse. — Courageux. — Diligent. — Effilé. — Fou.— Foudre.— Hadban. —Heureux.— Lion. — Majestueux. — Pacifique. — Sakal.	17
1821	Massoud. — Bedouin. — Abufar. — Abou Arkoub. — Haleby.	Abjer.—Aboumohureph.—Abouseif.— Achmet-Bey. — Addal. —Aimable.—Borack.— Cheleby. — Daher. — Divan Effendi. — Durzi. — Gazal. — Gingiskan.—Hadjy.—Hispahan. — Kebche. — Mabruck. Medani,—Mikhawi,—Orkau. —Ourfaly.—Richan.—Romp. — Shouaimani. — Visir.	30
1822	Nasser. — Mehean.............	Berck. — Camash. — Douhey. — Drey.—Haddeidi. — Hontief. — Kelly. — Mahama. — Mochakef.—Monky.—Renegat. — Sheoud.	14
1823	....	Barbe..........................	1
1824	Adeban.......................	Abdoula Aga	2
1825	Frigian. — Selim. — Emmon...	Raas. — Tadmor..............	5
1826	Sidi Mahmoud.................	Arabe.— Zacre...............	3
1827	Shaklawie Amdam.............	Abou Arkoub II..............	2
1830	Berk	Abouchar. — Shaklawy........	3
1831	....	Bergout......................	1
1833	El Bedavy. — Nadar...........	....	2
1834	Ibrahim II. — Benny. — Selim..	Bark.—Saklawi Djedran.—Shouaiman. — Vadné.	7
1836	....	Raad. — Youssouf.............	2
1837	Mansourah. — Mascara........	....	2
1838	....	Matamor. — Sinan............	2
1840	Abou Arkoub. — Chaban.......	Nemerr	3
1841	Mesrur. — Turkman...........	....	2

ANNÉES de l'importation.	NOMS DES ÉTALONS		NOMBRE d'étalons importés.
	Ayant produit avec le pur sang.	Ayant produit avec les juments indigènes.	
1842	Karchane. — Hamdani Blanc. — Koheil Obayan Sederei. — Koheil Hamdani. — Koheil Hamdani Arbi. — Durzi. — Chelif. — Tachiani. — Abian. — Koheil Saadan. — Dahmani. — Hamdani Bai. — Seklavi II. — Gheisani.	Aleppo. — Bechir. — El Rim. — Hamdan. — Koheil Habbas. — Massoud. — Seklavi Ier. — Treifi……………………	22
1843	Hlavie. — Hlavie Obayan…….	Monaghé Zahé. — Pompée. — Warda………………	5
1844	Saoud………………	………………………	1
1845	Hussein………………	Ali. — Isly. — Kader……….	4
1846	El Ared. — Hadjar. — Emir Abou-Arqoub.	………………………	3
1847	Mesroor………………	………………………	1
1848	Sidi Moussah………………	………………………	1
1849	Açly………………	………………………	1
1850	Bagdadli. — Kouleli. — Mehedi. — Sherif.	Assam. — Bachibouzouk. — Derviche. — Djdaan. — Kara Ali. — Kehelan. — Kehelan Saglawy. Mahboub. — Richan II. — Sfiri.	14
1852	………………………	Bardad. — Bark. — Chefetiah. — Haleb. — Ibn Rassam. — Taoûk.	6
1853	………………………	Beaubey. — Fana. — Jouhara. — Kerbela. — Machouk Pacha. — Mesched. — Samara. — Sheik Zaade. — Souedj.	9
	TOTAL………………		241

REPRODUCTION

DE

L'ESPÈCE CHEVALINE

DE RACE PURE

PREMIÈRE PARTIE

ÉTALONS ANGLAIS

Inscrits au Stud Book Français.

S. B. An. 3ᵉ v. p. 10.
S. B. F. 1ᵉʳ v. 2ᵉ éd.
p. 1.

ABRON.

Importé en 1828. — H. I. — Mort en 1845.

B. Né en Angleterre, en 1820. — Son père, WHISKER ; Sa mère, ALTISIDORA, par DICK ANDREWS.

A produit avec :

»	ELECTION MARE.....An.	1833	F.	Amazone............	*
M.	ELEPHANTA ....An.	1833	M.	John Bull...........	C.
M.	LADY...........An.	1833	M.	Gusman	M.
		1834	M.	N................	M.

M.	NANNY SHANKS....An.	1833	M.	Ivanhoë.............	C.
M.	PRIESTESS........An.	1829	F.★	Enchanteresse........	M.
»		1832	M.	Hamilton.............	»
M.	REBECCA p. Eagle..An.	1833	F.★	Gaiety..............	»
»	RUBENA..........An	1832	F.★	Hébé..............	»

S. B. F. 1er v. 2e éd.
p. 2.

ADOLPHUS.

(H. I. — 1845.)

B. Né en France, au H. de Meudon, en 1839. — Son père, Royal Oak ; Sa mère, Anna, par Godolphin.

A produit avec :

»	AICHA.........An.-Ar.	1852	M.	Ketty	»
M.	IDA...............An.	1847	M.★	Val-de-Sair..........	»
M.	OLIVIA ....An.	1850	M.	N....................	M.-L.
		1851	M.	Olivier Cromwell	»

S. B. An. 4e v. p. 224.
S. B. F. 1er v. 2e éd.
p. 2.

ÆGYPTUS.

Importé en 1834. — H. I. — Vendu en 1850.

B. Né en Angleterre, en 1830. — Son père, Centaur ; Sa mère, Pastille, par Rubens.

A produit avec :

M.	ABJER MARE.......An.	1836	F.	Abjer Filly..........	»
»	AVANT-GARDE.....An	1846	M.	Printemps...........	C.
»	BELLINA ....An.	1845	F.	Nina................	»
		1847	M.	Seizerais	»

M.	BELLONE.........An.	1840	M.	Oscar...............	,
»	BERGÈRE.........An.	1836	F.★	Danaïde...........	,
»	ÉGYPTIENNE.......An.	1845	M.	N................	M.-L.
		1846	F.	Nancy..............	»
»	FILAGRÉE.........An.	1845	F.	Ægyptsy...........	M.
»	FOLLA...........An.	1845	M.	Athos..............	C.
		1846	F.	Eline.............	»
»	GAIETY..........An.	1838	M.★	Masque............	»
M.	HÉLOISE.........An.	1838	M.	N................	M.-L.
M.	LADY............An.	1840	M.	O'Connell...........	,
»	MISS ANN p. Figaro, An.	1840	M.	Ovide..............	»
M.	PAMÉLA..........An.	1836	F.	Palma.............	»
M.	POOZY.. ....An.	1836	M.★	Lyncée.............	C.
»	PRIMEROSE.......An.	1845	M.	N................	M.-N.
		1846	F.	N................	M.-N.
M.	SYRÈNE..........An.	1836	M.	Égyptien...........	M.-L.
»	TAPAGE..........An.	1845	F.	Jeannette..........	»
		1846	M.	Pompey............	C.

AJAX.

Mort en.....

Al. Né en France, chez M. Laborie, en 1839. —Son père, Javan; Sa mère, Felicia, par Rainbow.

A produit avec :

M.	FAUVETTE.........An.	1843	F.	Ajaccio.............	,
M.	JACINTHE......An.-Ar.	1843	F.	Ritta.............	,

S. B. F. 1er v. 2e éd
p. 3.

ALBATROS.

H. 1. — 1842. — Castré en 1849.

Bb. Né en France, chez M. Fasquel, en 1837. — Son père, CADLAND ; Sa mère, ALMAÏDA, par TIGRIS.

A produit avec :

M.	CUTENDRE ....An.	1843	M.	Albinos		M.
M.	HEIRSS..........An.	1844	M.	Cadmus.............		C.

S. B. F. 1er v. 2e éd.
p. 4.

ALGÉRIEN.

H. I. — Castré en 1844.

B. Né en France, au H. I. du Pin, en 1833. — Son père, CAPTAIN CANDID ; Sa mère, TIGRESSE, par TIGRIS.

A produit avec :

M.	PENULTIMA [1] ......An.	1839	F.	Azola.............	»

S. B. F. 1er v. 2e éd.
p. 4.

ALI BABA.

(H. I.)

B. Né en France, au H. I. du Pin, en 1834. — Son père, HOLBEIN ; Sa mère, CLOTON, par EASTHAM.

A produit avec :

»	ANGIOLINA ....An.	1841	F.	N..............		M.
		1842	F.	N..............		»
»	ATALANTA.........An.	1849	F.	Amanda............		»
M.	BRISE-L'AIR ....An.	1845	M.	Volcan.............		C.
		1846	M.	Pompée.............		C.
		1849	F.	Victorine...........		M.
»	BRUNETTE .. ..An.	1840	M.	N..............		»

[1] PENULTIMA a été revue, en 1838, par *Algérien, Anglesea* et *Shoueiman.*

»	CALIPSO..........An.	1844	M.	Télémaque	»
M.	CALLIOPE ....An.	1844	F.	Babiole.	*M*.
»	CELESTE ....An.	1845	M.	N.....................	*M.-L.*
		1846	M.	Phidias.	*C*.
		1849	F.★	Célestine.............	»
»	CELINA ....An.-Ar.	1845	M.★	Gélos	»
		1846	F.	Sultane	*M*.
M.	CLARA.............An.	1847	M.	Monarque.	*C*.
		1848	F.★	Liberté	*M*.
»	COQUELUCHE ......An.	1846	F.★	Miss Jenny	»
		1849	F.★	Reglisse ex Glycyrrhine.	»
»	DEIDZA ....An.-Ar.	1849	F.	Cybèle..............	*M*.
M.	DOLOROSA.........An.	1846	M.	Usbeck...............	*C*.
		1847	F.★	M\^{lle} Béjart............	»
		1849	F.	N....................	*M.-L.*
M.	DONA JULIA [1] ......An.	1846	M.	Finistère	*C*.
		1849	M.	Eger.................	*C*.
»	FAVORITE ....Ar.	1846	F.	Gaza................	»
»	FILAGREE ....An.	1842	F.	Philes................	*M*.
»	FRISURE...........An.	1850	F.	Alifri	»
»	GRISI ....An.	1844	M.★	Albert	»
»	HUMBUG ....An.	1840	F.	Flavia	»
»	IRIS ....An.	1848	M.	Ontario..............	*C*.
M.	LADY ALBERT.....An.	1846	M.	Rica.................	*C*.
		1847	F.★	M\^{lle} Dangeville.........	»
		1850	F.★	Albertine........	»
»	LADY DE NORMANDIE, An.	1845	M.	Y. Ali Baba...........	*C*.
		1847	F.★	Emilia	»

[1] DONA JULIA a été revue, en 1846, par *Ascot*.

»	LADY EMELY.......An.	1840	F.★	Aline	»
M.	Y. MÉLÉHA.....An.-Ar.	1845	F.	Babet................	»
		1846	M.★	Baboul..............	»
»	MÉLINA.......An.-Ar.	1845	F.★	Alice................	»
»	MISS BLUNT.......An.	1841	F.	Etoile...............	»
»	Y. PASQUINADE....An.	1848	F.★	Gipsy...............	»
»	PIOUS JENNY......An.	1851	F.	Tyne................	»
»	PRÉMIA ....An.	1842	M.	Favori..............	»
	PRINCESS MARY....An.	1840	F.	Infante.............	»
»	RUBIS............An.	1845	F.★	Miss Rubis	»
		1846	F.★	Euterpe.............	»
		1849	M.	Marbora.............	M.-L.
»	STELLA..........An.	1846	M.★	Astre	»
		1847	F.★	Mᴵˡᵉ de Brie	»
»	SYLVIA.......An.-Ar.	1853	M.	Young Ali...........	»
M.	SYLVIE ¹..........An.	1845	F.	Aline	M.
		1846	M.	Bearn...............	C.
		1848	M.	Compère	»
		1849	F.	Aura................	»
	TRAGÉDIE.........An.	1846	F★.	Mᴵˡᵉ Clairon	»
»	VALENTINE.......An.	1845	M.	Momus..............	Ex.
		1846	F.★	Victoire.............	»
		1849	F.	Jenny Lind	»
»	VANDYKE JUNIOR MARE An.	1841	M.	N...................	C.
»	VÉNÉZIA ....An.	1842	F.★	Bella	»
		1843	F.★	Pointe à-Pitre	»

¹ SYLVIE a été revue, en 1847, par *Beggarman*

S. B. F. 1er v. 2e éd.
p. 4.

ALIBORON.

H. I. — 1847. — Mort en 1851.

B. Né en France, au H. de Meudon, en 1843. — Son père, ALTERUTER ;
Sa mère, ANNA, par GODOLPHIN.

A produit avec :

M.	CALLIOPE.........An.	1851	M.	Star................	»
,	NORMA...........An.	1849	F.	Alibora..........	»

S. B. A. 3e v. p. 61.
S. B. F. 1er v. 2e éd.
p. 4.

ALLINGTON.

Importé en 1833. — H. I. — Vendu en 1843.

G. Né en Angleterre, en 1826. — Son père, GUSTAVUS ; Sa mère, CANVAS,
par RUBENS.

A produit avec :

M.	MASSOUDÉ.....An.-Ar.	1838	M.	Marikan..............	»

S. S. A. 4e v. p. 226.
S. B. F. 1er v. 2e éd.
p. 5.

ALTERUTER.

Importé en 1836. — H. I. — Mort en 1846.

Bb. Né en Angleterre, en 1831. — Son père, LOTTERY ou FIGARO ; Sa mère,
ORVILLE MARE, par ORVILLE.

A produit avec :

M.	ANNA...............An.	1843	M.★	Aliboron	C.
M.	ANNE GREY ....An.	1842	F.★	Iris................	»
Ex.	BURDEN..........An.	1843	M.	Poisson d'Avril.......	»
M.	BURGUNDY MARE...An.	1838	M.	Chambertin...........	Ex.

"	CAMLET [1] ....An.	1845	F.★	Pénitente............		"
"	CHEVREUIL........An.	1843	F.★	Chemisette		"
M.	CRISPINE.........An.	1844	F.	Minette.............		"
"	DINE ....An.-Ar.	1837	F.★	Eugénie............		M.
"	DONA PILAR.......An.	1842	M.	Exequatur. :.........		M.
		1844	M.	Diapason...........		"
"	FACELIA ....An.	1837	M.	Goëland............		"
M.	FAIR HELEN [2] ......An.	1838	M.	Puteaux............		"
"	FLIGHTY ....An.	1844	M.	Admiral sir Charles....		E.c.
		1845	F.	Fly Away............		"
"	FRETILLON........An.	1843	M.	Light Foot..........		C.
M.	GOLDFINCH........An.	1845	M.	Aquilon.............		M.
"	JENNY ....An.	1844	M.	Marion.............		"
		1845	M.★	Lioubliou		"
"	MARGARITA ....An.	1843	M.	Meudon.............		"
		1845	F.	Nanetta............		"
...	LA MEPRISEE......An.	1843	F.	Souvenir............		"
...	MISS MIRTH ....An.	1842	M.	Chourineur..........		C.
)	OTE. ....An.	1845	M.	Cursory ex Orgon.....		C.
"	PAPILLOTE ex ALBANY MARE, An.	1845	M.	Paltoquet...........		"
"	PERI [3] ....An.	1845	M.	N..................		M.-L.
"	SCORNFUL [4] ....An.	1844	M.	Blas. ....,....		"
M.	SWEETLIPS........An.	1838	F.★	Tragedie............		"

[1] CAMLET a été revue, en 1844, par *Ibrahim* (Sultan).
[2] FAIR HELEN a été revue. en 1837, par *Terror*.
[3] PERI a été revue. en 1845. par *Beggarman*.
[4] SCORNFUL a été revue, en 1843, par *Lottery* et *Beggarman*.

»	SWEET MOOGY.....An.	1841	M.	Vailly.................		»
M.	Y. URGANDA.......An.	1838	M.★	Marengo...............		»
M.	WEEPER ....An.	1838	F.★	Locomotive...........		»
		1842	F.	Gihoulée.		
						»
»	WHALEBONA (Gipsy) An.	1843	M.	Alderman.		*M.*

S. B. An. 4e v. p. 209.
S. B. F. 1er v. 2e éd.
p. 5.

ANGLESEA.

Importé en 1837. — H. I. — Vendu en 1846.

Al. Né en Angleterre, en 1830. — Son père, Sultan ; Sa mère, Mona, par
Partisan.

A produit avec :

M.	EUCHARIS.........An.	1839	F.	Coffin................	»
»	FACELIA...........An.	1839	F.	Minuit.	»
M.	FIDELITY..........An.	1839	F.	Melrose	»
»	ORVILLINA .,......An.	1839	M.★	Paddywhack..........	»
Ex.	PENDULUM MARE...An.	1839	M.	Regulator	»

S. B. F. 1er v. 2e éd.
p. 6.

ANTITHÈSE.

- (Anglo - Arabe.) — (H. I.)

B. Né en France, au H. I. du Pin, en 1842. — Son père, Napoléon ; Sa
mère, Delphine, par Massoud, Arabe.

A produit avec :

»	HÉBÉ.............An.	1852	M.	Fox.................	»

S. B. F. 1re v. 2e éd.
p. 183.

ARTENAY ex EMBONPOINT.

(H. I. — 1853.)

Bb. Né en France, chez M. Calenge, en 1850. — Son père, Polecat ; Sa
mère, Camelia, par Camel.

A produit avec :

»	HERMOSA...........An.	1853	F.	Debine...............	»

S. B. Au. 5ᵉ v. p. 50.
S. B. F. 1ᵉʳ v. 2ᵉ éd.
p. 6.

ARTHUR.

Importé en 1848. — (H. I.)

Bb. Né en Angleterre, en 1842. — Son père, DICK ; Sa mère, SUSAN, par MANGO (fils de Sorcerer).

A produit avec :

»	ASFOURA......An.-Ar.	1851	M.	Vigneulles............	»
		1852	F.	Dalila...............	»
»	AVANT-GARDE.....An.	1849	F.	Coquette	»
		1850	M.	Fanfaron............	»
		1852	F.	Garde-à-Vous........	»
»	BELLA ....An.	1850	M.	Mylord..............	»
		1851	F.	Palmyre.............	»
		1852	M.	Mylord II............	»
»	BELLINA ....An.	1849	F.	Précieuse	»
		1850	F.	Fantaisie............	»
		1851	F.	Pompeia	»
»	DUBICA ....An.	1842	M.	Scamper	M.
»	EGYPTIENNE.......An.	1849	F.	N	M.-L.
		1851	F.	N....................	M.-L.
		1852	M.	Neuf Avril...........	»
»	FIANCÉE ....An.	1849	M.	Frontin..............	C.
		1851	F.	N....................	»
»	TAPAGE..........An.	1849	F.	Helena..............	»
		1851	M.	Mars................	M.

S. B. F. 1ᵉʳ v. 2ᵉ éd.
p. 7.

ARWED.

H. I. — 1843. — Vendu en 1852.

B. Né en France, chez M. le Comte d'Osmond, en 1838. — Son père, HERCULE ; Sa mère, QUEEN MAB, par PIONEER.

A produit avec :

»	ESSLER...........An.	1842	M.	Saphir..............	C.
		1843	F	Manola.............	M.
»	OLYMPIE ....An.	1846	M.	Albion.............	M.

S. B. An. 4ᵉ v. p. 210.
S. B. F. 1ᵉʳ v. 2ᵉ éd.
p. 7.

ASCOT.

Importé en 1840. — (H. I.)

Bb. Né en Angleterre, en 1835. — Son père, GABERLUNZIE ; Sa mère, IDA,
par WHALEBONE.

A produit avec :

»	STELLA...........An.	1849	F.	Alibine...............		»
»	SWALLOW.........An.	1853	F.	Spirituelle...........		»

S. B. An. 4ᵉ 2ᵉ éd.
p. 437.
S. B. F. 1ᵉʳ v. 2ᵉ éd.
p. 7.

ASSASSIN.

Importé en 1845. — (H. I.)

B. Né en Angleterre, en 1837. — Son père, TAURUS ; Sa mère, SNEAKER,
par CAMEL.

A produit avec :

»	AQUILA ....An.	1847	M.	Lambert.............		C.
»	BALSAMINE........An.	1848	M.	Jannin..............		»
»	BEE'S-WING.......An.	1846	M.	Wing...............		C.
M.	CAMARINE.........An.	1847	F.	Victoria.............		»
»	ELOA............An.	1847	F.★	Picciola.............		»
»	HORNET..........An.	1848	F.★	Pénitence...........		»
»	JUDITH ....An.	1851	M.	Foot Soldier.........		»
		1852	F.	Guilhaumette........		»
»	JULIETTE.........An.	1847	F.★	Potence............		»
M.	MISS ANNETTE.....An.	1850	F.★	Medina.............		»
»	MISS EXILE........An.	1846	F.	Odette.............		»
»	MONIME ....An.	1849	F.★	My Dear............		»
»	MYRTLE..........An.	1851	M.	Insurgé		»

»	NINETTE.........An.	1849	F.*	Nine................		»
»	PAMÉLA bis........An.	1847	F.	Pameline...........		»
»	QUIRITA p. FELIX..An.	1851	M.	Little Brown........		»
		1852	F.	Jeanne.............		»
		1853	F.	Jara ex Sara........		»
»	ZAMIRE..........An.	1850	F.	Tauria.............		»
»	ZORA..........An.	1847	M.	Don Quichotte.......		C.

S. B. An. 6e v. p. 131.
S. B. F. 1er suppl.
p. 2.

ASSAULT.

Importé en 1851. — (H. I. — 1852.)

B. Né en Angleterre, en 1845. — Son père, TOUCHSTONE ; Sa mère, GHUZNEE, par PANTALOON.

A produit avec :

»	DOCTOR SYNTAX MARE An.	1851	M.	Y. Assault...........		»
»	EUPHROSINE [1]......An.	1853	F.	Vieille-Montagne.......		»
»	THE MAID OF FEZ..An.	1853	F.	Pure-Vérité.........		»
»	PET OF THE FANCY, An.	1851	F.	Palma.............		»
»	SADDLER MARE....An.	1851	F.*	Lady Saddler........		»
»	STREAM..........An.	1853	F.	Aganizia............		»

S. B. F. 1er v. 2e éd.
p. 7.

ASTRE.

(H. I. — 1850.)

Al. Né en France, chez M. Ducasse, en 1846. — Son père, ALI BABA ; Sa mère, STELLA, par COUNT PORRO.

A produit avec :

»	EMILIA...........An.	1853	F.	Irma................		M.
»	FOSCARINA.....An.-Ar.	1852	M.	Capitan.............		»

[1] EUPHROSINE a été revue en 1852 par Caravan.

S. B. An. 4ᵉ v. 2ᵉ éd.
p. 547.

ATTILA.
Importé en 1846.

B. Né en Angleterre, en 1839. — Son père, COLWICK; Sa mère, PROGRESS,
par LANGAR.

A produit avec :

"	BARBARINA ....An.	1847	F.	N...................	M.
"	CASSANDRA........An.	1847	M.★	Saint-Léger...........	"
M.	CURRENCY........An.	1847	M.★	Saint-Germain........	"
"	ESMERALDA ....An.	1847	M.	Estortuaire...........	M
"	ESSLER ....An.	1847	M.★	Babiega.............	"
"	EUSEBIA ....An.	1847	M.	Eurythmie...........	M.-L.
"	JENNY............An.	1847	F.★	Fleur-de-Marie........	"
M.	MARIA, sœur d'EMMA, An.	1847	M ★	Marly..............	"
M.	OLIVIA...........An.	1847	F.	Maggie ex Miss Charlotte.	"
"	TARANTELLA ......An.	1847	F.	Messsine	M.

S. B. F. 1ᵉʳ v. 2ᵉ éd.
p. 8.

AURIOL.
(H. I. — 1843.)

B. Né en France, chez M. Achille Fould, en 1837.—Son père, ROYAL-OAK ;
Sa mère, BURLESQUE, par BLUCHER.

A produit avec :

"	PAMÉLA bis.......An.	1844	M.	N...................	M.-L.

S. B. An. 6ᵉ v. p. 415.
S. B. F. 1ᵉʳ v. 2ᵉ éd.
p. 8.

BALLINKEELE.
Importé en 1850. — (H. I.)

Bb. Né en Angleterre, en 1839. — Son père, IRISH BIRDCATCHER ; Sa
mère, PERDITA, par LANGAR.

A produit avec :

"	ZILLE ....An.	1852	M.	Carnaval............	"

S. B. An. 3ᵉ v. p. 15.
S. B. F. 1ᵉʳ v. 2ᵉ éd.
p. 8.

BARELEGS.

Importé en 1828. — H. I. — Mort en 1833.

Al. Né en Angleterre, en 1823. — Son père, TRAMP ; Sa mère, ANTICI-
PATION, par BENINGBROUGH.

A produit avec :

M.	ASFOURA.............Ar.	1833	F⋆.	Massoudé.............		*M*.
		1834	M.	Mortimer.............		»

S. B An. 5ᵉ v. p. 382.
S. B. F. 1ᵉʳ v. 2ᵉ éd.
p. 8.

THE BARON.

Importé en 1849. — (H. I.)

Al. Né en Angleterre, en 1842. — Son père, IRISH BIRDCATCHER ; Sa mère,
ECHIDNA, par ECONOMIST.

A produit avec :

»	ALLUMETTE.........An.	1853	F.	Étincelle.............		»
»	ANNETTA..........An.	1853	F.	Dame d'Honneur......		»
»	BEE'S WING.......An.	1853	M.	Mesidon.............		»
»	CASSANDRA........An.	1853	F.	Seville.............		»
»	CASSICA..........An.	1853	M.	Le comte Ory........		»
»	DAME BLANCHE....An.	1851	F.	Primula.............		»
»	DECEPTION ¹.......An.	1852	F.	Amulette............		»
»	DECEPTION ex ONDINE² An.	1853	M.	Reseda.............		»
»	DIGGORY DIDDLE...An.	1851	F.	Mˡˡᵉ Diggory..........		»
		1853	F.	Baronne.............		*M*.
»	DORADE..........An.	1851	F.	Baroness............		»

¹ DECEPTION a été revue, en 1851, par *Sling*.
² DECEPTION ex ONDINE a été revue, en 1852, par *Sling*.

»	ELFRIDE.......An.-ar.	1853	F.	Marie Shah...........	»
»	ERROR...........An.	1853	F.	Bonne Chance.........	*M.-L.*
»	ESMERALDA [1].......An.	1852	F.	Chataigne...........	»
»	EUPHROSINE [2]......An.	1852	M.	Canador...........	»
»	EUSEBIA.........An.	1851	M.	Lingot d'Or.........	»
»	FAIR HELEN ....An.	1853	F.	Vermeille ex Merveille.	»
»	FRANCESCA [3]......An.	1853	M.	Mal de Mer..........	»
»	FRÉTILLON.......An.	1851	M.	Blason.............	»
»	JESSIE...........An.	1852	F.	Opulence...........	»
»	JEW GIRL [4].......An.	1852	F.	Impératrice.........	»
»	MARGARITA........An.	1851	M.	Rénumérateur.......	»
		1853	F.	Security............	»
M.	POETESS [5]........An.	1852	M.	Monarque..........	»
»	RHINOPLASTIE.....An.	1853	F.	Hepzibah...........	»
»	SERENADE ex POSTHUME [6] An.	1851	M.	Deux Minutes Treize...	»
		1853	F.	La Dame............	»
»	TARANTELLA [7].....An.	1851	M.	Benvenuto..........	»
»	TOMATE [8].........An.	1851	M.	Gentilhomme........	»
»	VICTORIA.........An.	1853	F.	Baronne............	»

[1] ESMERALDA a été revue, en 1851, par *The Emperor*.
[2] EUPHROSINE a été revue, en 1851, par *The Emperor*.
[3] FRANCESCA a été revue, en 1852, par *Caravan* et *Assault*.
[4] JEW GIRL a été revue, en 1851, par *The Emperor*.
[5] POETESS a été revue, en 1851, par *Sling* et *The Emperor*.
[6] SERENADE ex POSTHUME a été revue, en 1850, par *Bataclan*.
[7] TARANTELLA a été revue, en 1850, par *Sling*.
[8] TOMATE a été revue, en 1850, par *Sling* et *Nelson*.

S. B. F. 1er Suppl.
p. 5.

BATACLAN.

H. I. — 1852.

B. Né en France, au H. de Meudon, en 1844. — Son père, LANERCOST ;
Sa mère, BASSINOIRE, par EMILIUS.

A produit avec :

»	FLEUR DE MARIE....An.	1852	M.	Gros-Bec.............	M.
»	LUCHE............An.	1852	M.	S'il vous plait........	

S. B. An. 4e v. p. 4.
S. B. F. 1er v. 2e éd
p. 9.

BEGGARMAN.

Importé en 1841. — (H. I.)

B. Né en Angleterre, en 1835. —Son père, ZINGANEE ; Sa mère, ADELINE,
par SOOTHSAYER.

A produit avec :

»	AQUILA..........An.	1846	M.★	Moineau.............	»
»	BAI-BRUNE........An.	1847	F★.	Mainada............	»
		1849	M.	N.................	M.
»	BAYADÈRE ¹.......An.	1846	M.	Bohémien...........	»
»	BICHE........An.-Ar.	1844	F★.	Syfax.............	»
M.	BRISE-L'AIR.......An.	1847	F★.	Mlle Duparc.........	»
M.	CALLIOPE........An.	1850	F★.	Well Come..........	»
»	CÉLESTE........An.	1847	M.	Brécourt...........	M.-L.
»	CHERCHEUSE D'ESPRIT An.	1847	M.	N.................	M.-L.
»	COMÈTE.........An.	1848	M.	Mardi-Gras.........	»
»	DEIDZA.......An.-Ar.	1848	M.	Scœvola...........	C.

¹ BAYADÈRE a été revue , en 1845, par *Paillasse.*

»	DJALI..............An.	1847	M.	Typhen Morthoroug....	C.
M.	DOLOROSA.........An.	1848	M.	N...................	M.-L.
M.	DONA JULIA......An.	1848	M.	N...................	M.-L.
»	EMMA [1]............An.	1846	M.	Fleury............	»
»	GALATÉE......An.-Ar.	1845	F.	Adrienne..........	M.
»	LA GOUALEUSE [2]...An.	1851	M.	Le Vicomte.........	»
M.	HÉCUBE [3]..........An.	1845	M.	Nectar............	»
»	IRIS..............An.	1847	M.	Danois............	C.
»	JANE.............An.	1845	F.	Tartane...........	M.
»	JOCASTE..........An.	1845	F.	Tablature.........	M.
»	JUDITH...........An.	1848	F.	Beggarly..........	»
M	LADY ALBERT......An.	1848	M.*	Brutus............	»
M.	LILLY [4]..........An.	1845	M.	Turgot............	M.
M.	LOUISE [5].........An.	1844	M.	Calvados..........	C.
M.	Y. MELEHA.....An.-Ar.	1847	F.	N...................	M.-L.
M.	MISS HENRY.......An.	1844	F.	Pomaré...........	M.
»	MOLOKINE.........An.	1850	M.	Soulouque.........	»
»	MUFF............An.	1851	M.	Marcoussis.........	»
M.	MYRTLE..........An.	1849	F.*	Girouette.........	»
		1850	M.	Y. Zinganee........	»
M.	PAMÉLA [6].........An.	1843	F.*	Aveline...........	»

[1] EMMA a été revue, en 1845, par *Paillasse*.
[2] LA GOUALEUSE a été revue, en 1850, par *Chourineur*.
[3] HÉCUBE a été revue, en 1844, par *Terror*.
[4] LILLY a été revue, en 1844, par *Terror*.
[5] LOUISE a été revue, en 1843, par *Lottery*.
[6] PAMÉLA a été revue, en 1842, par *Napoleon*.

Ex.	PANDORE..........An.	1847	F.★	Nerina................		»
M.	PÉTRONILLE.......An.	1843	F.★	Amie............		»
»	RUBIS............An.	1847	M.★	Diamant............		»
		1848	M.	Silex...............		*Ex.*
»	SAINTE-HÉLÈNE[1]...An.	1846	M.	Palencat...........		»
»	SAPHO...........An.	1843	M.	Acajou............		*C.*
M.	VANDA...........An.	1844	M.★	Morok............		»
M.	VICTOIRE........An.	1844	M.★	Y. Beggarman........		*M.*
		1846	F.★	Victorine............		*M.*
»	VIOLA...........An.	1846	M	Mérovée ex Chaperon..		*C.*

S. B. An. 3e v. p. 132.
S. B. F. 1er v. 2e éd.
p. 10.

BELMONT.

Importé en 1831. — H. I. — Mort en 1848.

Bb. Né en Angleterre, en 1819. — Son père, THUNDERBOLT ; Sa mère, FANINA, par SIR SOLOMON.

A produit avec :

»	ADA p. WHISKER....An.	1833	F.	Essler.............		»
»	CALIPSO...........An.	1839	F.	Calisto.............		»
M.	CARACOLE.........An.	1834	F.★	Iveline.............		»
		1835	M.★	Allegro............		
»	CARLINE.......An.-Ar.	1835	M.★	Carlino..........		»
»	FILAGRÉE.........An.	1839	M.	Montenero..........		»
»	GAMBADE......An.-Ar.	1843	M.	Hoop.............		*M.*
»	HENRICA..........An.	1836	F.	Zoloé.............		»
»	IVELINE...........An.	1842	F.	Cocotte............		»

[1] SAINTE-HÉLÈNE a été revue, en 1845, par *Minster*.

M.	VALIDÉ............Ar.	1834	M.★	Hableur..............		»
»	VANITY.........An.	1837	F.★	Vénézia.............		»
		1839	M.	Mistral.............		*M.*

S. B. F. 1er v. 2e éd.
p. 10.

BEN MASSOUD.

(Anglo-Arabe.)— H. I. — Castré en 1851.

B. Né en France, au H. I. du Pin, en 1842. — Son père, MASSOUD, arabe ;
Sa mère, MISS ANN, par FIGARO.

A produit avec :

»	DIDON.........An.-Ar.	1847	F.★	Nymphæa............	»

S. B. An. 2e v. p. 187.
S. B. F. 1er v. 2e éd.
p. 10.

BEN NEVIS.

Importé en   . — Mort en   .

Bb. Né en Angleterre, en 1808. — Son père PAYNATOR ; Sa mère, MISS
TOPPING, par CORIANDER.

A produit avec :

M.	Y. FOLLY.........An.	1824	F.	N..................	*M.-L.*

S. B. F. 1er v. 2e éd.
p. 11.

BERENGER.

(H. I.)

B. Né en France, au H. I. du Pin, en 1844. — Son père, Y. EMILIUS ; Sa
mère, CLOTON, par EASTHAM.

A produit avec :

»	HORTENSE.........An.	1852	F.	Dione..............	»

S. B. An. 2e v. p. 74.
S. B. F. 1er v. 2e éd.
p. 11.

BIJOU.

Importé en 1818. — H. I. — Mort en 1836.

B. Né en Angleterre, en 1811. — Son père, ORVILLE ; Sa mère, DUNGANNON
MARE.

A produit avec :

| M. | LADY............An. | 1835 | F. | N................ | M. |
| M. | PRIESTESS..... .An. | 1835 | F. | Kalmia........... | » |

S. B. F. 1er v. 2e éd.
p. 11.

BIRON.

H. I. — Mort en 1852.

B. Né en France, au H. I. du Pin, en 1833. — Son père, CAPTAIN CANDID ;
Sa mère, HÉLÈNE, par EASTHAM.

A produit avec :

M.	CARACOLE [1]........An.	1840	F.	N................	»
M.	MELKINE ......An.-Ar.	1840	M.	Child	»
M.	ODETTE..........An.	1839	F.	Zéphire...........	M.
		1840	M.	Y. Tigris.........	M.

S. B. An. 3e v. p. 37.
S. B. F. 1er v. 2e éd.
p. 11.

BIZARRE.

Importé en 1840. — H. I. — Vendu en 1848.

Bb. Né en Angleterre, en 1820. — Son père, ORVILLE ; Sa mère, BIZARRE,
par PERUVIAN.

A produit avec :

»	ANNE GREY ....An.	1841	F.*	Angelina...........	»
»	ASPASIE..........An.	1841	F.	Mlle Gibou...........	»
»	BARBARINA........An.	1843	M.	N................	M.
M.	BEGUINE..........An.	1842	M.	Fanal............	M.
M.	BELILA ....An.	1841	M.	Bizarre...........	C.
M.	CAMARGO.........An.	1841	F.	Camarine...........	»
		1842	F.*	Pandore...........	Ex.

CARACOLE a été revue, en 1839, par *Pickpocket.*

»	CAMARILLA........An.	1839	M.	Calembourg	*Ex.*
M.	CAMARINE.........An.	1844	M.	N...................	*M.-L.*
		1845	F.	Désirée.............	»
»	CHERCHEUSE D'ESPRIT, An.	1844	F.	Mirabelle...........	»
»	CHRISTABEL.......An.	1841	F.	Gizelle.............	»
»	CIRCÉ ....An.-Ar.	1844	M.★	Edgar..............	»
		1845	M.	Aventure...........	*M.*
M.	CLOTON..........An.	1841	F.	Giselle.............	*M*
		1842	F.	Clôture.............	»
»	CORYSANDRE......An.	1841	F.★	Oddity	»
M.	DESPAIR. ....An.	1841	M.	Lascar	*C.*
»	DONA PILAR.......An.	1841	M.	Satisfecit...........	*C.*
»	DUBICA. ....An.	1841	M.	St-Martin...........	»
»	EGLÉ ....An.	1841	F.★	Rosine	»
M.	ELISABETH........An.	1841	F.	Odette ex Anemone....	»
»	ELOA ....An.	1845	M.	N...................	*M.-L.*
»	EVA ....An.	1842	F.	Fosse aux Lions.......	»
»	FLEUR DE LIS.....An.	1841	F.★	Anémone............	»
»	FLIGHTY ....An.	1842	F.★	Julia...............	»
		1843	F.★	Fleet...............	*Ex.*
»	FRÉTILLON........An.	1842	M.★	Fretillus...........	»
»	GRENADA[1]........An.	1848	F.★	Marie-Louise	»
»	HŒMA ....An.	1847	M.	Sultan	*J.*
»	JUDITH...........An.	1846	M.	Saint-Cyprien.	?

[1] **GRENADA** a été revue, en 1847, par *Curé de Silly*.

»	JULIETTA..........An.	1841	F.	N...................	M.-L.
»	LADY CHARLOTTE..An.	1841	M.	N...................	M.
		1842	F.★	Nonnette...........	»
M.	LUNACY..........An.	1839	M.	Alfieri.............	C.
M.	LYDIA...........An.	1842	M.	Lead...............	C.
M.	Y. MANIAC ex Laon, An.	1842	M.	Algaro............	C.
»	MELIORA.........An.	1841	F.★	Fantaisie...........	»
		1842	M.	N...................	M.-N.
M.	LA MÉPRISÉE......An.	1842	F.	Misère............	»
M.	MINETTA.........An.	1845	M.	Djalma.............	»
M.	MISS ANNETTE.....An.	1844	M.	Pompilius...........	C.
M.	Y. MOUSE........An.	1841	M.	Oremus...........	»
		1842	F.★	Myska.............	»
		1843	M.	Ultimus...........	C.
M.	MYRTLE..........An.	1845	F.★	Chiquenaude.........	»
		1847	M.	Pique-Assiette........,	M.
M.	NAIAD...........An.	1841	M.	Alligator...........	C.
»	OTE.............An.	1842	M.	Baroque............	C.
»	QUIRITA.........An.	-1845	F.	Rose...............	»
»	QUIRITA p. Felix...An.	1847	F.	N...................	M.-N.
M.	RACHEL p. Whalebone, An.	1841	F.★	Jessica.............	»
		1842	M.	Zabulon............	»
»	RUBIS [1]..........An.	1842	F.	Emeraude..........	»
»	LA TAMISE........An.	1841	M.	Kennet.............	»
		1842	F.	Medway............	»
		1843	F.	Georgette..........	M.

[1] RUBIS a été revue, en 1841, par *Alteruter*.

»	THELESIA ....An.	1843	M.	Job.................		»
»	THÉRÉSA.........An.	1845	M.	Tortillard............		C.
»	VIOLA............An.	1844	F.	Bize................		»
Ex.	WHIST...........An.	1840	F.	N..................		M.-L.
M.	WORRY [1]........An.	1841	F.★	Error..............		»

S. B. F. 1er v. 2e éd.
p. 12.

BOLERO.

(H. I.)

B. Né en France, au H. I. du Pin, en 1844. — Son père, Y. EMILIUS ; Sa
mère, DORIS, par TERROR.

A produit avec :

»	GRINGALETTE ex GRIN- GOLETTE [2]. An.	1852	F.	Sola...............		»
		1853	M.	Copper-Field.........		»
»	MISS ANN p. FIGARO, An.	1852	M.	Sixteen..............		»

S. B. F. 1er v. 2e éd.
p. 12.

BOLESLAS.

H. I. — Vendu en 1852.

B. Né en France, au H. I. du Pin, en 1833.—Son père, EASTHAM ; Sa mère,
THALIE, par TIGRIS.

A produit avec :

»	BERTHE..........An.	1851	F.	Annette..............		»

S. B. An. 4e v. 2e éd.
p. 308.
S. B. F. 1er v. 2e éd.
p. 12.

BON TON.

Importé en 1838. — H. I. — Mort en 1846.

Al. Né en Angleterre, en 1831. — Son père, PHANTOM ; Sa mère, MISS
SKIM, par SKIM.

---

[1] **WORRY** a été revue, en 1840, par *Y. Emilius.*
[2] **GRINGALETTE** a été revue, en 1851, par *Tipple Cider.*

A produit avec :

Ex. |LAVINIA..........An. 1838 | M. |N...................| *M.-N.*

Racing Calend. 1838,
p. 46.
S. B. F. 1er v. 2e éd.
p. 13.

BRABANT.

Importé en   .

B. Né en Angleterre, en 1836. — Son père, LAPDOG ; Sa mère, BÉGUINE,
par WAXY POPE.

A produit avec :

M	ANNE OF GEIERSTEIN, An.	1844	F.★	Effie Deans..........	»
		1846	F.★	Free Trade..........	»
»	ENERGY..........An.	1846	F.	N...................	*M.-N.*
»	FLIRTATION........An.	1846	M.★	Gay Boy	»
		1847	F.	High Glee...........	*M.-L.*
Ex.	MAID OF ERIN.....An.	1846	F.	N...................	*M.-N.*
	MANTILLE.........An.	1846	M.	N...................	*M.-N.*
		1847	F.★	Geneviève de Brabant..	»
M.	VERONA..........An.	1842	F.	N...................	*M.-L.*

S. B. An. 7e v. p. 321.
S. B. F. 1er v. 2e éd.
p. 13.

BRANDY FACE.

Importé en 1850. — (H. 1.)

Bb. Né en Angleterre, en 1844. —Son père, INHERITOR ; Sa mère, TIFFANY,
par JERRY.

A produit avec :

»	PHÉNICE..........An.	1852	M.	Exili...............	»
»	STELLA..........An.	1852	M.	Écornifleur..........	»
»	SYLVANDIRE.......An.	1853	M.	Point et Virgule.......	»

S. B. An. 5ᵉ v. p. 38.
S. B. F. 1ᵉʳ v. 2ᵉ éd.
p. 14.

BROCARDO.

Importé en 1848. — (H. I.)

Bb. Né en Angleterre, en 1843. — Son père, Touchstone; Sa mère,
Brocade, par Pantaloon.

A produit avec :

»	AGAR ....An.-Ar.	1852	M.	Ismaël	»
		1853	F.	Aurélie..............	»
»	ALTHÉA.......An.-Ar.	1852	F.	Hibisca..............	»
M.	ANTONIA ....An.	1850	F.	N..................	*M*.
»	BELLE-POULE, An.-Ar.	1850	F.*	Quarantaine	»
		1852	F.	Poulette.............	»
		1853	F.	Alerte..............	»
»	BÉNÉDICTION ......An.	1852	F.	Vanda	»
»	CÉSARINE ex Mansoura, An.-Ar.	1852	F.	Césarée	»
»	CONSTANTIA ADA..An.	1850	F.	Brocardine	»
»	DAMOPHILA........An.	1853	F.	Wavering	»
M.	DESPAIR ....An.	1851	F.	N..................	*M*.-*L*.
		1852	M.	N..................	*M*.-*L*.
»	DIANE ....An.	1851	F.	Mˡˡᵉ Brocard..........	»
»	DIDON.........An.-Ar.	1852	M.	Debureau ex White-face.	»
		1853	M.	Arnac...............	»
»	DINARZADE....An.-Ar.	1852	M.	Brin de Jonc..........	»
»	EUGENIA ....An.	1851	M.	Fantôme	*M*.
M.	EURYDICE ....Ar.	1850	F.	Quinine	»
»	EYEBROW.........An.	1852	M.	Fairfax	»

»	FLICCA . . . . .An.-Ar.	1850	F.	Pauline	»
»	FLORA [1] . . . . .An.	1850	F. ★	Brocatelle	»
		1851	M.	Oakling	»
»	GIPSY . . . . .An.	1852	M.	Chicardo	»
»	IRIS . . . . .An.-Ar.	1850	F.	Quadrille	»
		1852	M.	Arc-en-Ciel . . . . ▲.	»
»	JACTANCE . . . . .An.-Ar.	1852	F.	Vanité	»
»	JANE . . . . .An.	1850	F.	Zizanie.	»
»	JUVENTA . . . . . .An.-Ar.	1852	F.	Jouvencelle.	»
»	KALOUGA. . . . . .An.-Ar.	1852	F.	Kandha	»
»	LAC DYE. . . . . .Ar.	1853	M.	Brocard	»
»	LEANA . . . . .An.-Ar.	1852	F.	Nonnette	»
»	LÆTITIA. . . . . . .An.-Ar.	1852	F.	Joyeuse	»
»	MALZZIA . . . . . . .An.-Ar.	1852	M.	Brocard	»
		1853	M.	Attorney	»
»	MARIE DE BRABANT, An.-Ar.	1851	F.	Amine ex Anine.	»
»	MEGG MERILLIES,An.-Ar.	1852	F.	Bohemie	»
»	MIRIAIM. . . . . . .An.	1850	M.	N.	*M.-N.*
		1851	F.	Bellone.	»
»	MISS EXILE. . . . . . . .An.	1850	F.	Rose-de-Mai	*M.*
»	MISS SCHNEITZ HOEF-FER ex Miss CRIMS-THORPE. . . . . .An.	1851	M.	Bragger.	»
»	MUFF . . . . .An.	1850	F.	Vogue-la-Galère.	»
»	NÉMÉE. . . . . . . .An.-Ar.	1853	M.	Mont-de Marsan	»

[1] **FLORA** a été revue, en 1850, par *Commodor Napier.*

»	NOEMA............An.	1851	F.	Bacchante............	»
»	OLGA............An.	1850	M.	Yvan...............	»
		1851	F.	Zilia	»
»	OLYMPIE.........An.	1851	M.	Domino.............	»
		1853	F.	Fine-Lame...........	»
»	POINTE-A-PITRE....An.	1851	M.	N..................	*M.-L.*
		1853	F.	Zélia...............	»
»	PRÉTENDANTE.....An.	1850	F.	Zulma	»
M.	RACHEL p. TERROR, An.	1850	F.	Agar............. .	»
»	REINE DE CHYPRE, An.-Ar.	1852	M.	Lusignan...........	»
»	TANAIS [1]..........An.	1851	F.	Zulmé	»
»	TOPAZ ....An.	1853	M.	Cairn Gorum.........	»
»	VÉNÉZIA ....An.	1850	F.	Qu'en-dira-t-on	»

S. B. An. 3e v, p. 398.
S. B. F. 1er v, 2e éd.
p. 15.

CADLAND.

Importé en 1854. — H. I. — Mort en 1857.

Bb. Né en Angleterre, en 1825. — Son père, ANDREW ; Sa mère, SORCERY, par SORCERER.

A produit avec :

M.	ALEXINA..........An.	1835	M.	Icare	»
»	ALMAIDA..........An.	1836	M.	Tramp	»
		1837	M.★	Albatros.............	*C.*
»	BIONDETTA........An.	1837	M.★	Jocelyn	»
»	GAIN MARE (VICTOIRE), An.	1837	F.	N...................	*M.-L.*
»	CAMLET..........An.	1837	F.	Camille	»

[1] TANAIS a été revue, en 1850, par Mr *D'Ecoville*.

M.	CLOTON..........An.	1837	M.	Alexander............	C.
M.	CROTCHET........An.	1835	F.★	Bellone	M.
M.	DAMIETTA.........An.	1836	F.★	Essler	»
»	DIONNE..........An.	1836	F.★	Dionnette............	»
»	EGLÉ........... An.	1837	F.	Turquoise............	»
»	ELECTION MARE...An.	1835	F.	Sorcery	M.
M.	FAIR HELEN.......An.	1836	M.	Jean Sbogar	M.
M.	GAZELLE..........An.	1837	M.	Jocelyn.............	M.
»	GENUINE..........An.	1836	M.	Wild Blood...........	»
»	THE GIMMER......An.	1836	M.	Alp.................	»
M.	LUNA...........An.	1835	M.	N....................	M.-L.
M.	MANŒUVRE.......An.	1835	M.★	Jéroboam	»
		1837	F.	Dudu................	»
»	MISS ANN p. Figaro, An.	1835	M.	Idas	M.
»	MISS TANDEM......An.	1837	F.	N....................	»
M.	PARASOLINA.......An.	1837	F.	Miss Cadland.........	M.
M.	PASQUINADE.......An.	1836	M.	Courteuil............	»
		1837	F.★	Lélia...............	»
Ex.	PENDULUM MARE...An.	1837	M.	Y. Cadland	»
»	SAPHO...........An.	1837	M.★	Phénix	»
»	SCORNFUL........An.	1835	F.	Biche...............	»
M.	TENERIFFE........An.	1836	F.	Britannia...........	»
»	THÉLÉSIA.........An.	1837	F.	N	»
»	VITTORIA..........An.	1835	M.★	Nautilus	»
		1836	M.★	Romulus............	M.

S. B. An. 6ᵉ v. p. 54.
S. B. F. 1ᵉʳ Suppl.
p. 241.

CALDERSTONE.

Importé en 1851. — H. I.

B. Né en Angleterre, en 1846. — Son père, TOUCHSTONE ; Sa mère, CAROLINE, par WHISKER.

A produit avec :

»	DAME BLANCHE....An.	1853	F.	Nour Djahal............	•

S. B. F. 1ᵉʳ v. 2ᵉ éd.
p. 15.

CAMÉLÉON.

H. I. — 1845. — Castré en 1855.

B. Né en France, chez M. F. Sabatier, en 1840. — Son père, CAMEL ; Sa mère, CHRISTABEL, par WOFUL.

A produit avec :

»	DORIS p. TRANCE .. An.	1845	F.	Araris..............	•

S. B. An. 4ᵉ v. p. 59.
S. B. F. 1ᵉʳ v. 2ᵉ éd.
p. 15.

CANTON.

Importé en 1845. — (H. I.)

Al. Né en Angleterre, en 1840. — Son père, CAÏN ; Sa mère, BUSTARD MARE.

A produit avec :

»	JULIETTA.........An.	1846	F.	N...................	M.-N.
»	SKIRMISH ex SKIRMIS-HERE, An.	1850	F.	Polowska...........	»

S. B. F. 1ᵉʳ v. 2ᵉ éd.
p. 15.

CAPHARNAUM.

(H. I. — 1845.)

B. Né en France, au H. de Meudon, en 1840. — Son père, TOUCHSTONE ; Sa mère, SWEETLIPS, par EMILIUS.

A produit avec :

•	IRIS..............An.	1851	F.	Niagara..............	»

S. B. An. 3ᵉ v. p. 224.
S. B. F. 1ᵉʳ v. 2ᵉ éd.
p. 16.

CAPTAIN CANDID.

Importé en 1827. — H. 1. — Mort en 1838.

B. Né en Angleterre, en 1813. — Son père, CERBERUS ; Sa mère, MANDANE, par Po18'os.

A produit avec :

M.	ABJER MARE.......An.	1835	F.★	Miss Allen............	»
»	AMABEL...........An.	1828	F.	Zaphira..............	»
M.	BOIL AND BUBBLE..An.	1831	F.★	Lucette	»
M.	CLORIS.........An.-Ar.	1834	F.	Parisina.............	*M.-L.*
		1836	M.★	Coriolan.............	*M.*
M.	CLOTILDE..........An.	1831	F.	Zoé.................	»
M.	CLOTON............An.	1831	F.	Irène	*M.*
		1833	F.	Mérope..............	*M.*
M.	COMUS MARE...... An.	1828	F.	Candide.............	*M.-L.*
		1831	M.	Sédentaire...........	*M.-L.*
»	CORAL...........An.	1833	M.	Brougham...........	*M.*
M.	CRYSTAL..........An.	1828	M.★	Foscarini...........	»
		1833	M.	Napoléon............	»
»	DANAÉ, An.-Ar. p. Mas-	1832	F.★	Cléopâtre............	»
	soud (Arabe).				
»	DELPHINE......An.-Ar.	1828	M.★	Émile................	*M.*
»	FAIR FORESTER ...An.	1833	F.★	Mandane............	»
		1835	M.	Chatterton...........	»
Ex.	GEANE............An.	1828	F.★	Paméla (*bis*)	»
M.	HELEN...........An.	1828	M.	Manfred.............	»

M.	HÉLÈNE............An.	1832	F.★	Amazone............	M.
		1833	M.★	Biron...............	M.
		1834	F.★	Bigottini...........	M.
		1835	M.★	Comminges..........	C.
M.	HIRONDELLE......An.	1830	F.★	Fatime.............	»
»	JULIETTE..........An.	1836	F.	Candeur............	»
M.	MANŒUVRE.......An.	1831	M	Dinard.............	C.
»	MILTONIA p. Milton, An.	1828	F.	Moina.............	»
M.	MOUCHE..........An.	1835	M.★	Don Juan..........	"
M.	MYLADY p. Mustachio, An.	1833	F.★	Betzy.............	»
M.	NANNY SHANK'S...An.	1830	M.★	Fitz Candid.........	M.
M.	NELL............An.	1828	F.	Dalila.............	»
		1831	M.	Candid.............	C.
»	OMPHALY FILLY [1]...An.	1828	F.	Climène............	»
M.	PAMÉLA...........An.	1831	M.	Youska.............	M.
		1832	M ★	Sonnant............	M.
M.	PÉNÉLOPE........An.	1828	F.★	Ada...............	»
M.	PHILOMÈLE....An.-Ar.	1830	F.★	Flore..............	M.
M.	PRIESTESS.......An.	1827	M.★	Cederic............	C.
		1830	M.	Florisel...........	M.
»	ROSINA...........An.	1828	F.	Yelva.............	»
»	TIGRESSE........An.	1833	M.★	Algérien...........	C.
M.	VÉRONA..........An.	1831	F.	Véronaise..........	»
M.	VESTA.........An.-Ar.	1834	M.★	Cromwell..........	»

[1] OMPHALY FILLY a été revue, en 1827, par *Snail*.

| » | VITTORIA ....An. | 1833 | M. | Phénix.............. | » |
| M. | WITCH............An. | 1828 | M.★ | Téméraire .... | M. |

S. B. An. 4e v. 2e éd.
p. 510.
S. B. F. 1er Suppl.
p. 4.

CARAVAN.

Importé en   . — (H. I. — 1852.)

Bb. Né en Angleterre, en 1834. — Son père, CAMEL ; Sa mère, WINGS, par THE FLYER.

A produit avec :

M.	BERGÈRE..........An.	1843	M.	Quidam.............	»
		1847	M.	Upata...............	»
»	CREUSA. ....An.	1851	M.	Empereur............	»
»	DISCRÈTE.........An.	1847	M.★	Croissant............	»
		1851	M.	N...................	M.-L.
M.	ELISABETH. ....An.	1843	M.	Quintilius............	M.
»	EMERAUDE.........An.	1843	F.★	Quinteuse.	»
		1849	M	Alpha...............	»
»	EMILIA............An.	1850	M.	Epervier.............	»
»	EROTICA ....An.	1844	M.	Polisson.............	»
»	EXAMPLE..........An.	1853	M.	Overland	»
M.	FANTASMAGORIE. ..An.	1843	M.	Quatrain	»
»	FLIRTATION........An.	1853	F.	Nomade.............	»
M.	GABRIELLE........An.	1847	M.	Djall................	M.
»	HÉRÉSEIS..........Ar.	1852	M.	Dix.................	»
M.	INDIANA...........An.	1844	F.	Reine Pomaré........	»
»	IRIS..............An.	1853	M.	Orion................	M.
»	LAURETTA[1]........An.	1847	F.★	Vaucluse............	»
		1850	M.	Pétrarque............	»

[1] LAURETTA a été revue, en 1846, par Lutin.

»	LOVELY.........An.	1843	F.	Quinte..............	«
		1850	F.	Biche...............	»
		1851	M.	Calcas..............	»
		1852	M.	Decemvir............	»
»	Mlle DE LA VEILLE[1], An.	1853	F.	Orfa...............	»
»	MARGARET........An.	1849	F.	Margot.............	*M.*
		1851	M.	Bretignolles..........	»
		1852	F.	N..................	*M.-L.*
»	MARIQUITA........An.	1851	M.	Penkam............	»
»	MIDSUMMER.......An.	1849	F.	Juliette.............	»
		1851	M.	Noël..............	»
		1852	M.	Duguesclin..........	»
»	MISS ANN p. FILHO DA PUTA, An.	1852	M.	Polygone...........	»
»	MISS RAINBOW.....An.	1845	M.★	Mythème...........	»
		1849	M.★	Badpay............	»
		1850	M.	Tic-Tac............	»
»	OLINGA ex ILLUSION, An.	1849	M.	Albion.............	»
		1850	M.	Y. Caravan..........	»
»	PENANCE.........An.	1845	M.★	Coueron............	»
»	PÉTRONILLE.......An.	1849	M.★	Castor.............	»
»	POLYXENE........An.	1852	M.	Lézard............	»
»	QUINTEUSE.......An.	1852	M.	Dominateur..........	*M.*
»	SUPREMA.,.......An.	1853	M.	N.................	*M.-N*
»	SYLPHIDE........An.	1851	M.	Chiron.............	»
		1852	M.	Druide.............	»
»	SYLVIA..........An.	1847	F.	Upate.............	»

	TAILED COMET [1]	An.	1853	M.	Feridoun		»
..	TÉNÉBREUSE ...... An.		1853	M.	Crépuscule		»
,.	THALIE........... An.		1843	M.	Quiroga..............		»
»	WAGSINE........... An.		1853	M.	N..............		»

S. B. An. 3ᵉ v. p. 75.
S. B. F. 1er v. 2ᵉ éd.
    p. 17.

CARBON.

Importé en 1828. — H. I. — Mort en 1857.

B. Né en Angleterre, en 1817. — Son père, WAXY; Sa mère, CHARCOAL,
par SIR PETER.

A produit avec :

M.	ALEXANDRIA ...... An.	1832	F.★	Hécube..............			»
»	CALIPSO. .... An.	1832	M.	Herold			*C*
		1833	M.	Idus..............			.
»	DORIS p. TRANCE...An.	1832	M.	Héros..............			*G*
		1836	M.★	Lycurgue..............			»
		1837	F.★	Mérope..............			,.
»	ELVIRA........... An.	1832	M.	Hector..............			*M*
M.	FAUVETTE........ An.	1837	M.	Mozart			»
»	FELICIA .... An.	1833	M.	Icare..............			»
		1836	M.	Lucifer..............			»
		1837	F.★	Méduse..............			,.
»	FENELLA.......... An.	1835	F.★	Koura..............			
		1836	M.	Lorenzo..............			»
		1837	F.	N..............			*M.-L.*
M.	FLORE.......... An.	1834	.	Jason			*C.*
»	GERTRUDE........ An.	1836	F.★	Lalagé			»
		1837	M.	Marius			*C.*

[1] TAILED COMET a été revue, en 1852, par ASSAULT.

M.	LEILA . . . . Ar.	1833	F.	Isis.	»
		1834	F.	Juliette.	»
»	OURIKA . . . . An.	1332	F.	Hama.	»
M.	PHILOMÈLE. . . . . An.-Ar.	1833	M.	Inca.	C.
		1834	F.★	Jacinthe.	M.
M.	SÉPHORA. . . . . An.	1832	M.	Eole.	»

S. B. F. 1er v. 2e éd.
p. 17.

CARDIGAN.

(*Anglo-Arabe.*) — H. I. — Mort en 1846.

B. Né en France, au H. I. de Rosières, en 1830. — Son père, GENERAL
MINA ; Sa mère, ZORAÏM, par ASLAN (Turc).

A produit avec :

»	MOUSTACHE. . . . . Ar.	1840	F.	Anathase	M.
		1846	F.	Joséphine.	M.-L.
»	PULCHRA. . . . . An.	1837	F.	N.	M.-N
»	RHINOPLASTIE . . . . . An.	1847	M.	Tertius.	C.

S. B. F. 1er v. 2e éd.
p. 17.

CARTHAGO.

(*Anglo-Arabe.*) — H. I. — Vendu en 1847.

G. Né en France, au H. I. de Rosières, en 1833. — Son père, IMPÉTUEUX
(Arabe) ; Sa mère, CARLINE, par HOLBEIN.

A produit avec :

»	COCOTTE. . . . . An	1850	F.	Iveline.	»
»	PRIMEROSE. . . . . An.	1850	M.	N.	M.-N

S. B. F. 1er Suppl.
p. 4.

CATARACT.

Importé en 1851. — (H. I. — 1852.)

B. Né en Angleterre, en 1840. — Son père, HORNSEA ; Sa mère, OXYGEN,
par EMILIUS.

A produit avec :

'	EVA p. Sultan.....An.	1852	M.	Yorick.............	»
»	ROSABELLE........An.	1852	M.	Ydrasil.............	»
		1853	M.	Abd-el-Kader ex Zest..	»
»	SUZETTE..........An.	1853	F.	Lisbethe.............	'
M.	VELLEDA..........An.	1853	M.	Zir.............	»

S. B. F. 1er v. 2e éd.
p. 18.

CEDAR.

Bb. Né en France, chez M. Achille Fould, en 1838. —Son père, Terror ;
Sa mère, Burlesque, par Blucher.

A produit avec :

»	DORIS p. Trance....An.	1843	F.	Stella ex Cédarine......	»
M.	MERLIN MARE [1].....An.	1846	M.	Meillant.............	M.
»	PIMPÉRINETTE.....An.	1845	M.	Loveley ex Lovely	C.

S. B. F. 1er v. 2e éd.
p. 18.

CERF-VOLANT.

H. I. —1847. — Mort en 1852.

B. Né en France, chez M. F. Sabatier, en 1841. — Son père, Royal Oak ;
Sa mère, Ada, par Whisker.

A produit avec :

»	ZOE..........An.-Ar.	1851	M.	Hyder Haly..........	»

S. B. F. 1er v. 2e éd.
p. 18.

CHAMOIS.

(Anglo-Arabe.) — H. I.

B. Né en France, au H. I. du Pin, en 1828. — Son père, Eastham ; Sa
mère, Hirondelle, par Haleby (Arabe).

A produit avec :

M.	ELVIRE..........An.	1850	F.	Alexina.............	»

[1] Merlin Mare a été revue, en 1845, par Physician.

S. B. An. 4e v. p. 205.
S. B. F. 1er v. 2e éd
p. 18.

CHANCE.

Importé en 1837. — H. I. — Mort en 1841

Bb. Né en Angleterre, en 1833. — Son père, LOTTERY; Sa mère, SMO-
LENSKO MARE, par SMOLENSKO.

A produit avec :

»	FILAGRÉE.........An.	1838	M.*	Hazard.............		»
»	IPSARA...........An.	1838	M.*	Paillasse...........		C.

S. B. F. 1er v. 2e éd
p. 19,

CHATTERTON.

H. I. — Vendu en 1853

B. Né en France, au H. I. du Pin, en 1835. — Son père, CAPTAIN CANDID;
Sa mère, FAIR FORESTER, par AGRICOLA.

A produit avec :

»	AOUDA (Barbe).......	1846	F.*	Medeah.............		»

S. B. An. 7e v. p. 456.
S. B. F. 1er v. 2e éd.
p. 241.

CHESTERFIELD JUNIOR.

Importé en 1849. — (H. I.)

Al. Né en Angleterre, en 1844. — Son père, CHESTERFIELD, frère de CRU-
CIFIX; Sa mère, GLAUCUS MARE. = Le père de Chesterfield, PRIAM;
Sa mère, OCTAVIANA, par OCTAVIAN. — Le père de GLAUCUS MARE,
GLAUCUS; Sa mère, THE NUN, par BLACKLOCK.

A produit avec :

»	CONSTANCE.....An-Ar.	1852	F.	Lady Evelyn..........		»
»	DANAIDE..........An.	1853	F.	Elise...............		»
»	HONEY MOON [1].....An.	1852	M.	Baronnet...........		»

[1] HONEY MOON a été revue, en 1854, par *The Baron.*

S. B. An. 3e v. p. 565.
S. B. F. 1er v. 2e éd.
p. 20.

CLAUDE.

Importé en .....

B. Né en Angleterre, en 1819. — Son père, HAPHAZARD ; Sa mère, LAND-SCAPE, par RUBENS.

À produit avec :

M.	CANDOUR..........Ar.	1826	M.	Bagdad.............			»
«	DARTHULA........An.	1832	F.★	Cutendre............			M.
»	VESPER ....An.	1834	M.	Dieudonné...........			C.

S. B. F. 1er Suppl.
p. 4.

LA CLOTURE.

(H. I. — 1852.)

Al. Né en France, chez M. Alexandre Aumont, en 1847. — Son père, Mr WAGS ; Sa mère, CLORINDE, par HOLBEIN.

À produit avec :

»	EMERALD... ......An.	1853	M.	Diamant.............	»

S. B. F. 1er v. 2e éd.
p. 21.

YOUNG COLWICK.

H. I. — 1842. — Vendu en 1855.

B. Né en France, chez M. Boutton Lévêque, en 1837. — Son père, COLWICK ; Sa mère, FRANTIC, par BEDLAMITE.

À produit avec :

»	FATIME ....An.	1843	F.	Augusta............	»
»	SALLY..........An.	1847	M.	Gustin	»

S. B. F. 1er v. 2e éd.
p. 21.

COMMODOR NAPIER.

(H. I. — 1846.)

B. Né en France, au H. de la Morlaye, en 1841. — Son père, ROYAL OAK. Sa mère, FLIGHTY, par Y. PHANTOM.

A produit avec :

M.	ANTONIA ....An.	1848	M.	Sans Tache............	♪
»	ARABELLE.........An.	1849	F.	Barricade............	♪
		1853	F.	Fantasia	♪
»	BETZY ....An.	1849	F.	Peri................	♪
»	BRANCHE D'OR ....An.	1853	M.	Inheritor............	♪
»	CHANOINESSE .....An.	1848	F.	Décadence............	*M.*
M.	CORINNE.........An.	1849	F.	Bolena..............	»
M.	ENCHANTERESSE ...An.	1848	M.	Yorick..............	*C.*
»	GAIETY ....An.	1847	M.	Vatout..............	*M.*
		1849	F.	Wench..............	»
»	HÉBÉ ....An.	1847	M.	Xantippe............	»
»	HÉLÉIS ....An.-Ar.	1849	F.	Paula..............	»
»	HERMINIE ex HERMINÉE, An.-Ar.	1852	F.	Corvette............	♪
»	HŒMA.........An.-Ar.	1850	M.	Beyrouth............	»
		1851	M.★	Clown..............	♪
»	HURACA..........An.	1849	M.	Branlebas	♪
»	JACINTHE ......An.-Ar.	1849	F.★	Pie Grièche..........	»
»	JANE...........An.	1848	M.	Xius..............	*C.*
		1851	M.	Midshipman	»
»	JOCASTE..........An.	1850	M.	Zadig	»
		1852	M.	Mr de Saint-Jean.......	»
»	KATINKA ......An.-Ar.	1849	M.★	Yorick	»
♪	LALAGÉ..........An.	1847	F.	Urganda............	»
M.	LUNA p. NAPOLÉON, An.	1847	F.★	Xenodice............	»
M.	MALVINA.........An.	1847	M.	Udolphe ex Adolphe....	♪

M.	MANUELA ....An.	1847	F.	Ozy.............	*M*
»	MALZZIA.......An.-Ar.	1851	M.	Pilotin.............	»
»	MIRIAM..........An.	1848	M.	Ypsilanti...........	*C.*
»	MISS EXILE........An.	1851	F.	Odette.............	»
		1852	M.	Brin d'Amour........	»
»	NOEMA...........An.	1847	M.	Xenophon...........	»
»	OLGA ....An.	1847	F.★	Vanilla.............	»
»	OLYMPIE.........An.	1848	F.★	Aveline............	»
»	PHÉNICE ....An.	1853	F.	Fleur de Mai........	»
»	POINTE-A-PITRE¹...An.	1847	M.★	Potopy.............	*M.*
»	PRÉTENDANTE.....An.	1848	M.	Xérès.............	»
		1852	F.	Graziella...........	*M.*
»	ROSABELLE........An.	1847	F.★	Uranie.............	»
»	SPILETTA..........An.	1851	F.	Miss Napier..........	»
		1853	F.	Dame de Pique.......	»
»	SUZETTE ....An.	1848	F.★	Velleda............	*M.*
»	SYLVANDIRE.......An.	1850	M.	Zampa............	»
		1851	F.	Ligoure...........	»
»	SYLVINA ....An.	1848	F.★	Sylvia............	»
		1850	M.★	Piedestal..........	»
		1851	M.	Fa Dièze..........	»
		1852	M.	Parker............	»
»	VÉNÉZIA ....An.	1849	M.★	Yedo.............	»

S. B. F. 1er v. 2e éd.
p. 21.

CONJECTURE.

(H. I.)

Al. Né en France, au H. I. du Pin, en 1841. — Son père, Y. Emilius ; Sa mère, Fair Forester, par Agricola.

A produit avec :

»	LORETTE	Ar.	1853	F.	N		M.-L.
»	TETOTA	An.	1851	M.	Jectura		»

S B. An. 3e v. p. 71.
S. B. F. 1er v. 2e éd.
p. 22.

COPPER CAPTAIN.

Importé en 1855. — H. I. — Vendu en 1851.

Al. Né en Angleterre, en 1829. — Son père, Bobadil ; Sa mère, Cervantes Mare, par Cervantes.

A produit avec :

»	ALMÉE	An.	1849	F.	Victory		»
			1850	F.	Miss Copper		»
			1851	M.	Frohsdorff		»
»	CALIPSO	An.	1837	M.	Rack		»
»	DOLORIDE ex Dolorès,	An.	1851	F.	Thildette ex Doloride		»
»	JUNON	An.	1841	F.	Philis		»

S. B. F 1er v. 2e éd.
p. 22.

CORIOLAN.

(Anglo-Arabe.) — H. I. — Mort en 1852.

B. Né en France, au H. I. du Pin, en 1836. — Son père, Captain Candid ; Sa mère, Cloris, par Aslan (Turc).

A produit avec :

»	GISELLE	An.	1847	M.	Cabrion		C.
			1848	F.	N		M.-L

»	LALAGE...........An.	1848	M.	Vandyke.............		»
M.	MALVINA..........An.	1848	M.	Avril..............		C.
»	PHÉNICE..........An.	1851	M.	Domino.............		»

S. B. An. 3e v. p.279.
S. B. F. 1er v. 2e éd.
p. 23.

CRISPIN ex CASPIAN.

Importé en 1835. — H. I. — Castré en 1849.

B. Né en Angleterre, en 1828. — Son père, LOTTERY ; Sa mère, OCEANA, par CERBERUS.

A produit avec :

»	CALIX ....An.	1845	F.	N.................		M.-L.
»	GRENADA ....An.	1841	M.*	Y. Crispin...........		»
		1842	M.	N.................		M.-L.
»	MÉDÉA..........An.	1836	F.	N.................		M.-I.
		1838	F.*	Magnelina ex Maquilina.		»
		1839	M.*	Medocain...........		»
»	VENUS...........An.	1841	M.*	Driver		C.
		1842	M.*	Lugarto		»
		1844	F.	Eliette.............		M.

S. B. F. 1er v. 2e éd.
p. 42.

CURÉ DE SILLY.

Bb. Né en France, chez M. Nau, en 1840. — Son père, IBRAHIM ; Sa mère, ANNE OF GEIERSTEIN, par CATTON.

A produit avec :

»	DONA ISABELLA....An.	1848	F.	Hirondelle............		»
»	QUIRITA p. FELIX...An.	1848	M.	Mr l'Abbé............		»

S. B. An. 4e v. p. 82.
S. B. F. 1er v. 2e éd.
p. 24.

DANGEROUS.

Importé en 1836. — H. I. — Vendu en 1846.

Al. Né en Angleterre, en 1830. — Son père, TRAMP ; Sa mère, DEFIANCE, par RUBENS.

A produit avec :

»	ANNE DE BRETAGNE, An.-Ar.	1840	M.	Maximillien	C.
»	BELLINA . . . . An.	1843	M.	Clarino	C.
»	BÉRÉNICE . . . . . . An-Ar.	1839	M.★	Titus	»
»	CALIPSO . . . . An.	1843	F.	N	»
»	CLEOPATRE . . . . . An-Ar.	1837	M.	Orithus	»
M.	COMUS MARE . . . . . . An.	1837	M.★	Momus	C.
M.	CRISPINE . . . . An.	1837	M.	Facardin	»
M.	LA DOUCE . . . . An.	1841	M.	Mab Elit	M.
M.	EMELINA . . . . An.	1839	M.	Rinaldo	»
M.	EUCHARIS . . . . An.	1840	M.	Crenan	M.
		1841	F.	Charis	»
»	FAIR FORESTER ¹ . . An.	1839	M.	Abracadabra	M.
»	FOLLA . . . . An.	1844	F.	Junon	»
»	GALATÉE . . . . An-Ar.	1839	F.★	Misère	»
M.	JEANNETTE . . . . An.	1842	M.	Francini	M.
M.	Mlle SAINT-CLAIR . . . Ar.	1837	M.	Isigny	»
		1839	M.	N	»
»	MIDSUMMER . . . . . . An.	1842	F.	N	M.-N.
M.	MISS MIRTH . . . . An.	1837	F.★	Églantine	»
M.	NELL . . . . An.	1837	M.★	Nelson	»
M.	NOEMI p. Tigris . . . An.	1837	M.	Faublas	»
»	ORVILLINA . . . . An.	1841	F.	Eveline ex Evelina	M.

¹ Fair Forester a été revue, en 1858, par *Paradox*.

M.	OURIKA........An.-Ar.	1839	F.	Suzette.............	»
M.	PENANCE..........An.	1841	M.	N.................	*M.-N.*
M.	PENULTIMA........An.	1841	F.	Penultima...........	»
M.	PRINCESS MARY [1]..An.	1839	M.	N.................	*M.-L.*
»	PYRRHA...........An.	1839	M.	Mario.............	»
»	RENETTE......An.-Ar.	1839	M.★	Gaspardo...........	»
»	SYLPHIDE [2]........An.	1839	F.	Bayadère...........	»
»	THALIE...........An.	1837	F.	Mme Gibou...........	*Ex.*
»	THEODORINE.......An.	1840	M.	Bas-Breton..........	*M.*
		1841	F.	Penultima...........	»
M.	VENITIENNE.......An.	1837	M.	Take Care..........	»
»	VESPER..........An.	1837	M.	Lucifer.............	»
M.	VESTA.......An.-Ar.	1837	F.★	Circé.............	»
M.	WOODBINE........An.	1840	M.	N.................	*M.-L.*

S. B. An. 3e v. p. 127.
S. B. F. 1er v. 2e éd. p. 24.

DARLINGTON.

Importé en 1835. — H. I. — Vendu en 1850.

Bb. Né en Angleterre, en 1829. — Son père, CLEVELAND ; Sa mère, EOINA, par HAPHAZARD.

A produit avec :

M.	EFFIE DEANS......An.	1837	F.★	Ketty ex Ketty........	*M.*

S. B. F. 1er v. 2e éd. p. 25.

DEUCALION.

Mort en 1845.

B. Né en France, chez M. le Duc Des Cars, en 1828. — Son père, TRANCE ; Sa mère, READING LASS, par ORVILLE.

---

[1] PRINCESS MARY a été revue, en 1838, par *Paradox*.
[2] SYLPHIDE a été revue, en 1838, par *Napoléon*.

A produit avec :

M.	ALEXANDRIA......An.	1834	F.★	Junon............	ʼ
»	CALIPSO..........An.	1834	F.★	Jocaste...........	»
		1835	M.	Othello............	»
»	DORIS p. Trance...An.	1834	M.★	Javan.............	»
		1835	M.	Kirkora...........	»
		1838	M.	Ninus............	»
		1839	M.	Indifférent.........	*M.*
»	FAUVETTE.........An.	1838	F.	Nikita...........	*M.*
		1839	F.	Aline............	*M.*
»	FELICIA..........An.	1834	F.★	Jane............	»
		1835	F.★	Kilis ex Kiles........	»
»	FANELLA.........An.	1834	M.	Jupiter...........	*M.-L*
		1838	M.	Nestor...........	*C.*
		1839	M.	Oscar...........	»
		1840	F.	Paméla...........	»
		1841	M.	Pharamond.........	»
M.	FLORE........An.-Ar.	1835	M.	Kaymah..........	»
		1837	M.	N................	*M.-L.*
»	GERTRUDE........An.	1838	M.	Nemrod..........	*C.*
		1839	F.	Ophélie..........	*M.*
		1840	M.	Pyrrhus..........	*C.*
		1841	F.★	Phénice..........	»
»	GIRFAH......An.-Ar.	1835	F.★	Kasba...........	»
		1836	F.	Laurette..........	*M.*
»	JULIA p. Genal Mina, An.	1839	F.★	Omphale.........	»
		1840	F.	Pallas...........	*Ex.*
		1841	M.	Philidor..........	*C.*
		1842	M.	Quinola..........	*C.*
»	JUNON..........An.	1840	M.	Pégase..........	*Ex.*
»	KILIS ex Kiles.....An.	1840	M.	Protée..........	*C.*
»	KOURA..........An.	1840	M.	Patrocle..........	*C.*

— 46 —

»	LALAGE............An.	1844	M.	Solon.................	C.
»		1845	M.	Tentale..............	C.
M.	LEILA...........Ar.	1835	M.	Kanut...............	'
		1837	M.	Well Gome........	»
M.	MALVINA.........An.	1840	F.★	Olympie............	»
		1841	F.	Phœbé.............	»
»	OMPHALE.........An.	1843	F.	Rosine..............	»
M.	PHILOMÈLE....An.-Ar.	1836	M.	Lionceau...........	»
		1837	F.	Mirza..............	»

S. B. An. 3ᵉ v. p. 160.
S. B. F. 1ᵉʳ v. 2ᵉ éd.
p. 25.

D. I. O.

Importé en 1818. — H. I. — Mort en 1832.

Al. Né en Angleterre, en 1813. — Son père, WHITWORTH; Sa mère, HAMBLETONIAN MARE, par HAMBLETONIAN.

A produit avec :

M.	NICHAB...........Ar.	1825	M.★	Galif................	C.

DOCTOR STELLO EX SCHUBRY.

B. Né en France, au H. I. de Viroflay, en 1836. — Son père, TERROR , Sa mère, HARRIET, par RAINBOW.

A produit avec :

"	TERPSICHORE......An.	1841	F.	Stella...............	Ex.
		1842	F.	N...................	»

S. B. An. 3ᵉ v. p. 222.
S. B. F. 1er v. 2ᵉ éd.
p. 26.

DOGE OF VENICE.

Importé en 1825. — H. I. — Mort en 1855.

Al. Né en Angleterre, en 1818. — Son père, SIR OLIVER; Sa mère, MAID OF LORN, par CASTREL.

A produit avec :

»	CAPRICE..........An.	1828	F.★	Vanity..............	»
M.	EGILFÉ...........Ar.	1829	F.★	Pomponia...........	M.
»	ELEONOR (DICK AN-DREWS MARE), An.	1826	F.	Dovine.............	»
		1828	F.	Venitienne...........	»
»	HUMÉRA..........Ar.	1827	M	Hérode..............	M.-L.
»	VANDYKE JUNIOR MARE, An.-Ar.	1829	F.★	Caracolle...........	M.
»	ZALUCA. .....An.-Ar.	1829	M.	Kildare.............	M.-L.
M.	ZORAIME......An.-Ar.	1827	F.	Miss Hove...........	M.

S. B. An. 2e v. p. 130.
S. B. F. 1er v. 2e éd.
p. 26.

DOMINECHINO.

Importé en   . — Mort en 1838.

Bb. Né en Angleterre, en 1818. — Son père, VANDYKE JUNIOR ; Sa mère,
JULY, par WAXY.

A produit avec :

Ex.	BADAWIE..........Ar.	1829	M.	Sheikh Daher.........	M
»	MOUSTACHE........Ar.	1836	F.	Abigaïl...............	M.
		1837	M.	Timoléon.............	M.
»	WARDA. ....Ar.	1828	M.	Izard................	»

S. B F. 1er v. 2e éd
p. 26.

DON JUAN.

H. I. — Vendu en 1845.

B. Né en France, au H. I. du Pin, en 1835. — Son père, CAPTAIN CANDID ·
Sa mère, MOUCHE, par EASTHAM.

A produit avec :

M.	GEADA MINOR......Ar.	1842	F.	Legère..............	

S. B. F. 1er v. 2e éd.
p. 26.

DUMNACUS.

(H. I. — 1848.)

B. Né en France, chez M. du Buat, en 1845.— Son père, NAPOLEON ; Sa mère, DANAE, par TERROR.

A produit avec :

»	CONSTANCE....An.-Ar.	1850	M.	Constant Ier.........	C.
»	DARLING..........An.	1851	M.	Stag...............	M.

S. B. An. 3e v. p. 88.
S. B. F. 1er v. 2e éd.
p. 27.

EASTHAM.

Importé en 1825. — H. I. — Mort en 1845.

Bb. Né en Angleterre, en 1818. — Son père, SIR OLIVER ; Sa mère, COWSLIP, par ALEXANDER.

A produit avec :

M.	ALEXINA.........An.	1834	M.	Hippolyte.............	M.
M.	CANVAS..........An.	1829	M.★	Y. Eastham...........	M.
		1830	M.★	Amadis..............	»
M.	CLORIS........An.-Ar.	1831	F.★	Dine................	»
M.	COMUS MARE..... An.	1830	F.★	Philomèle	M.
»	DANAË........An.-Ar.	1831	F.★	Agar................	»
		1833	F.★	Berenice............	»
		1834	F.★	Dulcinée............	»
M.	DEER ....An.	1833	F.★	Discrete............	»
»	DELPHINE.....An.-Ar.	1830	M	N...................	M.-L.
		1831	M.★	Fortuné.............	M.
		1833	F.★	Follette.............	»
M.	LA DOUCE........An.	1827	F.	Daphné	»
		1829	F.	Civette.............	»
M.	EUCHARIS.........An.	1834	F.★	Valentine...........	»

»	ÉVELINA..........An.	1831	F.	Lise...............	»
»	GALATÉE......An.-Ar.	1831	F.	Biche...............	»
M.	HIRONDELLE.......An.	1828	M.	Diomède............	C.
M.	HIRONDELLE ...An.-Ar.	1827	M.★	Vaillant............	»
		1828	M.★	Chamois............	»
		1829	M.★	Eprouvé............	»
M.	MÉROPE..........An.	1838	F.★	Clotilde............	»
»	MISS ALLEN.......An.	1842	F.	N...................	»
M.	MISS MIRTH.......An.	1831	F.★	Mouche............	M.
»	MOINA.........An.-Ar.	1834	M.	Abdala.............	C.
M.	NIOBÉ.........An.-Ar.	1834	F.	Fleurette...........	»
M.	NICHAB........An.-Ar.	1826	M.★	Haly...............	»
		1827	M.★	Pau................	M.
»	OMPHALY FILLY...An.	1826	F.	Omphale...........	»
		1827	F.	Nathalie...........	»
M.	RESEMBLANCE.....An.	1831	M.	Camille............	»
		1832	F.★	Crispine............	M.
»	SARAH...........An.	1830	F.★	Sapho.............	»
M.	SELIM MARE.......An.	1826	F.★	Cloton.............	M.
		1828	F.★	Bergère............	M.
»	THALIE...........An.	1833	M.★	Boleslas...........	»
»	TRAMP MARE......An.	1830	M.	N...................	M.-L.
M.	WITCH...........An.	1827	F.★	Hélène.............	M.
		1831	M.★	Tartare............	M.

S. B. An. 1er v. p. 782.
S. B. F. 1er v. 2e ed.
    p. 27.

EASTON.

Importé en ..... — Mort en .....

Bb. Né en Angleterre, en 1805. — Son père, STAMFORD; Sa mère, RUPEE, par CORIANDER.

A produit avec :

M.	GAZELLE..........An.	1831	F.	Taglioni.............		»
M.	PUCELLE..........An.	1824	F.	Zibeline.............		»
		1825	F.	Noisette.............		»
		1828	F.	Nékita.............		»
»	QUEEN MAB ....An.	1827	M.	Gericault.............		»
		1828	M.	Rubis.............		»
		1830	M.	Scapin.............		»
		1832	M.	N...................		*M.-N.*

S. B. An. 5e v. p. 126.
S. B. F. 1er v. 2e ed.
    p. 27.

EDMUND.

Importé en 1835. — H. I. — Mort en 1846.

B. Né en Angleterre, en 1824. — Son père, ORVILLE; Sa mère, EMMELINE, par WAXY.

A produit avec :

»	CITRON ....An.	1840	M.	Œdipe.............	»
M.	CYBÈLE........An.-Ar.	1840	F.	Galopade.............	*M.*
»	ELFRIDA..........An.	1837	F.	Megg Merillies........	»
»	EUGENIA..........An.	1839	F.	N....................,	*M.-L.*
M	FLORE........An.-Ar.	1842	M.	N...................	*M.-L.*
M	HÉCUBE..........An.	1840	F.	N...................	»
	HÉLOISE ....An.	1840	M.	Osmin.............	»
	RUBENA...........An.	1837	F.*	Manuela.............	*M.*

S. B. F. 1er v. 2e éd.
p. 28.

EDWIN.

H. I. — 1846. — Vendu en 1853.

Bb. Né en France, au H. de la Morlaye, en 1840. — Son père, ROYAL
OAK ; Sa mère, BEGUINE ex BEQUINE, par WAXY-POPE.

A produit avec :

»	CÉSARINE	An.	1851	M.	César	»
M.	GIRAFE	An.	1851	F.	Medora	»
»	HÉRA	An.-Ar.	1851	M.	Tancrede	»
»	JOHANNISBERG	An.	1852	F.	Pasca	»
M.	SANS TACHE	An.	1851	M.	Y. Edwin	C.
»	SARAH	An.	1853	M.	April	»

S. B. F. 1er v. 2e éd.
p. 28.

EGBERT.

Al. Né en France, chez M. le Duc Des Cars, en 1829. — Son père, TRANCE ;
Sa mère, REBECCA (MISS STEPHENS), par EAGLE.

A produit avec :

»	FELICIA	An.	1840	M.	Ney	»

S. B. F. 1er v. 2e éd.
p. 29.

EMILIO.

(Anglo-Arabe.) — H. I. — Mort en 1852.

B. Né en France, au H. I. du Pin, en 1838. — Son père, Y. EMILIUS ; Sa
mère, DELPHINE, par MASSOUD (Arabe).

A produit avec :

M.	ADAMANTINE	An.	1846	F.	Victoria ex Diamantine.	»
M.	BÉRÉSINA	An.	1845	F.*	Emilie	»
			1846	F.	Fitz Emilio	»
»	CHANSONNETTE	An.	1847	M.	Paul Emile	M.-L.

»	PAMÉLA Bis........An.	1845	F.*	Isma.................	»
»	ZILLAH........An.-Ar.	1847	M.*	Fridolin.............	»

S. B. An. 4e v. p. 68.
S. B. F. 1er v. 2e éd. p. 29.

YOUNG EMILIUS.

Importé en 1854. — H. I. — Mort en 1852.

B. Né en Angleterre, en 1828. — Son père, EMILIUS; Sa mère, COBWEB, par PHANTOM.

A produit avec :

M.	ADAMANTINE......An.	1851	M.	Prince Eugène........	»
»	AGAR.........An.-Ar.	1844	M.*	Bravo...............	»
		1845	M.*	Eremos.............	»
»	ALMÉE [1]..........An.	1847	M.	Bamboche. ....:.....	»
»	ANTIOPE.........An.	1851	M.	Joseph ex Anti Louet..	»
»	ASPASIE..........An.	1847	F.	Flower of the Forest...	»
		1848	M.	Grand Espoir........	»
		1850	F.	Integrity............	»
»	ATALANTA ....An.	1853	M.	Jocrisse.............	»
»	AZORA...........An.	1852	M.	Amalric.............	»
		1853	F.	Armide	»
»	BAI BRUNE........An.	1851	F.	Touch me not........	»
»	BARBARINA ....An.	1850	F.	Bassilea............	»
M.	BEGGAR GIRL......An.	1852	F.	N...................	*M.*
»	BELLA DONA ......An.	1852	M.	Sampson ex Rapetout..	»
		1853	M.	Arcizac.............	»
»	BELVIDERE [2].......An.	1848	F.	Boutique............	»
		1849	M.	Bougeoir............	»
»	BÉRÉSINA........An.	1842	F.	Marina.............	»

[1] ALMÉE a été revue, en 1846, par *Harlequin.*
[2] BELVIDERE a été revue, en 1847, par *Gigès.*

M.	BERGÈRE.........An.	1838	F.	Bergerette............	*M.*
		1841	M.	O'Connell ex Indiscretion	»
»	BICHE p. EASTHAM, An.-Ar.	1838	F.★	Deidza.............	»
		1841	F.	Légere..............	»
»	BICHE p. LITTLE ROVER, An.	1852	M.	Y. Hornet...........	»
		1853	M.	Balthazar............	»
M.	BOLÉNA...........An.	1853	F.	Orphana............	»
»	CAMELIA ....An.	1853	F.	N................	*M.-L.*
»	CANDIDA ....An.	1852	F.	Aline...............	»
		1853	F.	Fulgur..............	»
»	CARIOCA ....An.	1853	M.	Y. Taboraï..........	»
»	CATANO ex CATTANO,An.	1853	F.	Albione	»
»	CASSICA...........An.	1850	M.★	Cassique	»
»	CINQ SOUS ....An.	1851	M.	Water Carrier........	»
		1852	M.	Sans Souci ex Beautiful Emilius.	»
»	CIRCÉ.........An.-Ar.	1853	M.	N....................	*M.-L.*
Ex.	CLIO.............An.	1843	F.★	Sans Tache..........	*M.*
M.	CLOTON...........An.	1844	M.★	Berenger	»
M.	CONQUÈTE.........An.	1853	M.	Oscar..............	»
M.	CROTCHET.........An.	1843	F.★	Amethiste	»
M.	CUTENDRE.........An.	1847	M.	Crescendo...........	»
		1848	M.	Préjugé.............	*C.*
		1849	M.	N....................	*M.-L.*
M.	DAMIETTA.........An.	1839	F.★	Miranda....	»
»	DECEPTION........An.	1847	F.★	Diletta.........	»
»	DELPHINE .....An.-Ar.	1838	M.★	Emilio..............	*M.*

»	DONA ISABELLA ...An.	1851	M.	Isabey	»
»	DONA PILAR[1] ......An.	1840	M.	Alcindor	»
		1847	M.	Duplicata...........	»
		1848	M.★	Débardeur...........	»
		1849	M.	Damier.............	»
»	DORIS............An.	1843	F.★	Adèle	*M.*
		1844	M.★	Bolero	»
•	DUBICA ....An.	1840	M.	Remus.............	»
»	EFFIE DEANS p. BRABANT An.	1848	F.	Egalité.............	»
»	ELOA ....An.	1850	F.	N.................	*M.-L.*
		1851	M.	Fragile.............	»
		1852	F.	Chercheuse d'Esprit....	»
		1853	F.	Derline.............	»
»	EMILIANA ....An.	1847	M.	Bélisaire	*C.*
M.	Y. ESPAGNOLLE....An.	1840	M.	Emiliano............	*M.*
		1842	M.★	Quintescence.........	»
		1843	F.	Alix	*M.*
»	EVA [2] ....An.	1847	M.★	Extra	»
		1848	M.	Ecumoire...........	»
»	FADAISE ....An.	1850	M.	N.................	»
»	FAIR FORESTER....An.	1841	M.★	Conjecture...........	»
»	FENELLA ....An.	1843	F.	Octavie ex Quadra.....	*M.*
»	FLIGHTY ....An.	1847	F.	Emma	»
»	GALATÉE ......An.-Ar.	1842	M.★	Ismael.............	»
		1843	M.	N.................	*M.-L.*
»	GEORGINA.........An.	1847	F.	Xantippe	»
»	GERTRUDE. . .....An.	1843	M.	Lusignan...........	»

[1] DONA PILAR a été revue, en 1848, par *Sting*.

[2] EVA a été revue, en 1847, par *A Parte*.

»	HENRICA ....An.	1843	F.	Amélina.............	»
»	HORNET..........An.	1851	M.	Master Hornet........	»
		1853	M.	N..................	M.-L.
M.	IDA..............An.	1846	F.	Woodbine...........	»
»	JENNY ....An.	1848	M.	James..............	»
»	JENNY VERTPRÉ...An	1847	M.	Velasquez	»
»	JESSICA ....An.	1847	M.	Bou Maza..........	»
»	JEUDIETTE ....An.	1851	M.	Good for Stud........	»
»	JUANITA ....An.	1844	F.★	Emilia	»
»	JULIETTE..........An.	1843	F.★	Fanny.............	»
»	JUNON ....An.	1843	M.	Romeo.............	M.-L.
»	KATHLEEN ....An.	1851	M.	Shamoroch..........	»
		1853	F.	Emilia	»
»	KERMESSE.........An.	1847	M.	Telegraphe..........	»
		1848	M.★	Electrique...........	»
		1849	F.	Numéro Deux........	M.
M.	LADY ALBERT.....An.	1840	M.	Gaston	M.
»	LADY CHARLOTTE [1], An.	1847	M.	Y. Silly	»
		1848	M.	N..................	M -L.
		1849	F.	Mamzelle Corday......	»
		1850	F.	N..................	M -L.
»	MAID..............An.	1848	F.	Mlle du Lendemain.....	»
»	THE MAID OF FEZ...An.	1850	M.★	Pasqual	»
M.	MALVINA..........An.	1843	M.	Roland.............	C.
		1844	F.★	Suzette.............	»
		1845	M.	Tristan.............	C.
»	MARCELLA.........An.	1843	M.★	Missy	»

[1] LADY CHARLOTTE a été revue, en 1849, par *Gladiator*.

»	MARGARET ....An.	1848	M.★	Sprightly............	»
»	MEA ....An.	1851	F.	Progné............	»
»	MENALIPPE.......An.	1847	F.	Californie............	»
»	MÉROPE p. Carbon..An.	1843	F.★	Giselle	»
»	MINUIT...........An.	1847	F.★	Ténébreuse..........	»
		1849	F.	Pulcherie............	»
»	MISÈRE........An.-Ar.	1853	F.	Virginie............	»
M.	MISS HENRY ......An.	1843	F.	Angélina............	M.
»	MISS JENNY [1] ......An.	1853	M.	Johann..............	»
»	MISS KING ....An.	1853	M.	Landry.............	»
»	MISS LAURENCE....An.	1852	M.	Alter Emilius	»
M.	MISS SOPHIA.......An.	1842	M.★	Fitz Emilius	M.
»	MISS TANDEM [2].....An.	1840	M.★	Renonce............	»
		1845	F.★	Lady Henriette........	»
		1847	M.	Henriot	»
		1848	M.★	Zéphir..............	»
		1849	M.	Légitime	»
		1850	M.	Trembleur...........	»
»	MYSZKA [3].........An.	1849	M.	Missouri............	C.
»	NAUTILA ....An.	1851	F.	Tamise..............	M.-L.
		1852	M.	Bristol	»
»	NINA.........An.-Ar.	1853	F.	Emilia.............	»
»	ODINE ....An.	1838	M.★	Kam................	M.
		1841	F.	Guipure............	M.
		1842	F.★	Bathilde............	»
		1844	F.★	Belle de Nuit.........	»
		1845	F.	Constantine..........	»

[1] Miss Jenny a été revue, en 1852, par *Garry Owen*.
[2] Miss Tandem a été revue, en 1841, par *Physician*.
[3] Myszka a été revue, en 1848, par *Sting*.

	ODINE (Suite)..........	1846	F.	Dédicace	»
M.	OLIVIA...........An.	1848	F.	Reforme ex Miss Marguerite.	»
»	OLYMPIE ....An.	1843	F.★	Rosabelle...........	»
		1844	M.	Scipion.............	C.
		1845	F.★	Thalie.............	»
»	PAMÉLA Bis.......An.	1842	F.	Confiance..........	Ex.
M.	PARASOLINA.......An.	1844	M.	Bengali.............	M.-L.
»	PECORA ....An.	1845	M.★	Sandwich	»
»	PERI.............An.	1848	F.	Iena	»
M.	PÉTRONILLE.......An.	1848	F.★	Biche	»
»	PHILIP'S DAM ex CATTON MARE. An.	1847	F.★	Raveluche...........	»
»	PICCIOLA..........An.	1853	M.	York..............	»
»	POTENCE......... An.	1851	M.	Potentat...........	»
»	POULE ....An.	1848	M.	X..................	M.-L.
M.	RACHEL p. WHALEBONE, An.	1844	M.	Lamb..............	»
»	REBECCA..........An.	1843	M.	André.............	M.-L.
		1845	M.	Cassius............	»
		1848	F.	Sophie	»
»	REDGAUNTLET MARE, An.	1847	F.	Irène	»
»	RHODANTHE.......An.	1848	F.	Emilia ex Révolution..	»
»	ROSA LANGAR .....An.	1847	F.★	Volante	»
»	SAINTE HÉLÈNE....An.	1843	F.★	Noëmi	»
»	SATISFACTION .....An.	1851	M.	Prince Poojus.........	Ex.

»	SILHOUETTE [1]......An.	1848	F.★	Miniature...........		»
M.	SUAVITA.........An.	1848	F.	Lutetia.............		*Ex.*
		1850	F.	Tioga..............		*Ex.*
»	SYLVIA..........An.	1841	F.★	Odine ex Chronologie..		»
		1842	M.	Pyrrhus............		»
»	TERESINA [2]......An.	1852	M.	Poisson d'Avril.......		»
»	TRONQUETTE......An.	1849	M.	Badin.............		*M.*
		1850	M.	Trompeter..........		»
»	VANESSA.........An.	1847	M.	Emile.............		»
		1848	M.	Errata.............		*C.*
		1849	F.	Follette............		*M.*
»	VESPER.........An.	1847	F.	Martingale..........		»
Ex.	VESTALE......An.-Ar.	1842	M.	Sinistre............		*Ex.*
»	VITTORIA [3]........An.	1848	F.	Vaporeuse..........		»
»	WHALEBONA.(Gipsy)An.	1845	M.★	Robinson...........		»
»	YMONE..........An.	1852	F.	Emilia............		»
»	ZAIDA..........An.	1843	M.	Spencer...........		*M.-L.*
»	ZICKA.........An.-Ar.	1843	M.	Tom-Pouce..........		»

S. B. An. 3e v. p. 552.
S. B. F. 1er v. 2e éd.
p. 30.

YOUNG EMILIUS.

Importé en 1852. — H. I. — Vendu en 1845.

B. Né en Angleterre, en 1827. — Son père, EMILIUS; Sa mère, SAL, par SCUD.

A produit avec :

M.	ABJER MARE......An.	1843	F.★	Emilia..............		»

---

[1] SILHOUETTE a été revue, en 1847, par *Gladiator*.
[2] TERESINA a été revue, en 1851, par *Napier* et *Garry Owen*.
[3] VITTORIA a été revue, en 1847, par *A Perle*

S. B. An. 5e v. p. 271.
S. B. F. 1er v. 2e éd.
p. 50.

THE EMPEROR.

Importé en 1850. — H. I. — Mort en 1851.

Al. Né en Angleterre, en 1841. —Son père, DEFENCE ; Sa mère, REVELLER MARE.

A produit avec :

»	ADELINE ....An.	1852	F.	Princesse Olga........		»
»	ANÉMONE ....An.	1852	M.	Geranium		»
»	BRUYÈRE ....An.	1852	M.	Solitaire............		»
»	DEMI FORTUNE ....An.	1852	F.	Madone		*M.- L.*
»	DIGGORY DIDDLE...An.	1852	M.	Ratapoil............		»
»	EFFIE DEANS p. BRABANT	1852	M.	Impérialist...........		*M.*
»	ESSLER [1] ....An.	1852	M.	Lavengro............		»
»	EXAMPLE .... .An.	1852	M.	Triumvir............		»
»	FRANCESCA........An.	1852	M.	Allez-y-Gaiement......		»
»	FREE TRADE.......An.	1852	M.	Arbitrator		»
»	GENEVIÈVE DE BRABANT An.	1852	M.	Baroncino		»
»	LUCY LONG........An.	1852	M.	Ermite.............		»
»	MYSZKA...........An.	1852	M.	X............ ...		»
»	QUININE..........An.	1852	M.	Monarchist..........		»
»	QUIZ............An.	1852	F.	Theodora...........		»
»	SÉRÉNADE ex POSTHUME An.	1852	M.	Tais-Toi............		»
M.	SUAVITA ....An.	1852	M.	Lindor.............		»

[1] ESSLER a été revue, en 1851, par *The Baron*.

»	TRONQUETTE	1852	F.	Empress		»
»	XENODICE.........An.	1852	M.	Biberon		»
»	ZIBELINE ....An.	1852	F.	Dorine		»

S. B. F. 1re v. 2e éd.
p. 30.

EREMOS.

(Anglo-Arabe.) — (H. I.)

Al. Né en France, au H. I. du Pin, en 1845. — Son père, Y. EMILIUS ; Sa mère, AGAR, par EASTHAM.

A produit avec :

»	BICHE.........An.-Ar.	1850	F.	Moïna...............		»
»	CLÉMENTINE.......An.	1851	F.	Arlette		»
»	DORIS............An.	1851	M.	Candidat............		»

S. B. F. 1er v. 2e éd.
p. 31.

EYLAU.

(Anglo-Arabe.) — (H. I.)

B. Né en France, au H. I. du Pin, en 1835. — Son père, NAPOLEON ; Sa mère, DELPHINE, par MASSOUD (Arabe).

A produit avec :

»	AGAR ....An.-Ar.	1842	F.★	Reine de Chypre.......		»
		1850	F.	Queen...............		»
M.	CHESNUT FILLY....An.	1842	F.	Lavinie.............		»
»	CITRON ....An.	1844	M.	Mondeville..........		»
		1845	M.★	Brienne.............		C.
»	CLÉMATITE ....An.	1850	F.	Graziella		»
»	CLOTILDE ....An.	1844	F.	N...................		M.-L.
»	COMTESSE.........An.	1844	M.	Arcole		»
»	DANAIDE.........An.	1845	F.	Clandestine..........		M.

»	DON COSSACK MARE (Brown), An.	1841	M.	Lord Jersey	»
»	DORIS ....An.	1849	M.	Passe par tout........	C.
»	DULCINÉE......An.-Ar.	1842	M.	Quitus	M - N.
»	GAIETY ....An.	1843	F.	Rosa................	M.
»	ISABELLA ....An.	1848	F.	Lutzen..............	Ex.
»	KASBA ....An.-Ar.	1843	F.	Richette.............	»
»	KETTY...........An.	1844	M.	Constantin...........	M.
		1845	M.	Gustave.	M.
M.	LADY.............An.	1843	F.	Rachel..............	»
Ex.	LADY FASHION ....An.	1850	F.	Lesbie	»
»	MISS PHYSICIENNE, An.	1851	M.	Peveril..............	»
		1853	M.	Elmore..............	»
M.	NIOBÉ.........An.-Ar.	1844	F.	Jena................	»
		1845	M.	Hanau ex Hœmus.....	C.
»	OTÉ..............An.	1840	F.	Wetday.............	M.
M.	PAMÉLA...........An.	1841	F.	Miss Eylau	»
»	PAMÉLA Bis.......An.	1841	M.★	Prince Eugène........	»
M.	PÉTRONILLE.......An.	1842	M.	Souvenir.............	M.-L.
»	ROSITA...........An.	1851	M.★	La Matrassière........	»
M.	SYLVIE............An.	1844	M.★	Tibi................	»
»	WHALEBONA (Gipsy), An.	1841	F.★	Fortification..........	»
»	ZAIDA ¹...........An.	1842	M.	Kleber	C.

¹ ZAIDA a été revue, en 1841, par Napoléon.

S. B. An. 3e v. p. 557
S. B. F. 1er v. 2e éd.
p. 52.

FANG.

Importé en 1834. — H. I. — Vendu en 1850.

B. Né en Angleterre, en 1829. — Son père, LANGAR ; Sa mère, STEAM, par VAXY-POPE.

A produit avec :

M.	LUNACY..........An.	1842	M.	Decameron...........	C.
		1843	M.★	Escobar..............	»
»	SULTAN MARE. ....An.	1842	M.	Dandolo.............	C
		1844	F.	Frascatane...........	M.

S. B. An. 4e v. 2e éd.
p. 495.
S. B. F. 1er v. 2e éd.
p. 52.

FARMINGTON.

Importé en   . — H. I. 1844. — Mort en 1849.

Al. Né en Angleterre, en 1836. — Son père, CAÏN ; Sa mère, WHALEBONE MARE.

A produit avec :

»	FELICIA..........An.	1842	M.	Patrocle.............	»
»	FINE.............An.	1842	F.	Philomele...........	»
»	SYLVIA..........An.	1843	F.	Quirita..............	M.

S. B. An. 5e v. p. 181.
S. B. F. 1er v. 2e éd.
p. 33.

FELIX.

Importé en 1847. — (H. I.)

B. Né en Angleterre, en 1843. — Son père, ACCIDENT ; Sa mère, MAMELUKE MARE.

A produit avec :

»	MISS ERYMUS ex REGEN-CE, An.	1853	M.	N...................	M.-N.

S. B. F. 1ᵉʳ v. 2ᵉ éd.
p. 33.

FELIX.

H. I. — 1844. — Vendu en 1848.

B. Né en France, au H. de Viroflay, en 1828. — Son père, RAINBOW ;
Sa mère, Y. FOLLY, par ASMODEUS.

A produit avec :

»	AIMABLE	An.	1836	F.	N.	M.
			1838	M.★	Prince Paul	C.
			1839	M.★	Quirinus	»
			1840	M.	Romeo	»
»	CONTRITION	An.	1837	M.	Repentir	»
M.	CUTENDRE	An.	1839	M.	Poucet	C.
»	GENUINE	An.	1837	F.★	Sainte-Agnès	Ex.
»	GEORGINA	An.	1835	M.	Mazaniello	»
			1836	F.★	Nadegda	»
	ISABELLA	An.	1836	F.	N.	M.-L.
»	LÉOPOLDINE	An.	1835	M.	Memnon	C.
			1836	F.	Nelly	»
			1837	F.★	Olivia	»
			1838	M.★	Patricks	»
			1839	F.★	Quirita	»
»	LUCETTE	An.	1842	M.	Capitaine Candide	»
»	MAIDEN	An.	1838	F.★	Maid	»
M.	Y. URGANDA	An.	1836	M.	Felicio	»
M.	VERONA	An.	1837	F.★	Veronica	M.

S. B. F. 1ᵉʳ v. 2ᵉ éd.
p. 33.

FIDLER.

H. I. — 1839. — Mort en 1839.

Bb. Né en France, chez M. de Vanteaux, en 1832.—Son père, MUSTACHIO ;
Sa mère, LADY, par SEYMOUR.

A produit avec :

»	FLORE..........Au.-ar.	1840	F.	Opalée..............	»
»	JANE............An.	1840	M.*	Osiris..............	»

S. B. F. 1er v. 2e éd.
p. 33.

FINGAL.

H. I. — Vendu en 1852.

Al. Né en France, au H. I. du Pin, en 1834. — Son père, Emilius ; Sa mère, Worry, par Woful.

A produit avec :

»	ALINE............An.	1851	M.	Fingal.........	»

S. B. F. 1er v. 2e éd.
p. 34.

FITZ EMILIUS.

H. I. — 1848. — Mort en 1852.

B. Né en France, en 1842. — Son père, Y. Emilius ; Sa mère, Miss Sophia, par Shakspeare.

A produit avec :

»	AQUILA..........An.	1850	M.	Caracole.............	»
»	BELLA DONA.......An.	1850	M.	Barnabé.,...........	»
»	BICHE...........An.	1851	M.	N..................	M.-N.
M.	CAMARINE.........An.	1850	F.	N..................	M.-L.
»	CATANO ex Cattano, An.	1851	F.	Cornélie............	»
»	CHIQUENAUDE......An.	1851	M.	Dimanche...........	»
»	CIRCÉ..........An-Ar.	1850	F.*	Felicie.............	»
»	COQUELUCHE......An.	1850	M.	Trebou.............	»
»	COUETTE ex Comète, An.	1851	M.*	Violens.............	»
»	DEER CHASE.......An.	1850	F.*	Deer Filly...........	»
		1851	F.	Mimie..............	»

»	DUET............An.	1850	M.	N...............	*M.-N*
»	EMMA..........An.	1850	F.★	Naïs............	»
»	HERA.......An.-Ar.	1850	M.	Iter Emilius........	»
»	IMPASSE.........An.	1850	M.	Coriolan..........	»
		1851	F.	N...............	*M.-L.*
»	JOHANNISBERG.....An.	1850	M.	Bob.............	»
»	JULIA...........An.	1851	F.	N...............	*M.-L.*
»	JULIETTE........An.	1852	M.	Seméac..........	»
»	LOTERIE.........An.	1850	M.	Régulus..........	»
»	MISÈRE.......An.-Ar.	1851	F.	Charité..........	»
»	MISS KING........An.	1850	F.★	Flitta...........	»
		1852	F.	Colette..........	
»	MISS LAURENCE....An.	1850	F.	Florine..........	»
»	MONIME..........An.	1850	F.	Sunday..........	*M.*
»	NAIADE..........An.	1850	M.	Yoyo............	»
		1851	M.	Jacaré..........	»
		1853	M.	Diamant.........	»
»	NINETTE........An.	1850	M.	Emiliano.........	»
»	PAMÉLA Bis.....An.	1850	F.★	Lantara.........	»
»	PENITENTE ¹.....An.	1851	M.	Walton..........	»
»	RIGOLETTE....An.-Ar.	1851	F.	Friponne........	»
»	SAMPHIRE.......An.	1850	F.	N...............	»
»	VERONICA........An.	1851	M.	Ourlat..........	»
»	ZELIMA.......An.-Ar.	1851	M.	Hospodar........	»
»	ZORA...........An.	1850	F.★	Emilia..........	»

¹ **PENITENTE** a été revue, en 1850, par *Premier Août.*

S. B. F. 1er Suppl.
p. 8.

FLEURY.

Al. Né en France, chez M. Sempé, en 1846. — Son père, BEGGARMAN ou PAILLASSE ; Sa mère, EMMA, par NAPOLÉON.

A produit avec :

»	NINE..................An.	1853	M.	Fleury.................	»

S. B. F. 1er v. 2e éd.
p. 34.

FORTUNÉ.

(Anglo-Arabe.) — H. I. — Mort en 1847.

B. Né en France, au H. I. du Pin, en 1831. — Son père, EASTHAM ; Sa mère, DELPHINE, par MASSOUD (Arabe).

A produit avec :

»	DON COSSACK MARE (BROWN), An.	1836	M.★	Richard.............	C.

S. B. F. 1er v. 2e éd.
p. 34.

FOSCARINI.

H. I. — 1835. — Vendu en 1852.

B. Né en France, au H. de Meudon, en 1828. — Son père, CAPTAIN CANDID ; Sa mère, CRYSTAL, par TRIUMVIR.

A produit avec :

M.	HEIRESS...........An.	1842	M.	Franklin...............	C.
»	LADY DE NORMANDIE, An.	1841	F.★	Miss Normandine......	»
M.	MASSOUDÉ.....An.-Ar.	1841	M.	N.................	»
»	MÉLÉHA...........Ar.	1841	F.★	Celina..............	»
		1843	M.★	Cristal ex Abdel.......	»
»	MIRZA.........An.-Ar.	1843	M.	N.................	M.-N.
»	STELLA...........An.	1852	F.	Héline.............	

S. B. F. 1er v. 2e éd.
p. 34.

FRA DIAVOLO.

H. I. — 1841. — Castré en 1849.

B. Né en France, chez M. Crémieux, en 1830.—Son père, Filho da Puta
Sa mère, Ténériffe, par Blacklock.

A produit avec :

»	BETZY............An.	1839	F.	Hélène...............	»
M.	FLORE........An.-Ar.	1839	F.	Niobé...............	»
M.	LADY............An.	1841	F.★	Prétendante...........	»
M.	MYLADY p. MUSTACHIO, An.	1839	F.	Hébé...............	M.
»	NORMA............An.	1840	F.★	Sylvina...............	»
		1841	F.	Mascarade...........	»

S. B. F. 1er v. 2e éd.
p. 35.

FRANCK.

H. I. — 1859. — Castré en 1851.

B. Né en France, chez Lord Seymour, en 1833. — Son père, Rainbow ; Sa
mère, Verona, par Whitworth ou Ardrossan.

A produit avec :

M.	COQUETTE.........An.	1840	F.★	Xy.................	»
		1841	M.	Othon...............	»
M.	La DOUCE........An.	1842	F.	N.................	M.-L.
»	EMÉRAUDE. ....An.	1840	M.	Nimby...............	»
		1841	M.	Ortolan...............	»
M.	EUCHARIS........An.	1842	M.	Courrier...............	M.-L.
»	FELICIA..........An.	1841	M.	Orosman............	M.
»	FINE.............An.	1840	F.	Nina ex Mina.........	M.
		1841	M.	Octave.	M.

»	GIRFAH........An.-Ar.	1840	F.★	Eva ex Eura..........	»
		1841	M.★	Schami..............	»
M.	MARIONNETTE.....An.	1842	M.	Labanof..............	»
		1844	M.★	Carhaix..............	»
		1845	M.	Bectan..............	»
		1846	F.	Nitza..............	»
»	MEDAILLE.........An.	1842	F.★	Dadionne..........	*M*.
M.	Y. MIRACLE.......An.	1840	M.	Wellington..........	*M*.
»	MISS SCOTT........An.	1841	M.	Alexandre..........	*C*.
»	ORVILLINA........An.	1842	M.	Franck Orville.......	»
		1845	M.	Bob ex Juif..........	»
»	PANOPE..........An.	1842	M.	Torr-eh-Ben ex Dadeau	»
»	REGATTA.........An.	1840	F.★	Mylady.............	»
M.	SEPHORA.........An.	1841	F.★	Occipite.............	»
M.	SOLA.............An.	1843	M.	Ruysdael............	*M*.
		1845	F.	Violetta.............	»

S. B. An. 3ᵉ v. p. 84.
S. B. F. 1ᵉʳ v. 2ᵉ éd.
p. 35.

FREYSTROP.

Importé en 1846.

Bb. Né en Angleterre, en 1841. — Son père, UNCLE TONY; Sa mère, DINAH,
par CHAMPIGNON.

A produit avec :

»	LADY FLY.........An.	1852	F.	Frisette..............	»
»	LADY HENRIETTE..An.	1850	M.	Vingt-deux-Juin.......	»
»	SERPENTE.........An.	1851	M.	Quatre-Temps.........	»

S. B. F. 1ᵉʳ v. 2ᵉ éd.
p. 35.

FRIEDLAND.

H. I.

B. Né en France, au H. I. du Pin, en 1835. — Son père, NAPOLÉON; Sa
mère, CLOTON, par EASTHAM.

A produit avec :

M.	BELLONE.........An.	1843	F.*	Zille................	»
M.	CHESNUT FILLY....An.	1841	M.	N....................	M.-L.
»	DANAË...........An.	1844	M.	Danaüs...............	M.
»	DECISION.........An.	1846	M.	Tilsitt...............	»
		1847	M.	Décidé...............	M.
»	KETTY...........An.	1846	M.	Prince Louis.........	»
		1847	F.	Lisa.................	»
		1850	F.	Y. Ketty.............	»
»	MIRANDA.........An.	1843	F.	Augusta..............	M.
»	MISS ANN p. FIGARO, An.	1844	F.*	Bienséance...........	»

S. B. An. 3e v. p. 347.
S. B. F. 1er v. 2e éd.
p. 38.

FROGMORE.

Importé en 1828. — H. I. — Mort en 1834.

B. Né en Angleterre, en 1822. — Son père, PHANTOM ; Sa mère, RUBENS MARE.

A produit avec :

| M. | LADY.............An. | 1831 | M.* | Emilius.............. | M. |

S. B. An. 3e v. p. 226.
S. B. F. 1er v. 2e éd.
p. 36.

FULFORD.

Importé en 1820. — H. I. — Mort en 1831.

B. Né en Angleterre, en 1812. — Son père, ORVILLE ; Sa mère, MANIAC, par SHUTTLE.

A produit avec :

| » | ELEONOR (DICK ANDREWS MARE). An. | 1823 | M. | Godolphin............ | C. |

S. B. An. 4° v. 2° éd.
p. 155.
S. B. F. 1er v. 2° éd
p. 56.

GARRY OWEN.

Importé en 1849. — (H. I.)

Al. Né en Angleterre, en 1837. — Son père, SAINT PATRICK ; Sa mère, EXCITEMENT, par EMILIUS.

A produit avec :

»	ANTIOPE.........An.	1852	F.	Miss Antiope...........		»
		1853	F.	Anti-Labatut.........		»
`	AQUILA..........An.	1851	F.	Excitation...........		»
		1853	M.	Pluton.............		»
M.	CAMARINE.......An.	1851	M.	Piquillo...........		»
		1852	F.	Pamia.............		»
»	CAMELIA.........An.	1852	F.	Pincette...........		»
»	CÉSARINE........An.	1852	F.	Nymphe...........		»
		1853	M.	Fitz Garry...........		»
»	CIRCÉ........An.-Ar.	1852	F.	Gariette...........		»
»	COQUELUCHE......An.	1852	M.	N..............		*M.-N.*
»	COUETTE ex Comète. An.	1852	M.	Bonbon...........		»
		1853	F.	Sans-Nom...........		»
»	DEER CHASE......An.	1852	F.	Mianie...........		»
		1853	M.	Y. Venison...........		»
»	DUET¹..........An.	1852	M.	Night Cap...........		»
»	FAUVETTE p. QUINE, An.-Ar.	1853	M.	Terror...........		»
»	FAUVETTE p. PROSPEC-TUS, An.	1853	M.	N..............		*M.-L.*
»	HÉRA.........An.-Ar.	1853	F.	Tlitzi...........		»
M.	HIRONDELLE p. RE-NONCE. An.	1851	F.	Aïxa...........		»
		1852	F.	Armide...........		»

¹ DUET a été revue, en 1851, par Y. EMILIUS

»	ISMA . . . . An.-Ar.	1852	F.	Aline	»
		1853	M.	Farner	»
»	LADY DE NORMANDIE, An.	1851	F.	Miss Owen	»
»	LOLOTTE . . . . An.	1853	M.	N	M.-V.
»	LOTERIE . . . . An.	1852	F.	Miss Hornet	»
»	MISÈRE . . . . An.-Ar.	1852	F.	Lisette	»
»	MISS LAURENCE . . . . An.	1851	F.	Miss Garry	»
		1853	F.	Lora	»
»	MOLOKINE . . . . An.	1851	F.	My Dream Lost	. »
		1852	M.	Alleluia	»
»	MONIME . . . . An.	1852	F.	Madamizella Tacanitasca	»
		1853	F.	Tamise	»
M.	MYRTLE . . . . An.	1852	F.	Claire	»
»	NAIADE . . . . An.	1852	M.	N	M.-L.
»	NANINE . . . . An.	1852	M.	Les Cendres	»
		1853	F.	Eucharis	M.-L.
»	NAUTILA . . . . An.	1853	F.	Tharistone	»
»	NINETTE . . . . An.	1851	F.	Valériane	»
»	PAMÉLA Bis . . . . An.	1851	M.	Traveller	»
»	PÉNITENCE . . . . An.	1853	F.	Miss Owen	»
»	POTENCE . . . . An.	1853	M.	Papillon	»
»	RHODANTHE . . . . . . An.	1852	M.	Remus	»
		1853	M.	Hamdan	»
»	ROXANNA . . . . An.	1852	F.	Daphna	»
		1853	F.	Eucharis	»
»	SATISFACTION . . . . . An.	1852	F.	Hérodéa	»
		1853	F.	Valerie	»

»	SKIRMISH ex SKIRMIS- HERE, An.	1852	M.	Y. Talisman.........		»
»	VIOLA............An.	1851	M.	Pactole.............		»
		1852	F.	Gracieuse...........		»
		1853	F.	Opulente............		»
»	YELVA..........An.	1853	M.	Izard..............		»

S. B. An. 3e v. p. 465.
S. B. F. 1er v. 2e éd.
p. 37.

GENERAL MINA.

Importé en 1839. — H. I. — Mort en 1846.

Al. Né en Angleterre, en 1820. — Son père, CAMILLUS; Sa mère, WIL-
LIAMSON'S DITTO MARE.

A produit avec :

M.	ANTWERP.........An.	1841	M.	Hercule.............	»
		1842	F.	N..................	*M.*
»	BELLINA..........An.	1841	M.	Maurisco...........	»
»	CALIPSO..........An.	1841	F.★	Fiancée...........	»
M.	CARACOLE........An.	1838	F.	Cachucha...........	»
»	CARLINE......An.-Ar.	1838	M.★	Terne ex Triste-à-patte.	»
M.	EGILFÉ..........Ar.	1832	F.★	Zillah.............	»
		1833	M.	N..................	*M.-L.*
M.	ELSY ....An.	1832	F.★	Filagrée...........	»
		1835	F.★	Elzira.............	*M.*
		1836	F.	Zaphira...........	*M.-L.*
		1837	F.	N..................	*M.-N.*
»	FOLLA [1].........An.	1838	M.★	Major.............	*C.*
		1840	M.	Etourdi...........	*M.*
		1841	F.	Follette...........	»
		1842	M.★	Mars..............	»
M.	Y. FOLLY........An.	1832	F.★	Ipsara............	»

[1] FOLLA a été revue, en 1841, par *Dangerous*.

	Nom	Année	Sexe	Produit	
»	HENRICA.........An.	1837	F.	Caramie.............	»
M.	ISOLINA.......An.-Ar.	1836	M.	Egilfé..............	»
		1839	M.	N.................	*C*.
		1842	M.	Solimagne...........	*C*.
		1843	M.	Raymond............	*M*.
»	IVELINE..........An.	1840	F.★	Aquila..............	»
		1841	F.	Caracoleuse..........	»
M.	JAVA............Ar.	1831	M.★	Javelot.............	*C*.
M.	MALVINA.........An.	1834	F.★	Julia...............	»
»	MASCARA......An.-Ar.	1842	M.★	Mascarille...........	*C*.
»	PREMIA..........An.	1837	M.	N.................	*M*.-*L*.
		1838	F.★	Primerose...........	»
		1839	M.	Capricorne...........	»
		1840	F.	Capricieuse..........	»
		1841	M.	Mardi..............	*C*.
»	PULCHRA ....An.	1838	M.★	Minotaure...........	»
		1841	F.★	Minette.............	»
»	TAPAGE..........An.	1839	F.★	Avant-garde.........	»
		1840	F.	Cantinière...........	*M*.
		1841	M.★	Turbulent...........	»
M.	VALIDÉ...........Ar.	1833	M.	Clinton.............	*M*.
»	VANDYKEJUN.MARE,An.	1830	M.★	Athol..............	»
		1833	M.	Anthony............	*M*.
		1834	M.★	Obberton...........	*M*.
		1836	F.★	Angiolina...........	»
		1838	M.★	Murillo.............	*C*.
»	VANITY...........An.	1833	M.★	Koverdal...........	»
		1834	M.★	Brighton...........	»
		1838	F.	Precieuse...........	»
M.	ZORAIME......An.-Ar.	1830	M.★	Cardigan...........	*M*.
		1831	F.	Renette...........	»
		1832	M.★	Blunder............	*M*.
		1833	F.★	Melkine...........	*M*.

GIGES.

Mort en 1852.

Al. Né en France, au H. de Meudon, en 1837. — Son père, PRIAM ; Sa
mère, EVA, par SULTAN.

A produit avec :

M.	ANNA............An.	1844	F. ★	Margaret...............	»
		1846	F. ★	Magnesia ex Calipso...	»
		1848	M.	Daniel O'Connel.......	C.
»	BASSINOIRE........An.	1847	M.	Brouhaha............	C.
»	DIANE............An.	1846	M.	X...................	M.-L.
»	DONA PILAR.......An.	1846	M.	Detritus............	»
»	EBAUCHE..........An.	1846	F. ★	Polyxène............	»
		1847	F.	Cassandre..........	»
»	ESMERALDA........An.	1848	F.	Estafette...........	»
»	EUSEBIA..........An.	1848	M.	Estaminet..........	»
		1850	M.	Royal quand même....	»
»	FADAISE..........An.	1846	M.	Flic-flac...........	»
		1847	F.	Faribole...........	»
»	JENNY VERTPRÉ....An.	1846	M.	Priam ex Gulliver....	C.
»	KATE NICKLEBY....An.	1849	M.	Philosophe ex Giges...	»
»	LEOPOLDINE.......An.	1846	F.	Wyla.............	»
»	MINUIT...........An.	1846	F.	X................	M.-L.
»	MISS WAGS........An.	1849	F.	X................	M.-N.
»	PAPILLOTTE ex ALBANY MARE, An.	1848	F. ★	Peronelle...........	»
»	SWEETLIPS........An.	1847	F.	Sensitive..........	»
M.	WEEPER..........An.	1844	F. ★	Wirthschaft........	»

S. B. An. 4e v. p. 256.
S. B. F. 1er v. 2e ed.
p. 38.

GLADIATOR.

Importé en 1846. — H. 1.

Al. Né en Angleterre, en 1833. — Son père, PARTISAN; Sa mère, PAULINE, par MOSES.

A produit avec :

M.	ABLETTE..........An.	1852	M.	Exquisite............	»
		1853	M.	X.................	*M.*
»	ALVA.............An.	1848	M.	X.................	*M.*
»	ANGÉLINA.........An.	1850	M.	X.................	*M.*
»	ANNETTA..........An.	1848	F.	Annette............	»
		1851	M.	Celebrity...........	»
»	ASPASIE...........An.	1851	F.	Justice.............	»
»	BARBARINA........An.	1848	F.	Barbara ex Barricade..	»
»	BASSINOIRE........An.	1848	F.	Bucolique...........	»
»	BEE'S WING. ......An.	1851	M.	Coustranville.........	»
»	BELLE-POULE......An.	1852	F.	Fleur des Bois........	»
»	BERTHE...........An.	1852	F.	Miss Gladiator ex Ninette	»
»	BRIDE OF ABYDOS..An.	1852	F.	Mouchette...........	»
		1853	F.	Babiole.............	»
»	CASSANDRA. ......An.	1848	F.★	Lola...............	»
		1849	M.	Aquila.............	»
»	CASSICA..........An.	1848	F.	Miliana.............	*Ex.*
		1849	F.	Bonita.............	»
»	CREUSA...........An.	1852	M.	X.................	*M.-L.*
M.	CURRENCY ....An.	1848	M.	Thevil.............	*C.*
		1849	F.	Aurea.............	*Ex.*

»	DECEPTION ex ONDINE, An.	1848	F.★	Ymone...............	»
		1849	F.★	Zerline...............	»
»	DEFY............An.	1851	M.	Sword...............	»
»	DÉJAZET.........An.	1852	M.	Michel...............	**M**.
		1853	F.	Miss la Grée..........	»
M.	DESTINY.........An.	1850	F.	Dame de Cœur.......	»
		1852	M.	Pharaon.............	»
»	DIGGORY DIDDLE...An.	1848	F.	Vésuvienne..........	»
		1850	M.	Y. Gladiator.........	»
»	DIONNETTE........An.	1850	F.	N...................	**M.-N**.
»	DISCRÈTE [1]........An.	1849	M.★	Guignolet............	»
		1852	M.	Spartacus............	»
»	DORADE..........An.	1848	F.	N...................	»
		1849	M.	Edward the first.......	**C**.
M.	ECCOLA..........An.	1848	F.	N...................	»
»	EFFIE DEANS p. BRABANT	1850	M.	Papillon ex Generosity.	»
		1851	F.	Honesty.............	»
»	EMERALD [2]........An.	1851	M.	Argence.............	**M**.
»	EMILIA [3]..........An.	1848	M.	Eole................	»
		1851	M.	Achille..............	»
		1852	F.	Elpinice.............	»
		1853	M.	Theleme.............	»
»	EVA ex EURA...An.-Ar.	1848	M.	N...................	**M.-L**.
»	EVA p. SULTAN [4]...An.	1851	F.	Xenoclee............	»
»	EYEBROW........An.	1849	M.	Jérôme Paturot.......	**C**.
		1851	F.	Little Woful..........	»

[1] DISCRETE a été revue, en 1848, par *Sting*.
[2] EMERALD a été revue, en 1850, par *Sting*.
[3] EMILIA a été revue, en 1847, par *Polecat*.
[4] EVA p. SULTAN a été revue, en 1850, par *Glory*.

»	FADAISE.........An.	1848	F.	Faucille..............	»
		1851	M.	N....................	*M.*
»	FATIMA..........An.	1852	F.	Regrettée............	»
»	FLIGHTY.........An.	1848	M.★	Fight Away...........	»
»	FLIRTATION.......An.	1848	F.★	Illustration...........	»
		1850	F.	Cendrillon ex Kindness.	»
		1851	F.	Lenity..............	»
»	FRANTIC..........An.	1853	M.	Roland..............	»
»	GEORGINA........An.	1848	F.★	Yelva...............	»
		1849	M.	Captain Rous ex Zegry.	»
»	IPSARA...........An.	1853	F.♦	Voltigeuse...........	»
»	JEW GIRL........An.	1851	M.	Historian.............	»
»	LANTERNE........An.	1848	F.★	Constance...........	»
M.	LYDIA...........An.	1848	M.	N....................	*M.-L.*
»	MAID............An.	1850	F.	Mlle de Guise..........	»
»	MAM'ZELLE PRITCHARD[1] An.	1851	M.	Saint-Aure...........	»
»	MANTILLE........An.	1848	F.	Humanité............	»
»	MARGARET [2]......An.	1853	F.	Philiberte...........	»
M.	MARIA sœur d'EMMA[3] An.	1848	F.★	Grenade.............	»
»	MARIQUITA.......An.	1852	M.	Tortillard...........	»
»	MENALIPPE.......An.	1848	F.	La Révolte...........	»
»	MIDSUMMER.......An.	1853	F.	Pratelle.............	»
»	MINUIT..........An.	1850	F.	N....................	*M.-L.*

[1] MAM'ZELLE PRITCHARD a été revue, en 1850, par *Balaclan*.
[2] MARGARET a été revue, en 1852, par *Ion*.
[3] MARIA a été revue, en 1847, par *Y. Emilius*.

»	MISS FURY........An.	1852	F.	Katinka............	»
		1853	F.	Regina............	
.	MISS PETWORTH....An.	1848	F.	Darling............	»
»	MISS RAINBOW.....An.	1848	F.★	Iris...............	»
		1851	M.	Roland............	»
		1852	F.	Olivia............	»
		1853	F.	Leocadie...........	»
Ex.	MORA............An.	1848	F.	N................	*M.-L.*
»	MOSELLE..........An.	1852	M.	Cœur-de-Lion........	»
		1853	M.	Tamaris...........	»
»	MUFF............An.	1849	F.★	Lady Isa	»
»	MYLADY..........An.	1853	F.	N................	»
»	NADEGDA..........An.	1849	F.	Gazelle............	*M.*
»	NATIVA ex LANTERNE, An.	1848	M.★	Esperance..........	»
»	NORNA...........An.	1852	M.	Banco............	»
»	OCCIPITE..........An.	1853	F.	Miss Kick..........	»
M.	POETESS [1].........An.	1850	M.	Monaco............	»
»	POLYXENE........An.	1853	M.	Verdelay...........	»
»	QUIZ.............An.	1851	M.	Quietus...........	»
»	REGATTA..........An.	1851	M.	Y. Gladiator.........	»
»	RETAMOSA.....'...An.	1849	M.★	Boxeur............	»
		1851	M.	Viroflay...........	»
»	RHINOPLASTIE.....An.	1850	M.	Javelot............	»
»	ROSA LANGAR.....An.	1849	F.★	Breloque...........	»
»	SWEETLIPS........An.	1848	M.★	Saint-Simon.........	»

[1] POETESS a été revue, en 1849, par *Polecat*.

»	LA TAMISE [1]........An.	1848	M.	Clovis............	»
»	TARANTELLA......An.	1848	M.★	Amalfi............	»
»	TRONQUETTE......An.	1851	F.	Comédienne........	»
»	VICTORIA p. ROYAL OAK, An.	1852	M.	Assur............	»
		1853	M.	Telesphore.........	»
»	VICTORIA p. ELIZONDO, An.	1851	M.	Albert............	»
»	VIOLETTE........An.	1852	M.	Bric-à-Brac........	M.
»	VISION..........An.	1852	F.	Perinette..........	»
»	ZARAH..........An.	1850	M.	Fitz Gladiator.......	»
»	ZIBELINE........An.	1848	M.	Axis.............	»
		1849	M.	Isard............	M.
		1850	F.	Palatine..........	»

S. B. An.5°. v. p. 222.
S. B. F. 1er v. 2e éd. p. 58.

GLORY ex BOLD ARCHER.

Importé en 1847.

Bb. Né en Angleterre, en 1843. — Son père, GLYCON ou ASSASSIN ; Sa mère, JOSEPHINE, par DOCTOR SYNTAX ou BENTLEY.

A produit avec :

»	ROSABELLE........An.	1850	F.	Willow............	»
		1851	M.	Xantipe...........	C.
»	SUZETTE.........An.	1850	M.	Whisker.	C.
		1851	F.	Xenia............	»

S. B. F. 1er v. 2e éd. p. 58.

GOVERNOR.

H. I. — 1846. — Mort en 1855.

B. Né en France, au H. de la Morlaye, en 1840. — Son père, ROYAL OAK ; Sa mère, LYDIA, par RAINBOW.

---

[1] LA TAMISE a été revue, en 1847, par Y. *Emilius.*

A produit avec :

»	BATHILDE.........An.	1847	M.	Daguet..............	*M.*
M.	HELOISE..........An.	1847	F.	Sophia..............	*M.*
Ex.	LADY FASHION.....An.	1847	F.★	Epicharis............	»
»	MISS HAHNEMANN ex CLÉMENCE, An.	1851	F.	Fanfare ex Juliette.....	' »
M.	PARASOLINA.......An.	1847	F.★	Clementine..........	»
M.	TONADILLA........An.	1848	M.	N.................	*M.-L.*
M.	VANDA............An.	1847	M.	Matéo..............	»
»	WHALEBONA(GIPSY).An.	1847	F.	Eglé...............	»

S. B. F. 1er v. 2e éd.
p. 39.

HARLEQUIN.

Importé en 1831. — H. I. — Mort en 1846.

Al. Né en Angleterre, en 1825. — Son père, CERVANTES ; Sa mère, FLORA, par CAMILLUS.

A produit avec :

»	BETZY............An.	1841	M.	Périthoüs............	*M.*
		1842	F.	Illusion	»
M.	BRUNETTE........An.	1841	F.	Homera.............	*M.*
		1842	F.	Y. Saintongeoise......	»
»	CHANSONNETTE....An.	1842	F.	Janina	*M.*
»	CHERCHEUSE D'ESPRIT, An.	1841	F.	Héroïne.............	»
		1842	M.	Icare...............	*Ex.*
M.	CHLORIS..........An.	1841	M.	Pantheus............	*M.*
		1842	F.★	Césarine............	»
		1845	M.	Y. Harlequin.........	*M.*
		1846	F.	Partisante...........	*M.*
»	CITRON ....An.	1841	M.★	Paphos.............	*C.*
		1842	M.	Facchino...........	*M.-L.*

Ex.	CLIO............An.	1841	M.	Pharamond............	M.-L.
		1843	F.	Lady Macbeth.........	»
M.	CROTCHET........An.	1837	M.★	Lucullus.............	»
		1839	F.★	Fraga...............	
		1842	F.★	Chevrette............	»
»	DIDON.........An.-Ar.	1842	F.★	Isabelle.............	»
»	DISCRÈTE.........An.	1845	F.	Marquesita ex Célestine.	»
»	DORIS............An.	1842	F.★	Loïsa...............	»
M.	EFFY............An.	1834	F.	Nérine..............	»
M.	ENCHANTERESSE...An.	1836	M.	N..................	M.-L.
		1837	F.★	Magnolia............	»
		1841	F.	N..................	M.-L.
»	EUGENIA.........An.	1836	F.	Ninon..............	»
		1837	M.★	Sterne.............	M.
M.	FEUILLE DE CHÊNE, An.	1845	F.★	Colombine..........	»
M.	FLORE........An.-Ar.	1843	M.	Renom.............	M.
M.	Y. FOLLY.........An.	1841	M.	N..................	M.-L.
»	HÉBÉ............An.	1841	M.★	Quinquina..........	M.
M.	HÉLÈNE..........An.	1845	F.	Semiramis..........	M.-L.
M.	HELOISE ¹........An.	1845	F.	Rachel.............	»
»	JANE...........An.	1838	M.	N..................	M.-L.
»	JOCASTE.........An.	1842	M.★	Quibus.............	»
		1843	M.	Ruy Blas...........	C.
M.	LADY............An.	1837	M.★	Lancastre..........	»
		1839	M.	N..................	M.-N.
»	LILLY.........An.-Ar.	1842	F.	Amelie.............	»
		1843	F.★	Lilia..............	»

¹ HÉLOISE a été revue, en 1849, par Quoniam.

M.	LOUISE............An.	1845	M.	Églautier............	*C.*
»	MISS ANN p. FIGARO, An.	1845	F.	Caroline............	»
		1846	F.★	Dame Blanche........	»
M.	MISS HENRY.......An.	1842	F.★	Bella Dona...........	»
M.	NANNY SHANKS....An.	1834	M.★	Jean Bart...........	»
		1836	F.	Lilias	»
»	NORMA...........An.	1843	M.	Memento	*M.*
M.	PRIESTESS........An.	1834	M.★	Jocko	»
		1837	F.★	Miriam.............	»
M.	REBECCA p. EAGLE, An.	1834	F.★	Héloïse.............	*M.*
»	SCORNFUL.........An.	1842	F.	Djali..............	»
»	VIGORNIA ....An.	1835	M.	Little Boy	*C.*
		1837	F.★	Lovely..............	»

S. B. F. 1er v. 2e éd.
p. 30.

HERCULE.

H. I. — 1846. — Vendu en 1851.

Al. Né en France, au H. de Viroflay, en 1830. — Son père, RAINBOW ; Sa mère, AIMABLE, par ELECTION.

A produit avec :

»	ALMÉE............An.	1846	M.	Héraclite	»
		1847	F.★	Doloride ex Dolores....	»
		1848	F.	Constantine..........	»
M.	AMAZONE..........An.	1846	M.	Algenib	»
»	BERTHE..........An.	1849	F.	Miss Flora...........	»
Ex.	ELVIRA ....An.	1838	M.★	Peter ex Pater........	»
		1839	F.	Quiz...............	»
		1840	M.	Roquelaure...........	*Ex.*
		1841	F.★	Lanterne	»
M.	FEUILLE DE CHÊNE, An.	1843	F.	Ayouba	»

»	GEORGINA.........An.	1840	F.★	Rosita..............	»
»	HARRIET.........An.	1846	F.	Antoinette............	»
		1847	M.	Carême	»
»	LÉOPOLDINE.......An.	1840	F.	Rachel	»
»	MISS ALLEN.......An.	1843	M.	Gallus..............	»
»	MISS EXILE........An.	1847	M.	Fitz Hercule	»
M.	MISS MIRTH ......An.	1839	F.	N..................	*M.- L.*
»	MISTRESS BRADY ..An.	1850	F.	Bellière	»
M.	NIOBÉ.........An.-Ar.	1842	M.	Néméus	*C.*
»	QUEEN MAB ....An.	1837	M.	Généralif	»
		1838	M.★	Arwed	»
»	THE SHREW.......An.	1839	M.	N..................	»
M.	VIOLETTE.........An.	1846	F.	Jacinthe.............	»
»	WAVERLEY MARE, An.	1846	F.★	Déjazet..............	»

B. An. 4e v. p. 96.
B. F. 1er v. 2e éd.
p. 40.

HIS HIGHNESS.

Importé en 1839.

b. Né en Angleterre, en 1825. — Son père, FILHO DA PUTA, Sa mère,
ELEANOR, par GOVERNOR.

A produit avec :

»	BELLONE..........Ar.	1840	M.	Y. Highness	»
		1844	F.	Katudja.............	»
M.	Y. URGANDA ......An.	1841	M.	N..................	»

B. An. 3e v. p. 35.
B. F. 1er v. 2e éd.
p. 40.

HOEMUS.

Importé en 1834. — H. I. — Mort en 1843.

b. Né en Angleterre, en 1828. —Son père, SULTAN ; Sa mère, BESS, par
WAXY.

A produit avec :

»	AMAZONE..........An.	1838	M.★	Faust.............	»
M.	CALLIOPE ....An.	1843	F.★	Hœma.............	»
M.	CHESNUT FILLY....An.	1836	M.	Janissaire..........	»
M.	CLOTON...........An.	1836	M ★	Méphistophélès........	C.
»	DELPHINE .....An.-Ar.	1836	F.★	Hœma.............	»
»	DORIS p. Trance...An.	1840	F.	Emma.............	»
»	FATIME ....An.	1839	F.★	Berthe.............	»
		1840	F.★	Violette.............	»
»	FOLLETTE .....An.-Ar.	1838	M.★	Tivoli.............	»
»	FRANTIC ....An.	1839	F.	Catherine...........	M.
		1840	M.	Pirate..............	O.
»	HARRIET..........An.	1842	F.	Lady Maria..........	»
M.	INDIANA ....An.	1840	F.★	La Mecque..........	»
		1841	M.	Malborough..........	C.
		1842	F.	Laïtza.............	»
»	IPSARA ....An.	1842	F.	Vapeur.............	»
M.	JEANNETTE.........An.	1839	M.	Presto.............	Ex.
»	LUCETTE..........An.	1836	M.	Turban.............	»
»	LUSTRE...........An.	1839	F.★	Georgette...........	»
		1840	M.	Brillant.............	»
»	MÉDÉA...........An.	1843	F.★	Cinq Sous...........	»
		1844	F.	Cadichonne..........	»
»	MIDSUMMER ....An.	1839	F.	N..................	M.-L.
		1840	F.★	Flaye ex Fly..........	»
M.	Y. MIRACLE.......An.	1839	M.★	Miraculeux	»
»	MISS CAROLINE....An.	1840	F.	Favorite.............	M.

»	MISS SCOTT .... An.	1839	F.	Indiana	M.
»	MOSELLE .... An.	1840	F.	Prima Dona	»
M.	MOUCHE .... An.	1838	M.	Frélon	»
M.	PENANCE .... An.	1842	F.	Peniche	»
»	REGATTA .... An.	1830	M.★	Invincible	»

S. B. An. 5° v. p. 155.
S. B. F. 1er v. 2e éd. p. 40.

HOLBEIN.

Importé en 1826. — H. I. — Castré en 1854.

3. Né en Angleterre, en 1819. — Son père, RUBENS ; Sa mère, GOLUMPUS MARE.

A produit avec :

»	AMANDA .... An.	1831	F.	Angelica	M.
M.	BERGÈRE .... An.	1834	F	Fenella	»
»	CAPRICE .... An.	1829	F.	Caprée	M.-L.
M.	CLOTON .... An.	1834	M.★	Ali Baba	»
M.	COMUS MARE ...... An.	1834	F.★	Corysandre	»
»	DELPHINE ..... An.-Ar.	1834	F.★	Ourika	M.
Ex.	ELEONOR (DICK ANDREWS MARE), An.	1827	M.	Brighton	»
M.	EUCHARIS .... An.	1835	F.	Leontine	M.
»	FAIR FORESTER .... An.	1834	M.★	Merino	»
M.	LOUISE .... An.	1834	F.★	Chimère	»
»	MISS ANN p. FIGARO, An.	1834	F.★	Analie	»
M.	MIZOUFF ...... An.-Ar.	1831	F.	Picta	»
M.	NOEMI p. TIGRIS	1834	F.★	Corinne	M.
M.	PAMÉLA .... An.	1834	M.★	Dandolo	»

M.	POOZY . . . . An.	1834	M.*	Vestris.	M.
»	THALIE . . . . An.	1834	F.*	Clorinde.	»
»	VANDYKE JUNIOR MARE An.	1827	F.*	Elsy	M.
»	ZALUCA . . . . An.-Ar.	1830	M.	Cerdic	M.-L.
»	ZORAIME . . . . . . An.-Ar.	1828	F.*	Carline.	»

S.-B F. 1 v. 2e éd. p. 41.

HORACE.

(H. I. — 1849. —)

N. Né en France, chez M. Doray, en 1841. — Son père, MAMELUKE; Sa mère, BELLONE, par SOBER ROBIN.

A produit avec :

| » | ACHAIA . . . . An. | 1852 | F. | Althea . . . . | » |

S. B. F. 1 v. 2e éd. p. 41.

IBIS.

B. Né en France, au H. de Viroflay, en 1831. — Son père, RAINBOW ; Sa mère, LEOPOLDINE, par HEDLEY.

A produit avec :

Ex.	ALBANIA . . . . An.	1843	M.	N.	»
		1845	F.	Isis.	»
		1846	M.	Janisary ex Isly.	M.
		1847	M.	Keru ex Kern.	C.
Ex.	CYPRIENNE. . . . . . . An.	1847	F.	Attrape qui peut ex Kiss.	»
Ex.	EXCENTRICITY . . . . . An.	1847	M.	Y. Dan ex Kimbs	»
»	GENUINE. . . . . An.	1838	M.	Bronze.	C.
		1840	M.	Distance.	C.
		1841	M.	N.	M.
		1844	M.	Henry.	C.
		1845	F.*	Isabella.	»
		1846	M.	Justice.	Ex.
		1847	M.	Kick	»
		1849	F.	Mary.	»

M.	HÉLÉNA..........An.	1845	M.	Ishmael.............	»
		1847	F.	Kindness............	»
Ex.	LAVINIA.........An.	1840	M.	Dispatch...........	C.
		1842	F.	Flight.............	»
		1843	F.	Britania...........	»
		1845	F.	N.................	M.-L.
		1847	F.	Keepsake..........	M.
Ex.	SAINTE-AGNÈS.....An.	1842	M.	N.................	M.-L.
		1843	F.	Gloria.............	»
		1845	M.	Isly..............	C.
		1846	F.	Juliana...........	»

S. B. An. 4ᵉ v. p. 242.
S. B. F. 1ᵉʳ v. 2ᵉ éd.
p. 41.

IBRAHIM.

Importé en 1833. — H. I. — Mort en 1849.

B. Né en Angleterre, en 1832. — Son père, SULTAN ; Sa mère, PHANTOM MARE, sœur de COBWEB.

A produit avec :

M.	ABLETTE..........An.	1847	F.	Amathonte..........	»
M.	ANNA.............An.	1841	M.	Falbala............	»
M.	ANNE GREY.......An.	1839	F.	N.................	M.
M.	ANNE OF GEIERSTEIN, An.	1840	M.★	Curé de Silly.........	»
		1842	M.	N.................	M.
		1843	M.	Duc de Brabant.......	M.
M.	ANTWERP.........An.	1838	F.	Sarah.............	»
		1839	F.★	Egyptienne.........	»
»	BASSINOIRE ¹......An.	1845	F.	Baliverne..........	»
»	BIONDETTA........An.	1839	F.	Verveine ex Vaxime...	»
»	CELESTE..........An.	1840	F.★	Valentine..........	»
»	CHRISTABEL.......An.	1844	F.	Marionnette.........	»

¹ BASSINOIRE a été revue, en 1844, par *Gigès*.

Ex.	CLIO............An.	1845	F.	Rigolette............	»
»	COMTESSE........An.	1848	M.	N....................	»
M.	CRISPINE........An.	1839	F.*	Monime............	»
»	DÉCEPTION ex ONDINE, An.	1845	F.	Surprise............	M.
»	DONA PILAR.......An.	1845	F.*	Demi-Fortune........	»
»	DORIS p. TRANCE...An.	1844	M.	Rhodanus...........	»
»	EARWIG...........An.	1847	F.	N....................	M.-N.
M.	EFFIE DEANS......An.	1840	F.	Y. Effie Deans........	Ex.
»	EGLÉ............An.	1839	M.*	Dash ex Dark........	M.
»	ESMERALDA ¹......An.	1845	M.	Escogriffe...........	»
M.	FAIR HELEN.......An.	1839	M.	N....................	M.
M.	INDIANA..........An.	1839	M.	Mithridate...........	C.
»	ISABELLA.........An.	1840	M.	Moustique...........	M.
M.	LADY BIRD........An.	1840	M.	Singleton............	»
»	LADY CHARLOTTE..An.	1844	F.	Maïda..............	»
»	MANIA............An.	1840	M.	Rodolphe...........	C.
		1844	F.	Nicette.............	»
M.	MANILLE.........An.	1839	M.	Vertugadin..........	C.
M.	MISS ANNETTE.....An.	1839	F.*	Annetta............	»
		1841	M.	Binistos............	C.
»	MONIME..........An.	1844	F.	Zullah.............	»
M.	NAIAD...........An.	1844	M.	Alcyon.............	M.
»	NATIVA ex LANTERNE, An.	1847	F.	Nathalie...........	»

¹ ESMERALDA a été revue, en 1844, par *Giges*.

»	PAPILLOTE ex ALBANY MARE, An.	1847	F.*	Privauté............	»
»	RHINOPLASTIE......An.	1845	F.	Princesse Désirée......	M.
M.	SAMPSON MARE....An.	1840	F.	Dalila...............	M.
»	SWEETLIPS.......An.	1841	F.*	Fadaise............	»
		1844	M.	Salamalec...........	C.
		1845	F.	Sabretache..........	Ex.
»	VITTORIA '........An.	1839	F.	Tonadilla............	»
		1841	M.*	Coq-à-l'Anc..........	M.
		1845	F.	Virgule.............	»
		1846	F.	Vergogne...........	»
»	WAVERLEY MARE...An.	1844	F.*	Ninon..............	»
M.	WEEPER...........An.	1841	F.*	Logomachie.........	M.
M.	WINGS...........An.	1841	M.	Bengali.............	»

S. B. An. 4e v. p. 137.
S. B. F. 1er v. 2e éd. p. 42.

INHERITOR.

Importé en 1849. — H. I. — Mort en 1849.

N. Né en Angleterre, en 1831. — Son père, LOTTERY ; Sa mère, HAND MAIDEN, par WALTON.

A produit avec :

»	ANGELINA.........An.	1849	F.	Annuity............	»
»	ANNETTA..........An.	1849	F.	Bounty.............	»
»	ASPASIE..........An.	1849	M.	Hospitality.........	»
M.	BEGUINE..........An.	1849	F.	Jeopardy...........	»
»	EFFIE DEANS p. BRABANT	1849	F.*	Fraternity..........	»
»	EMERALD.........An.	1849	M.	Indemnity..........	»
»	FLIGHTY..........An.	1849	F.	Frugality...........	»

' VITTORIA a été revue, en 1841, par Gigès.

»	JESSIE..........An.	1849	F.	Magnanimity.........	»
M.	LYDIA...........An.	1849	F.	Alhambra...........	»
»	MARGARET.......An.	1850	F.	Heritage...........	»
»	MARGARITA........An.	1847	F.	Princesse Charlotte....	»
		1849	F.	Quality.............	»
»	ROSE OF SHARON...An.	1849	M.	Millionnaire.........	»
»	SARACEN MARE....An.	1850	M.	Caramba...........	»
»	VICTORIA.........An.	1850	F.*	Morena.............	»

S. B. F. 1er v. 2e éd.
p. 42.

INVINCIBLE.

H. I. — 1849. — Vendu en 1853.

Bb. Né en France, chez M. Poulain Du Mas, en 1839.—Son père, Hœmus ; Sa mère, Regatta, par Camel.

A produit avec :

»	VERVEINE ex Vaxime.An.	1848	F.	Ibra Delta.!	»

S. B. An. 4e v. 2e éd.
p. 267.
S. B. F. 1er Suppl.
p. 10.

ION.

Importé en 1851. — (H. I.)

Bb. Né en Angleterre, en 1835. — Son père, Cain ; Sa mère, Margaret, par Edmund.

A produit avec :

»	ANNETTE..........An.	1853	M.	Orion...............	»
Ex.	CYPRIENNE........An.	1846	F.	Jessy...............	Ex.
»	DISCRÈTE.........An.	1853	F.	N..................	»
»	MARIQUITA........An.	1853	F.	Lady Tartuffe.........	»
»	MISS ANN p. Filho da Puta. An.	1853	F.	Miss Ion.............	»
»	MISS CAROLINE.....An.	1853	M.	Lion...............	»

»	MISS TARRARE.....An.	1853	F.	N....................		»
»	NINON...........An.	1853	F.	Haidée..............		»
»	VICTORINE........An.	1853	M.	Henry...............		»

S. B. An. 5e v. p. 180.
S. B. F. 1er v. 2e éd. p. 42.

IONIAN.

Importé en 1847. -- (H. I.)

B. Né en Angleterre, en 1841. — Son père, ION; Sa mère, MALIBRAN, par WHISKER.

A produit avec :

»	ADÈLE p. TETOTUM, An.	1850	F.	Victoria...........		»
»	AVELINE.,........An.	1852	F.	Etoile de Mars........		»
»	CLARA WENDEL....An	1850	F.	Miss Ellen...........		»
»	CONSTANTIA ADA...An.	1849	M.	Ionius..............		C.
»	DEFY.............An.	1852	F.	Lady Maud..........		»
»	EUGENIA..........An.	1849	M.★	Topinambour........		»
»	FLICCA........An.-Ar.	1849	M.	Comus.............		»
»	FLORA...........An.	1849	M.★	Colonel Peel.........		»
		1852	F.	Dainty.............		»
»	JANE............An.	1849	M.	Yorick.............		»
»	JOCASTE.........An.	1849	M.★	Yatagan...........		»
»	KATE NICKLEBY ¹..An.	1851	M.	Mardi-Gras.........		»
»	Mlle BÉJART.......An.	1853	M.	Make Haste.........		»
»	MAGNELINA ex MAQUI-LINA, An.	1853	F.	Georgette..........		»

¹ KATE NICKLEBY a été revue, en 1850, par Conjecture.

•	MISS WAGS........An.	1850	F.	Mimi................	»
		1851	F.	Musette.............	»'
»	NOEMA...........An.	1849	F.	N....................	*M.-N.*
»	OLGA............An.	1852	M.	Argus...............	»
»	OLYMPIE.........An.	1849	M.	Brigneuil...........	*C.*
		1852	M.	Entr'acte...........	»
»	ORPHELINE........An.	1853	F.	Niana...............	»
»	PRÉTENDANTE.....An.	1849	F.	Y. Lady.............	»
»	SPILETTA..........An.	1852	F.	Rogation............	»
»	SYLVANDIRE.......An.	1849	F.	Yole................	»
		1852	F.	Impériale...........	»
»	VANILLA..........An.	1852	M.	N....................	*M.-L.*

S. B. An. 4e v. p. 180.
S. B. F. 1er v. 2e éd.
        p. 43.

JASON.

Importé en 1834. — H. I. — Vendu en 1850.

B. Né en Angleterre, en 1830. — Son père, CENTAUR ; Sa mère, MERLIN MARE.

A produit avec :

»	ROSINE..........An.	1850	F.	Rosinette...........	»

S. B. F. 1er v. 2e éd.
        p. 43.

JASON.

H. I. — 1837. — Castré en 1849.

B. Né en France, au H. de Viroflay, en 1832. — Son père, RAINBOW ; Sa mère, LÉOPOLDINE, par HEDLEY.

A produit avec :

»	GIPSY...........An.	1850	M.	Gitano.............	»
M.	MÉROPE..........An.	1841	F.	Severa.............	»
		1842	F.	Etincelle..........	»
		1844	M.	Germain............	*C.*

S. B. F. 1ᵉʳ v. 2ᵉ éd.
p. 43.

JAVAN.

H. I. — 1839. — Vendu en 1846.

Bb. Né en France, chez M. le Duc Des Cars, en 1834.—Son père, DEUCALION; Sa mère, DORIS, par TRANCE.

A produit avec :

»	FELICIA..........An.	1839	M.	Ajax...............		M.
M.	PHILOMÈLE....An.-Ar.	1839	M.	Akaliba............		»

S. B. F. 1ᵉʳ v. 2ᵉ éd.
p. 43.

JEAN BART.

(H. I. — 1839.)

Bb. Né en France, chez M. le Baron de la Bastide, en 1834. — Son père, HARLEQUIN; Sa mère, NANNY SHANKS, par MAC ORVILLE.

A produit avec :

M.	INDIANA..........An.	1846	M.	Jean...............		M.
»	JANINETTE........An.	1847	F.	Janie..............		M.
		1848	F.	Aubriette..........		M.

S. B. F. 1ᵉʳ v. 2ᵉ éd.
p. 44.

JEROBOAM.

H. I. — 1840. — Vendu en 1853.

Bb. Né en France, au H. de Meudon, en 1835. — Son père, CADLAND; Sa mère, MANŒUVRE, par RUBENS.

A produit avec :

»	DANAE..........An.	1849	M.	Caprice............		M.
»	IPSARA..........An.	1848	M.	Roboam............		C.
»	NORA CRÉNA......An.	1845	M.	Spark.............		C.

S. B. F. 1er v. 2e éd.
p. 44.

JOCKO.

(H. I. — 1841.)

B. Né en France, chez M. le Baron de la Bastide, en 1834. — Son père, HARLEQUIN ; Sa mère, PRIESTESS, par VANDYKE JUNIOR.

A produit avec :

M.	CORINNE.........An.	1844	F.	N.........................	*M.-L.*
		1847	F.	Ursule..............	»
»	GAIETY..........An.	1844	F.	Spiletta..............	»
»	HURACA..........An.	1846	F.★	Stella..............	»
»	JESSICA..........An.	1849	M.★	Météore.............	»
		1850	F.	Jonquille............	»
		1851	F.	Nicotine.............	»
		1852	F.	Speranza............	»
		1853	M.	Ossian..............	»
»	OLGA [1]...........An.	1845	M.	Tender..............	*M.*
M.	PICCOLINA..........An.	1846	F.	Candor..............	»
»	RUBENA..........An.	1844	F.★	Tulipe..............	»
»	ZILLE.............An.	1851	F.	Trompeuse..........	»

S. B. An. 4e v. p. 262.
S. B. F. 1er v. 2e éd.
p. 44.

JONAS.

Importé en 1835. — H. I. — Vendu en 1851.

B. Né en Angleterre, en 1831. — Son père, WHALEBONE ; Sa mère, RECTORY, par OCTAVIUS.

A produit avec :

»	DON COSSACK MARE (BROWN), An.	1837	F.	Baleine..............	»

---

[1] OLGA a été revue, en 1844, par *Terror*.

S. B. An. 4ᵉ v. p. 245.
S. B. F. 1ᵉʳ v. 2ᵉ éd.
p. 44.

THE JUGGLER.

Importé en 1837. — (H. I.)

Bb. Né en Angleterre, en 1832. — Son père, WAMBA ; Sa mère, PANTECH-
NETHECA, par MASTER HENRY.

A produit avec :

M.	CHESNUT FILLY ¹..An.	1839	F.	Nency...............	»
M.	CLORIS........An.-Ar.	1839	F.	Coalition...........	»
M.	CLOTON..........An.	1845	M.★	Sly.................	*C*.
Ex.	LADY FASHION.....An.	1851	M.	Lutin..............	»
»	MANDANE........An.	1838	F.	N...................	*M.-L*.
		1839	F.	Edith..............	»
»	NIOBÉ.........An.-Ar.	1838	M.	Talvas.............	»
M.	VANDA...........An.	1838	F.	Ida................	*M*.

S. B. An. 3ᵉ v. p. 312.
S. B. F. 1ᵉʳ v. 2ᵉ éd.
p. 45.

KNIGHT ERRANT.

Importé en ..... — Mort en .....

Bb. Né en Angleterre, en 1810. — Son père, SANCHO ; Sa mère, PIPATOR
MARE.

A produit avec :

»	GENTILLE.........Ar.	1824	F.	Ipsiboë..............	»

S. B. F. 1ᵉʳ v. 2ᵉ éd.
p. 46.

KOHEL.

(*Anglo-Arabe.*) — (H. I. — 1847.)

Bb. Né en France, chez M. Petit de Sérans, en 1837.—Son père, NAPOLEON ;
Sa mère, BICHE, par EASTHAM.

¹ CHESNUT FILLY a été revue, en 1838, par *Dangereux*.

A produit avec :

»	DAMOPHILA........An.	1852	F.	Filoselle.............	»
»	DIDON.........An.-Ar.	1851	M.	Abou Nocta...........	»
»	DINARZADE. ...An.-Ar.	1851	M.	Firman...............	»
»	EGESTE. ....An.	1852	F.	Mauviette............	»
»	EGLANTINE.......An.	1847	M.★	Hirund..............	»
M.	ENCHANTERESSE...An.	1850	M.	N..................	M.-N.
»	FRINGANTE........An.	1851	M.	Saltimbanque.........	»
»	GARBA...........Ar.	1849	M.★	Mahi Eddin..........	»
»	HÉBÉ.............An.	1850	M.	Alexandre...........	»
»	HERMINIE ex HERMINÉE, An.-Ar.	1850	M.★	Zaïm...............	»
»		1851	F.	Faucille.............	»
»	ISABELLE......An.-Ar.	1851	M.	Infant..............	»
		1852	F.	Infante.............	»
»	JACTANCE......An.-Ar.	1851	F.	Glorieuse...........	»
»	KEBIRA...........Ar.	1851	M.	El-Kebir............	»
»	MA BELLE........Ar.	1851	M.	Furet..............	»
»	MAURICETTE. ...An.-Ar.	1851	M.★	Maurice.............	»
»	MERCEDES.....An.-Ar.	1852	M.	Dantes.............	»
»	NAZARETH........Ar.	1852	M.	Jourdain...........	»
»	TANAIS. ....An.	1850	M.	Y. Kohel ex Y........	»

S. B. F. 1er v. 2e éd. p. 46.

KORSAC.

(H. I.)

B. Né en France, au H. I. de Pompadour, en 1836. — Son père, NAPOLEON ; Sa mère, MISS ANN, par FIGARO.

A produit avec :

| » | ROSINE | An. | 1847 | M. | Léonard | | » |

S. B. F. 1er v. 2e éd.
p. 47.

LANCASTRE.

H. I. — 1842. — Vendu en 1852.

Al. Né en France, chez M. de Vanteaux, en 1837. — Son père, HARLEQUIN; Sa mère, LADY, par SEYMOUR.

A produit avec :

| » | JOCASTE | An. | 1844 | M. | Sauve qui Peut | C. |

S. B. An. 4e v. 2e éd.
p. 344.
S. B. F. 1er Suppl.
p. 11.

LANERCOST.

Importé en 1853. — (H. I.)

Bb. Né en Angleterre, en 1835. — Son père, LIVERPOOL ; Sa mère, OTIS. par BUSTARD.

A produit avec :

| » | ATALANTA | An. | 1848 | F. | Castagnette ex Castanette | » |
| » | BASSINOIRE | An. | 1844 | M.* | Bataclan | » |

S. B. F. 1er v. 2e éd.
p. 47.

LESTOCQ.

N. Né en France, chez M. Palmer, en 1835. — Son père, SIR HERCULES; Sa mère, CLATTER, par CLINKER.

A produit avec :

M.	BRISE L'AIR	An.	1841	M.	Cancan	C.
M.	DONA JULIA	An.	1841	M.	Sganarelle	»
M.	THE GIMMER	An.	1841	M.	Dies Iræ	»
			1842	M.	Macaire	C.
»	STELLA	An.	1842	M.	Douglas	»
Ex.	YOLANE	An.	1841	M.	Tetanos	»

S. B. An. 3e v. p. 506.
S. B. F. 1er v. 2e éd.
p. 48.

LIBERTINE.

Importé en 1831. — H. I. — Mort en 1844.

B. Né en Angleterre, en 1820. — Son père, FILHO DA PUTA; Sa mère, SANCHO MARE.

A produit avec :

»	DON COSSACK MARE (BROWN), An.	1831	F.	Uraine................	*M.-L.*
		1832	F.	Sylvie................	*M.-L.*
M.	EVELINA.........An.	1832	M.★	Rapide...............	*M.*
»	FAIR FORESTER....An.	1832	N.	Complaisant..........	*M.-L.*
»	GRENADA.........An.	1839	F.★	Gipsy................	»
		1840	M.	Y. Filho.............	*M.*
M.	LUNA.............An.	1838	F.★	Erotica..............	»
M.	MILTONIA.........An.	1840	M.	N....................	»
»	ORPHELINE........An.	1840	N.	N....................	»
»	TIGRESSE.........An.	1832	F.★	Odette...............	*M.*

S. B. F. 1er Suppl.
p. 11.

LIOUBLIOU.

H. I. — 1849. — Vendu en 1850.

B. Né en France, chez M. le Prince Marc de Beauvau, en 1845. — Son père, ALTERUTER ; Sa mère, JENNY, par ROYAL OAK.

A produit avec :

»	ENERGY..........An.	1851	F.	Golconde.............	»

S. B. An. 3e v. p. 292.
S. B. F. 1er v. 2e éd.
p. 48.

LITTLE ROVER.

Importé en 1837. — H. I. — Castré en 1839.

B. Né en Angleterre, en 1831. — Son père, CYDNUS; Sa mère, SKIM MARE.

A produit avec :

»	BAYADÈRE ....An.	1846	F.	Fleur de Lis..........			»
		1847	F.	Fernande............			»
»	CELESTE ....An.	1842	M.★	Sycomore			»
»	CHERCHEUSE D'ESPRIT, An.	1846	F.★	Swallow.............			»
»	HORNET..........An.	1847	F.★	Biche..............			»

S. B. F. 1er Suppl.
p. 12.

LIVERPOOL.

B. Né en France, chez M. le Baron Vigier, en 1843. — Son père, LIVER-
POOL ; Sa mère, SHIRINE, par BLACKLOCK.

A produit avec :

»	CHEVREUIL........An.	1842	F.	Lune Rousse..........		Ex.
»	ELVINA ....An.	1852	F.	Fleur des Champs.....		»
»	ESMERALDA ....An.	1853	F.	N...................		»
»	FADAISE ....An.	1852	M.	N...................		»
		1853	F.	Ondine..............		»
»	FLIGHTY ....An.	1840	M.	N...................		M.-L.
»	WREN ....An.	1852	F.	Adalgize............		»
		1853	F.	N...................		»

S. B. F. 1er v. 2e éd.
p. 49.

LODIN.

(H. I. — 1846.)

B. Né en France, chez M. Desmaisons de Bonnefont, en 1841. —Son père,
TERROR ; Sa mère, EUGENIA, par TRANCE.

A produit avec :

M.	EDGWORTH BESS...An.	1851	F.	Mimosa		»
»	HELENA ex HELMA, An.-Ar.	1853	F.	Sarabande...........		»

S. B. F. 1er v 2e éd.
p. 49.

LOTO.

(H. I. — 1848.)

Bb. Né en France, chez M. du Garreau, en 1841. — Son père, LOTTERY ;
Sa mère, ZORA, par CATTON.

A produit avec :

»	CURL............An.	1850	F.	Industry............	»
»	PIOUS JENNY......An.	1850	M.	Ambe...............	»
»	VALENTINE........An.	1850	F.	N...................	*M.-N.*

S. B. An. 5e v. p. 225.
S. B. F. 1er v. 2e éd.
p. 50.

LOTTERY ex TINKER.

Importé en 1834. — H. I. — Mort en 1845.

Bb. Né en Angleterre, en 1820. — Son père, TRAMP ; Sa mère, MANDANE,
par POT8's.

A produit avec :

»	ADA p. WHISKER...An.	1842	M.	N...................	*M.*
»	AGAR.........An.-Ar.	1841	M.★	Ben Agar............	*C.*
»	ALMAIDA..........An.	1840	F.★	Almée...............	»
M.	ANNA.............An.	1842	M.	Alibi...............	*M.*
»	ANNA (Sœur de FLEXI-BLE), An.	1839	F.	Ariane.............	»
»	ASPASIE..........An.	1842	F.	Bonne Chance........	»
		1843	F.	Convalescence ex Benefit	»
»	BRIDE OF ABYDOS, An.	1840	M.	N...................	»
M.	BURGUNDY MÀRE...An.	1839	F.	Prima del Anno.......	»
M.	BURLESQUE ....An.	1839	F.	N...................	*M.-L.*
»	CAMARILLA [1]......An.	1843	F.	Cacophonie..........	»

[1] CAMARILLA a été revue, en 1842, par *Royal Oak.*

»	CAMLET . . . . An.	1839	M.★	Léon.	»
		1840	M.	The Gambler.	»
»	CATALINA [1] . . . . An.	1839	M.	Mistigris.	»
M.	CLOTON. . . . . An.	1840	M.★	Pile ou Face.	»
M.	CONTRITION . . . . . . An.	1839	M.	Péché Mortel.	M.
M.	DAMIETTA. . . . . An.	1842	M.	N.	M.-L.
»	DELPHINE . . . . . An.-Ar.	1844	M.	Sidirhabad	M.
M.	DESTINY . . . . An.	1840	F.★	Norna.	»
»	DUBICA [2] . . . . An.	1836	F.★	Bellina	»
»	EBAUCHE. . . . . An.	1841	M.	John King.	»
Ex.	ELVIRA . . . . An.	1842	F.★	Tomate.	»
M.	Y. ESPAGNOLLE [3] . . . An.	1839	M.	Mançanares.	»
»	EVA . . . . An.	1841	F.★	Manchette	»
»	FATIME . . . . An.	1837	F.	Unique.	»
»	FELICIA. . . . . An.	1838	M.	Gulistan	M.-L.
»	FLEUR DE LIS . . . . . An.	1839	F.	Balsamine	»
»	FLORA. . . . . An.	1841	M.★	Tinker Junior.	»
		1842	F.★	Partisan Filly.	«
»	FRAGA. . . . . An.	1844	M.	Longchamp.	»
»	FRANTIC . . . . An.	1838	F.★	Miss Fury.	»
»	GALATÉE . . . . . . An.-Ar.	1836	M.★	Quine.	M.
»	GEORGINA. . . . . An.	1839	F.★	Quirina	»
		1842	M.	Terne ex Rainbow.	»

[1] **CATALINA** a été revue, en 1838, par *Windcliffe*.

[2] **DUBICA** a été revue, en 1835, par *Cadland*.

[3] **Y. ESPAGNOLLE** a été revue, en 1838, par *Pickpocet*.

»	HORNET..........An.	1842	F.★	Loterie..............	»
»	HURACA..........An.	1844	M.★	Loto	C.
M.	JEANNETTE........An.	1837	F.★	Lelia...............	»
»	JULIETTA ....An.	1840	F.	N..................	»
»	KERMESSE........An.	1842	F.★	Tertullia	»
		1843	F.	Mascarade...........	»
»	LEOPOLDINE.......An.	1842	F.★	Thélésie.............	»
»	LUSTRE..........An.	1838	M.★	Lutin	C.
M.	MALVINA.........An.	1835	M.	Koulikan.............	M.
		1838	M.	N..................	M.
M.	MANILLE..........An.	1840	M.★	Céladon.............	»
		1841	M.	Musmus.............	»
»	MARGARITA........An.	1842	M.★	Croque en Bouche.....	»
M.	MATILDA.........An.	1838	M.	N..................	M.-L.
»	MÉDÉA [1]..........An.	1835	M.	Insulaire	»
M.	MERLIN MARE [2]....An.	1840	F.★	Ursule	»
		1842	M.	Narvaez.............	»
»	MIDSUMMER ....An.	1838	M.★	Mistral..............	C.
M.	MINETTA..........An.	1841	M.	Quinola	»
»	MISS ANN p. Filho da Puta, An.	1838	F.★	Annette	»
»	MISS SCOTT ....An.	1838	F.★	Violette	»
»	MOSELLE..........An.	1838	F.	Claret..............	Ex.
M.	Y. MOUSE.........An.	1839	M.★	Angora.............	»
		1840	M.★	Ratopolis............	»

[1] MÉDÉA a été revue, en 1834, par *Rowlston*.
[2] MERLIN MARE a été revue, en 1841, par *Bizarre*.

Ex.	NOEMA...........An.	1840	M.	Quos Ego........ ····	*C.*
		1841	M.	Qu'en dira-t-on.......	*M.*
M.	PARASOLINA[1]......An.	1836	M.	Quaterne...........	*M.*
		1839	M.	Soupir..............	»
M.	PASQUINADE.......An.	1840	M.	N...................	*M.-L.*
M.	PRINCESS MARY...An.	1836	M.★	Y. Lottery...........	*C.*
»	QUEEN MAB.......An.	1835	M.	Mose...............	»
M.	RACHEL p. WHALEBONE, An.	1839	M.★	Eliezer.............	*C.*
		1840	F.	La Juive............	»
		1843	F.★	Adeline............	»
»	REDGAUNTLET MARE, An.	1840	F.	Maria..............	»
		1842	F.	Planeface...........	*M.*
»	REGATTA..........An.	1838	F.	N..................	*M.-L.*
M.	RESEMBLANCE.....An.	1839	F.	N..................	*M.-L.*
»	SAMPSON MARE.......	1839	M.	N..................	*M.-L.*
»	THE SHREW.......An.	1840	M.	N..................	»
»	SULTAN MARE.....An.	1841	M.	N..................	*M.-L.*
M.	Y. URGANDA ......An.	1839	F.	Roulette............	*Ex.*
		1840	F.	Miss Urganda........	»
»	VANESSA..........An.	1840	M.	Slam..............	»
		1842	M.	N..................	»
M.	VENITIENNE.......An.	1836	F.★	Branche d'Or........	»
M.	VÉRONA..........An.	1839	F.	Victorine...........	»
		1841	M.	Bellequeue..........	*C.*
»	VESPER..........An.	1840	F.★	Vesperine..........	»

[1] PARASOLINA a été revue, en 1835, par *Hæmus*

M.	VESTA.........An.-Ar.	1836	F.★	Vestale...............	*Ex.*
		1839	M.★	Gargantua...........	»
»	VITTORIA ....An.	1840	F.	Fricassée............	»
Ex.	VOLANTE.........An.	1839	F.	Tombola	»
M.	WEEPER ....An.	1843	M.	Vasistas.............	»
»	WHALEBONA (Gipsy), An.	1840	F.★	Hosanna............	»
		1842	M.	Tric-Trac............	*M.*
		1844	M.★	Creps...............	*M.*
M.	WINGS...........An.	1839	F.	Romanesca..........	*M.*
		1840	F.	N....................	*M.-L.*
		1842	M.	N....................	*M.-N.*
M.	WORRY ....An.	1839	M.	Sand...............	*C.*
M.	XARIFA..........An.	1839	F.★	Juanita.............	»
		1843	F.★	Mis Lot.............	»
»	ZICKA.........An.-Ar.	1844	F.	N....................	*M.-L.*
»	ZORA ....An.	1841	M.	Loto	*C.*

S. B. F. 1er v. 2e éd.
p. 50.

LUTIN.

H. I. — 1842. — Castré en 1851.

B. Né en France, chez **M.** Boutton Lévêque, en 1831.—Son père, Lottery ;
Sa mère, Lustre, par Swiss.

A produit avec :

»	GAMBADE......An.-Ar.	1844	M.	Tourment	»
		1845	F.	N....................	*M.-N.*
»	IRIS p. Marcellus, An.	1850	F.	N....................	*M.-L.*
		1851	M.	N....................	*M.-N.*

S. B. An. 3ᵉ v. p. 308.
B. B. F. 1ᵉʳ v. 2ᵉ éd.
p. 50.

LUTZEN.

Importé en .... — Mort en 1840.

Al. Né en Angleterre, en 1824.—Son père, GUSTAVUS ; Sa mère, SHRIMP,
par SCUD.

A produit avec :

»	PYTHONESS........An.	1830	F.★	Coquette		M.
		1832	F.★	Emeraude		»
		1833	F.★	Fine		»
		1836	F.	Jeannette...........		M.
		1837	M.	Kosciusko		C.
M.	SEPHORA.........An.	1833	M.	Faquin..............		M.
		1834	M.	Giaour..............		»
		1835	M.	Hippolyte...........		M.
		1836	F.	Jenny...............		»
		1837	M.	Koulikan...........		M.
		1838	M.	Love..............		»
		1839	M.	Malek-Adel		M.
		1840	M.	Nick ex Dick.........		»

B. F. 1ᵉʳ v. 2ᵉ éd.
p. 376.

MAITRE D'ÉCOLE.

Mort en 1850.

B. Né en France, chez M. le Prince Marc de Beauvau, en 1841. — Son
père, ROYAL OAK ; Sa mère, THE SHREW, par MASTER HENRY.

A produit avec :

»	CHANOINESSE......An.	1849	M.	Will...............		»
»	VICTORIA......An.-Ar.	1849	F.★	Election............		»

B. An. 4ᵉ v. p. 113.
B. F. 1ᵉʳ Suppl.
p. 12.

MALTON.

Importé en 1852. — (H. I. — 1853.)

B. Né en Angleterre, en 1845. — Son père, SHEET ANCHOR ; Sa mère, FAIR
HELEN. = Le père de Sheet Anchor, LOTTERY ; Sa mère, MORGIANA,
par MULEY. — Le père de Fair Helen, PRIAM ; Sa mère, DIRCE, par
PARTISAN.

A produit avec :

»	AVELINE.........An.	1853	F.	Feuille de Rose........	»
»	ELISA............An.	1853	M.	Valet de Cœur....... ...	»
»	EPICHARIS........An.	1853	F.	Ruth...............	»
»	FLORA..........An.	1853	M.	Crony..............	»
»	LIBERTÉ.........An.	1853	M.	Rayon d'Or..........	»
»	MISS SCHNEITZ HOEF-FER ex Miss GRIMS-THORPE.........An.	1853	M.	Remenber..........	»
»	ROSABELLE.......An.	1853	M.	Farfadet.............	»
»	SELIMA. ....An.	1853	F.	Lia.	»
»	SYLVINA.........An.	1853	M.	Don Paez............	»

S. B. An. 3e v. p. 259.
S. B. F. 1er v. 2e éd. p. 52.

MAMELUKE.

Importé en 1837. — H. I. — Mort en 1849.

B. Né en Angleterre, en 1824. — Son père, PARTISAN; Sa mère, MISS SOPHIA, par STAMFORD.

A produit avec :

M.	ANNA sœur de FLEXIBLE, An.	1841	M.	Sport...............	*Ex.*
M.	BELLONE..........An.	1840	M.	Mazagran...........	*C.*
		1841	M.★	Horace.............	»
»	BÉRÉNICE[1].....An.-Ar.	1840	F.	Parabole.............	»
M.	BÉRÉSINA. ....An.	1840	M.	Butter Fly.	»
»	BICHE. ....An.-Ar.	1842	M.	N..................	»
»	BRESILIA......An.-Ar.	1840	F.	Circassienne..........	*M.*
		1842	M.	Quirinus.............	*M.*

[1] BÉRÉNICE a été revue, en 1855, par *the Juggler*.

»	CLARA WENDEL....An.	1844	M.	Cantal.	C.
		1845	M.	Belisaire.............	»
		1847	F.★	Désirée.............	»
		1848	F.	Amanda............	»
»	CLÉOPATRE. ....An.-Ar.	1838	M.★	Marc Antoine.	»
»	CLORINDE.........An.	1841	M.★	Mustapha...........	»
»	DANAE.........An.-Ar.	1838	M.★	Marmion............	»
		1840	M.★	Brilla d'Oro..........	»
»	DISCRETE. ....An.	1838	M.★	Giafar...............	M.
		1840	F.★	Azurine.............	»
		1841	M.★	Perspicax............	»
		1842	F.★	Mistress Brady........	»
M.	ELVIRE. ....An.	1847	M.★	Mourrahd ex Y. Mameluke	M.
		1849	M.	Vampyre............	»
»	EUSEBIA..........An.	1846	M.	Euphemisme..........	C.
»	FAIR FORESTER....An.	1838	F.	Fleur d'Epine.........	»
»	FAVORITE¹.........Ar.	1848	F.	Palmyre.............	Ex.
»	GALATÉE. .....An.-Ar.	1840	F.★	Rosine.............	»
»	LA GOUALEUSE. ...An.	1849	M.	The Last Mameluke....	M.
»	HURACA..........An.	1842	F.	Prima Dona..........	M.
»	LUCETTE..........An.	1838	M.★	Lampion............	»
»	MANILLE.........An.	1834	F.	Indiana.............	»
»	MISS ALLEN. .....An.	1840	F.	Douteuse............	M.
M.	NOEMI p. Tigris....An.	1840	M.	Chactas.	»
		1841	M.★	Rosas...............	»
		1842	M.★	Quadrilatère..........	»
M.	PÉTRONILLE. ......An.	1846	M.	Actéon..............	»

¹ FAVORITE a été revue, en 1847, par Y. Whisker.

M.	POMPONIA......An.-Ar.	1839	F.	Greta.............		»
»	PYRRHA [1].........An.	1840	F.★	Almée.............		»
"	THE SCREW......An.	1838	M.	Iago.............		»
		1840	F.★	Cochlea............		»
»	THALIE. ....An.	1840	F.★	Urania.............		»
		1842	M.	Priam.............		»
M.	VANDA..........An.	1841	F.	Haïdée.............		»
		1842	M.	Roméo.............		C.
M.	WORRY..........An.	1840	F.★	Péri.............		»
		1842	M.★	Giaour.............		C.

S. B. An. 3e v. p. 15.
S. B. F. 1er v. 2e éd.
p. 52.

MARCELLUS.

Importé en ..... — H. I. — 1838. — Mort en 1844.

B. Né en Angleterre, en 1819. — Son père, SELIM ; Sa mère, BRISEIS, par BENINGBROUGH.

A produit avec :

»	ANNETTE [2].......An.	1842	M.	Y. Marcellus..........		C.
		1844	F.	Chimère.............		»
		1845	M.	Smolensk............		»
»	FATIME.........An.	1841	M.★	Gallus.............		»
		1842	M.	Well Come...........		*M*.
»	FRANTIC [3].........An.	1842	F.★	Vision.............		»
		1844	F.★	Marcella.............		»
»	GEORGETTE.......An.	1845	M.	Posthume...........		C.
M.	JEANNETTE.......An.	1835	F.★	Janinette...........		»
»	LUSTRE..........An.	1842	F.	Bougie.............		»
M.	Y. MIRACLE.......An.	1842	F.★	Poule.............		»

[1] PYRRHA a été revue, en 1839, par *Mameluke et Paradox*.
[2] ANNETTE a été revue, en 1843, par *Napoleon*.
[3] FRANTIC a été revue, en 1843, par *Napoleon*.

»	MISS ANN p. FILHO DA PUTA. An.	1840	F.*	Belle-Poule............	»
»	MISS CAROLINE.....An.	1842	M.	Général Marceau.......	C.
		1843	F.	Margarita............	»
		1844	F.	Primerose...........	»
»	MISS RAINBOW.....An.	1841	F.*	Iris.................	»
»	MOSELLE..........An.	1841	F.	Alerte...............	»
		1842	F.	Constance...........	M.
»	REGATTA..........An.	1842	M.	Marcel..............	»
»	UNIQUE...........An.	1843	F.	Marcelline...........	»

S. B. An. 3e v. p. 154.
S. B. F. 1er v. 2e éd. p. 52.

MARINER.

Importé en ..... — H. I. — 1834. — Vendu en 1843.

Bb. Né en Angleterre, en 1825. —Son père, MERLIN ; SA mère, GOOSANDER, par HAMBLETONIAN.

A produit avec :

»	DARTHULA........An.	1833	F.	Topaze..............	»
M.	FAIR HELEN.......An.	1833	M.*	Marino..............	M.

S B. F. 1er v. 2e éd. p. 53.

MASANIELLO.

B. Né en France, au H. de Viroflay, en 1835.—Son père, FELIX (RAINBOW) ; Sa mère, GEORGINA, par RAINBOW.

A produit avec :

»	APPLAUSE.........An.	1842	M.	Sauvage.............	»
»	BELLINA..........An.	1842	F.	Savenir.............	»
»	CALIPSO..........An.	1842	F.	N..................	»
»	MISS BLUNT.......An.	1842	M.*	Caprice.............	»
		1843	F.	Fleur des Bois........	»
»	TAPAGE..........An.	1842	M.	N...................	M.-L.

S. B. Au. 4e v. p. 251.
S. B. F. 1er v. 2e ed.
p. 54.

MASTER WAGGS.

Importé en ....

B. Né en Angleterre, en 1833. — Son père, LANGAR ; Sa mère, PARTHE-NESSA, par CERVANTES.

A produit avec :

M.	ADÈLE .... An.	1846	M.	Hobereau	»	
»	BEE'S WING .... An.	1848	M.	Dozulé	»	
Ex.	BURDEN .... An.	1842	F.	Ficelle	»	
»	CLORINDE .... An.	1843	F.	Normandie	*M.-L.*	
		1844	F.	Mlle de Cardoville	»	
		1845	F.	Rose Pompon	*M.*	
		1846	F.★	Holbein Filly	»	
		1847	M.★	La Cloture	»	
M.	DESTINY .... An.	1842	F.★	Prédestinée	»	
		1843	F.★	Miss Wags	»	
		1844	M.	N	*M.-L.*	
		1845	M.	Djalma	*M.*	
		1846	M.★	Victot	»	
		1847	M.★	Caen	»	
		1848	M.	Drinn	»	
»	DORADE .... An.	1852	M.	Wait and hope	»	
		1853	M.	Commencement, ...	»	
»	EVA .... An.	1844	M.	Entrechat	»	
M.	FEUILLE DE CHÈNE, An.	1847	F.	Elise	»	
»	JENNY .... An.	1850	M.	Old Tom	»	
		1851	M.	Flatman	»	
»	KERMESSE .... An.	1850	.	N	»	
»	LANTERNE .... An.	1849	F.	Dimanche	*M.*	
		1850	M.★	Fontaine	»	
		1851	M.	Tormentor	»	
		1852	M.	Lustre	»	

	LANTERNE (*Suite*)	1853	M.	Eclaireur.............	»
»	MARCELLA........An.	1846	M.	Lord Wags...........	*M.*
		1847	F.	Ne m'oubliez pas......	*M.*
		1848	M.★	Gringalet............	»
»	MIRANDA..........An.	1846	F.★	Coquette............	»
»	MISS EXILE........An.	1848	M.★	Trompe-la-Mort.......	»
M.	MISS SOPHIA.......An.	1843	M.	Le Chourineur........	»
		1846	F.	Angèle..............	»
		1847	M.	Fitz Emilius Brother...	*M.*
»	NATIVA ex LANTERNE, An.	1849	M.★	Nathaniel............	»
		1850	M.	Nathan..............	»
		1851	F.	Nancy..............	»
		1852	M.	Naphta..............	»
		1853	M.	Nat................	»
M.	POETESS..........An.	1848	F.★	Hervine.............	»
M.	PRINCESS EDWIS...An.	1846	F.★	Catherine............	*Ex.*
		1847	M.	Prince Noir..........	»
»	SAMPHIRE.........An.	1849	F.	Selina..............	»
M.	SHIRINE... ....An.	1844	F.★	Reine Margot.........	*M.*
		1845	M.	Cocanas.............	*M.*
		1846	F.	Chesnut Lock........	»
		1847	F.★	Marguerite...........	»
		1848	M.	Jacques Cœur........	»
		1849	F.	Agnès Sorel..........	»
»	SILHOUETTE.......An.	1844	M.★	Colonel Peel..........	»
M.	SYLVIE. ....An.	1842	M.	Sylvain..............	*M.*
		1843	M.	Gagne-Petit..........	*M.*
M.	ZARAH...........An.	1845	F.	Alexandrine..........	*Ex.*
		1846	F.★	Wagsine.............	»
		1847	F.	N.................	*M.-L.*

S. B. F. 1er v. 2e éd.
p. 54.

MEDOCAIN.

H. I. — 1842. — Vendu en 1848.

B. Né en France, chez M. de Lassalle, en 1839. — Son père, CRISPIN ; Sa
mère, MEDEA, par TRUFFLE.

A produit avec :

» | RIGOLETTE.....An.-Ar.| 1847 | M. |Talisman............| M.

S. B. An. 4e v. p. 171.
S. B. F. 1er v. 2e éd.
p. 54.

MENDICANT.

Importé en 1840. — H. I. — Mort en 1841.

Al. Né en Angleterre, en 1833. — Son père, TRAMP ; Sa mère, LUNACY, par
BLACKLOCK.

A produit avec :

» | VIOLA............An.| 1842 | F.* |Beggar Girl...........| M.

S. B. An. 2e v. p. 209.
S. B. F. 1er v. 2e éd.
p. 55.

MIDDLETHORPE.

Importé en 1818. — H. I. — Mort en 1835.

Al. Né en Angleterre, en 1806. — Son père, SHUTTLE, Sa mère, PAYMASTER
MARE.

A produit avec :

» | VENUS...........An.| 1834 | M. |N..................| M.

S. B. F. 1er v. 2e éd.
p. 55.

MILTON.

Importé en 1824. — Mort en 1835.

B. Né en Angleterre, en 1813. — Son père, WAXY ; Sa mère, MILTONIA, par
PATRIOT.

A produit avec :

M. |BRUNETTE.........An.| 1832 | F. |Cendrillon...........| Ex.
                                  1833 | F.* |Miltonia............| »

»	DARTHULA . . . . An.	1825	M.★	Schedony.	•
		1831	M.	Moloch.	»
»	ELECTION MARE . . . . An.	1831	F.	Miltonia.	»
M.	ELEPHANTA . . . . An.	1831	F.★	Galliope.	M.
Ex.	GEANE. . . . . An.	1823	F.★	Vittoria.	»
M.	LUNA. . . . . An.	1831	M.★	Waxy.	»
»	SCUD MARE ou MERLIN MARE. An.	1829	F.	Athalie.	»
		1830	M.	Jean-de-Paris.	»
M.	SORCIÈRE ou SORCERER MARE, An.	1821	F.★	Miltonia.	.
		1822	F.	Corinne.	M.
»	VENUS. . . . . An.	1831	M.	Cupidon.	Ex.
		1832	F.	Psyché.	»
		1833	F.★	Calipso.	»
M.	VERONA. . . . . An.	1829	F.★	Terpsichore.	»
»	VIRTUOSA [1] . . . . An.	1821	M.	Mécréant.	C.

S. B. An. 3e v. p. 550.
S. B. F. 1er v. 2e éd. p. 56.

MINISTER.

Importé en 1825. — H. 1. — Mort en 1844.

B. Né en Angleterre, en 1818. — Son père, PRIME MINISTER; Sa mère, RULER MARE.

A produit avec :

»	ANTIOPE. . . . . An.	1850	M.	John Spurr.	M.

S. B. F. 1er v. 2e éd. p. 56.

MINONICK.

H. 1. — 1843.

B. Né en France, chez M. David Brown, 1838. — Son père, Y. WHIS-SKER; Sa mère, VENUS, par SMOLENSKO.

[1] VIRTUOSA a été revue, en 1820, par *Truffle*.

A produit avec :

»   ORPHELINE.........An. 1850   M. Nonicko............. (

S B. An. 3e v. p. 388.
S. B. F. 1er v. 2e éd.
       p. 56.

MINSTER.

Importé en 1855. — (H. 1.

B. Né en Angleterre, en 1829. — Son père, CATTON; Sa mère, ORVILLE
MARE.

A produit avec :

M.	CAMARINE.........An.	1848	F.	Bellone.............	
»	HÉRA.........An.-Ar.	1847	F.	Lunette.............	
»	JULIA............An.	1847	M.	Fanfaron............	
M.	LUNA............An.	1846	M.	Erix.............	
»	NAIADE [1].........An.	1848	M.	Turen.............	
M.	OH! DON'T [2] ....An.	1847	F.*	Mea.............	
M.	VERONICA.........An.	1846	F.*	Catanno ex Cattano....	
		1847	F.*	Aimée.............	

S. B. F. 1er Supp.
     p. 14.

MOLOCH.

B. Né en France, chez M. Fasquel, en 1831. — Son père, MILTON; Sa
mère, DARTHULA, par SCUD.

A produit avec :

»   VESPER...........An. 1841   F.* Molokine.............   »

S. B. F. 1er v. 2e éd.
     p. 58.

M. D'ÉCOVILLE ex BOLERO.

(H. I. — 1847.)

B. Né en France, chez M. Calenge, en 1841. — Son père, TARRARE; Sa
mère, PRINCESS EDWIS, par EMILIUS.

---

[1] NAIADE a été revue, en 1847, par *Slane*.
[2] OH! DON'T a été revue, en 1846, par *Assassin*.

A produit avec :

„	ALTHÉA........An.-Ar.	1850	M.*	Zoïle.............	„
„	ARABELLE.........An.	1852	M.	Eyben.............	„
„	BÉRÉNICE......An.-Ar.	1850	F.	Quirita............	»
„	BETZY..........An.	1850	F.	Quittance...........	„
„	BRÉSILIA. .....An.-Ar.	1852	M.	Osman.............	„
M.	CORINNE.........An.	1852	M.	Eximium...........	»
„	DEFY............An.	1848	M.	Forward...........	„
„	FLICCA.........An.-Ar.	1853	M.	Taiton.............	„
„	GARBA...........Ar.	1848	M.	Kerim.............	„
„	HURACA..........An.	1848	F.*	Alicia.............	‚
„	KATINKA......An.-Ar.	1851	M.	Gentleman.........	„
„	MEGG MERILLIES.An.-Ar.	1851	F.	Miss Megg..........	„
„	MIRIAM... ....An.	1849	F.	Zora..............	„
„	MISS SCHNEITZ HOEF-FER ex Miss Crims-THORPE.........An.	1848	F.	N.................	M.-N.
„	MOUALLIS......An.-Ar.	1851	M.	Baronnet...........	„
„	NOEMA. ....An.	1853	M.	Arrian............	„
„	OLGA............An.	1853	F.	Brinda............	»
„	PASTOURELLE..An.-Ar.	1853	F.	N.................	»
„	POINTE-A-PITRE....An.	1849	F.	Pepita.............	»
		1850	M.*	Berbery............	»
»	REINE DE CHYPRE, An.-Ar.	1850	M.	Zoroastre...........	„
„	ROSABELLE... ....An.	1851	F.	Vesta.............	„

»	SARAH. . . . . .An.	1849	F.	Zilla.	•
..	URANIA [1]. . . . . .An.	1851	F.	Stella.	»
..	VANILLA. . . . . .An.	1853	F.	Betty.	»

S. B. An. 3e v. p. 58.
S. B. F. 1er v. 2e éd.
 p. 58.

THE MOOR.

Importé en 1830. — H. I. — Vendu en 1832.

Bb. Né en Angleterre, en 1822. — Son père, MULEY; Sa mère, BLACK BEAUTY, par SORCERER.

A produit avec :

M.	LA DOUCE. . . . . . . .An.	1833	F.	Malvina.	»
M.	HIRONDELLE. . .An.-Ar.	1833	F.	Anne de Bretagne.	M.

S. B. F. 1er v. 2e éd.
 p. 58.

MOROK.

(H. I. — 1848.)

B. Né en France, chez M. Valentin, en 1844. — Son père, BEGGARMAN; Sa mère, VANDA, par TRUFFLE.

A produit avec :

..	EMMA. . . . . .An.	1853	F.	Alida.	»
»	LADY DE NORMANDIE.An.	1850	M.	Fitz Morok.	»
..	NINA. . . . . .An.-Ar.	1850	M.	Michel Morin.	»
M.	SYMMETRY. . . . . . . .An.	1850	M.	Sans-Façon.	»

S. B. An. 4e v. p. 198.
S. B. F. 1er v. 2e éd.
 p. 59.

MUEZZIN.

Importé en 1857. — H. I. — Castré en 1850.

B. Né en Angleterre, en 1833. — Son père, SULTAN; Sa mère, MISS CANTLEY, par STAMFORD.

A produit avec :

»	ORVILLINA. . . . . . . .An.	1838	F.*	Nora Créina.	»

<hr>

[1] URANIA a été revue, en 1850, par Sghir-Ben-Abd-el.

S. B. Au. 3ᵉ v p. 208.
S. B. F. 1ᵉʳ v. 2ᵉ éd.
p. 59.

MUSTACHIO.

Importé en 1828. — H. I. — Mort en 1856.

B. Né en Angleterre, en 1824. — Son père, WHISKER ; Sa mère, LÉON FORTE, par EAGLE.

A produit avec :

M.	COMUS MARE. . . . . . An.	1829	F.★	Mylady.		»
»	DANAE. . . . . An.-Ar.	1829	F.★	Vesta.		*M.*
		1830	M.	N.		*M.-L.*
M.	DEER. . . . . An.	1829	F.★	Louise.		*M.*
M.	EFFY. . . . . An.	1836	F.★	Corinne.		»
Ex.	ELEONOR (DICK ANDREWS MARE). An.	1829	M.	Ernest.		*C.*
»	GALATÉE. . . . . . An.-Ar.	1830	F.★	Lilly.		»
M.	LADY. . . . . An.	1832	M.★	Fidler.		»
		1836	F.	N.		*M.-N*
M.	LUNA. . . . . An.	1833	M.★	Pickle.		»
M.	NANNY SHANKS. . . . An.	1831	M.★	Gilblas.		»
		1832	M.	Fitz Mustachio.		*C.*
»	OMPHALY FILLY. . . An.	1829	M.	Incertain.		»
M.	POOZY. . . . . An.	1829	F.★	Syrene.		»
		1830	F.★	Juliette.		»
»	RUBENA. . . . . An.	1831	F.	Gulnare.		*M.*
		1834	M.	Jerry.		»
»	SIR DAVID MARE. . . An.	1830	M.★	Vigilant.		»
M.	VIGORNIA. . . . . An.	1836	F.★	Little Girl.		»
M.	WITCH. . . . . An.	1829	M.	Vigilant.		*M*

S. B. An. 3° v. p. 361.
S. B. F. 1er v. 2e éd.
p. 60.

MYRMIDON.

Importé en 1824. — Exporté en 1826.

B. Né en Angleterre, en 1821. — Son père, PARTISAN; Sa mère, SEA-MEW
(sœur de Sailor), par SCUD.

A produit avec :

»	CRYSTAL..........An.	1826	F.	Goriska..........	»

S. B. An. 4e v. 2e éd.
p. 271.
S. B. F. 1er v. 2e éd.
p. 60.

NAPIER.

Importé en 1850. — (H. L.)

Al. Né en Angleterre, en 1840. — Son père, GLADIATOR; Sa mère,
MARION, par TRAMP.

A produit avec :

»	ATALANTA ....An.	1852	M.	Muley Molok..........	»
»	CASTAGNETTE ex CAS-TANETTE. An.	1853	F.	Pauvresse..........	»
»	CELESTE ....An.	1853	M.	Madrigal	»
»	CIGARETTE ....An.	1852	F.	Rosina..........	»
		1853	F.	Cafra	»
»	COMETE..........An.	1853	F.	Chica	»
»	CURL ....An.	1853	M.	Mors aux Dents.......	»
»	EMILIA..........An.	1852	M.	N..........	M.-L.
»	EMILIE ....An.-Ar.	1853	M.	N..........	M.-N.
»	IRIS ....An.	1852	F.	Corinthe..........	»
»	MADEMOISELLE CLAI-RON, An.	1852	M.	N..........	M.-N.
»	MADEMOISELLE DANGE-VILLE An	1852	M.	N..........	M.-N.
		1853	F.	Rigolette	»

"	MADEMOISELLE DUPARC An.	1852	M.	Orphelin	
		1853	M.	Commodore	'
"	MÉLINA ....An.-Ar.	1853	F.	Siderée.............	"
"	MISS JENNY ....An.	1852	F.	Little Jenny...........	»
"	PIOUS JENNY ......An.	1852	M.	N....................	M.-N.
		1853	F.	Marion..............	"
M.	SYLVIE ....An.	1852	M.	Derby...............	'
"	VALENTINE ....An.	1852	M.	N...............	M.-N.
		1853	M.	Y. Napier............	»
»	VICTOIRE ....An.	1852	F.	N.................	M.-N.
		1853	F.	Calypso	"

S. B. An. 3e v. p. 535.
S. B. F. 1er v. 2e éd.
p. 60.

NAPOLEON.

Importé en 1854. — H. I. — Mort en 1855.

B. Né en Irlande, en 1824. — Son père, BOB BOOTY ; Sa mère, POPE MARE, par WAXY POPE.

A produit avec :

"	AGAR ....An.-Ar.	1843	F.★	Aménaïde	»
M.	ALEXINA ....An.	1836	F.★	Clio.............	E.c.
»	ANNETTE ....An.	1847	F.	Mlle Mars.....	M.
»	AURORE ....An.	1842	F.	Paméla..........	
»	BELLE POULE .....An.	1846	F.	Bruyère..........	E.c.
		1847	F.	Glycine............	"
		1849	M.	Président...........	"
M.	BELLONE ....An.	1842	M.★	Wagram	'
"	BÉRÉNICE ......An.-Ar.	1841	F.★	Belle Poule.........	"
		1842	F.	Idalia	"
M.	BERGÈRE .... An.	1837	F.	Princesse Borghèse ..	M.
		1839	M.	Champaubert	M.

"	BERTHE..........An.	1845	F.	Nelly...............	"
"	BICHE........An.-Ar.	1837	M.★	Kohel...............	"
		1840	F.★	Aicha...............	"
		1843	M.★	Robinson...........	"
M.	BIGOTTINI........An.	1841	F.★	Roxanna...........	"
"	BRIDE OF ABYDOS..An.	1847	M.★	Casse cou..........	»
"	CARLINE [1].....An.-Ar.	1839	M.★	Carlin.............	"
"	CHIMÈRE..........An.	1840	F.	Gloria............	"
		1841	F.★	Satisfaction.........	"
		1842	F.★	Lodowiska..........	"
M.	CHLORIS ....An.	1838	F.	Ea.................	»
"	CITRON ....An.	1838	F.★	Emma	"
"	CLORINDE........An.	1839	F.	X.................	*M.-L.*
		1840	M.	Saint-Jean-d'Acre	"
		1842	M.	Reichstadt...........	*C.*
"	CLORIS........An.-Ar.	1835	M.★	Marengo............	"
		1837	M.★	Montmirail...........	"
M.	CLOTON...........An.	1835	M.★	Friedland...........	"
M.	COMUS MARE......An.	1835	F.★	Sainte-Hélène........	"
M.	CORÉ............Ar.	1851	F.	Lola...............	"
"	CREUSA [2].........An.	1844	M.★	Pitre...............	»
M.	CROTCHET........An.	1838	F.★	Effrontée...........	"
M.	CYBÈLE........An-Ar.	1836	M.	Kergariou...........	*C.*
"	DANAÉ p. Massoud. An.-Ar.	1835	F.★	Brésilia	"
		1839	M.★	Kremlin............	"
		1842	M.	Quito	"

[1] CARLINE a été revue, en 1838, par *Dangereau.*
[2] CREUSA a été revue, en 1843, par *Marcellus.*

＿ 121 ＿

»	DANAÉ [1] p. TERROR. An.	1845	M.★	Dumnacus...........	»
		1856	M.★	Chatelain...........	C.
		1848	M.★	Wanton........	»
»	DANAIDE..........An.	1841	M.★	Suprême...........	»
M.	DEER...........An.	1835	F.	Hortense..........	»
»	DELPHINE.....An.-Ar.	1835	M.★	Eylau...........	»
		1839	F.★	Lætitia............	»
		1840	F.★	Victoria..........	»
		1842	M.★	Antithèse..........	»
		1843	M.★	Anselme..........	C.
M.	DESDEMONA.......An.	1836	M.★	Tobie ex Lemovix.....	»
»	DINE.........An.-Ar.	1842	F.★	Iris..............	»
»	DULCINÉE.....An.-Ar.	1840	F.	Elba..............	M.
M.	ELEPHANTA.......An.	1836	M.	Invasion..........	»
M.	ELVIRE..........An.	1840	F.	Mazetta............	E..
		1842	F.★	Suavita............	M.
»	FAIR FORESTER....An.	1837	F.	Marie-Louise.........	M.
M.	FANTASMAGORIE...An.	1841	F.★	Olinga ex Illusion.....	»
		1842	F.	Princesse...........	M.
»	FOLLETTE.....An.-Ar.	1839	F.★	Kalouga..........	»
		1840	F.★	Césarine ex Mansoura..	»
		1842	M.★	Quaker...........	»
M.	Y. FOLLY.........An.	1836	F.	Christine...........	M.
»	FRANCESCA.......An.	1851	F.	Fusion............	»
»	FRANTIC.........An.	1845	M.	Lodi.............	»
»	GALATÉE......An.-Ar.	1835	F.★	Zicka...........	»
		1844	F.	Alcantara..........	»

<hr>

[1] DANAÉ a été revue, en 1847, par *Jéroboham*

»	GEORGETTE [1] .... An.	1846	F.	Basquine	»
		1847	F.	Emilia	»
»	GIRFAH .... An.-Ar.	1844	M.★	Simoun	»
M.	HÉLÈNE .... An.	1843	F.	Anathis	Ex.
»	HENRICA .... An.	1842	M.	Old Nick..............	»
»	HŒMA .... An.-Ar.	1841	M.	Master Cromby........	C.
		1842	M.	Quint..............	M.
»	IPSARA [2] .... An.	1839	F.	Joséphine..............	»
»	JANINETTE .... An.	1844	F.	Jeanneton	M.
M.	JEANNETTE........ An.	1844	M.	Dividende ex Valide...	C.
		1845	F.	Bellière..............	M.
M.	JENNY .... An.	1839	F.★	Victoire	»
		1843	F.★	Antonia	M.
»	JULIETTE.......... An.	1842	F.	Sympathie..............	»
»	LILLY .... An.-Ar.	1838	F.	Pauline	»
M.	LOUISE .... An.	1835	F.★	Betzy	»
		1838	M.★	Mars..............	»
»	LUCETTE.......... An.	1837	F.	N..............	M.-L.
»	LUSTRE .... An.	1848	M.	N	M.-L.
»	MÉDUSE.......... An.	1846	M.	Samedi..............	C.
		1847	M.	Carbon..............	»
»	MIDSUMMER .... An.	1844	F.	Stella	»
		1846	M.★	Gentil Bernard........	»
		1847	F.	Miss Jane..............	M.
»	MIGNONNE ...... An.-Ar.	1839	M.★	Bayard..............	M.

[1] GEORGETTE a été revue, en 1845, par *Karchane Arabe*.
[2] IPSARA a été revue, en 1838, par *The Juggler*.

»	MISS ANN p. Figaro, An.	1836	M.★	Korsac............	"
		1838	F.	Europe...............	"
		1843	M.	Astolff...............	"
»	MISS ANN p. Filho da Puta. An.	1844	M.	Beau Coq............	Ex.
		1845	F.★	Lætitia.............	"
"	MISS CAROLINE....An.	1845	F.★	Elisa...............	"
		1847	F.	Caresse............	
"	MISS FURY........An.	1846	F.	Folichonne	"
		1847	M.	Jérôme.............	M.
M.	MISS HENRY.......An.	1835	M.	Ibis..............	C.
		1836	F.★	Chanoinesse..........	»
		1838	F.★	Egérie	"
		1845	F.★	Adrienne............	"
		1847	F.★	Lola	"
"	MISTRESS BRADY....An.	1845	F.★	Discrétion	"
»	MOSELLE..........An.	1844	F.	Paquerette...........	Ex.
		1846	F.	Verveine	»
		1847	F.	Giulietta............	"
		1849	M.★	Prince	"
		1850	F.	Agathe.............	"
"	MYLADY p. Franck. An.	1844	M.	N.................	M.-N.
M.	MYLADY[1] p. Mustachio, An.	1836	F.★	Error	"
M.	NOEMI p. Tigris ...An.	1835	F.★	Marie-Louise..........	»
		1843	M.	Volant..............	C.
»	OURIKA........An.-Ar.	1840	F.	Hortensia	M
M.	PAMÉLA..........An.	1835	M.	Austerlitz...........	C.
M.	PHILOMÈLE........An.	1835	F.★	Bérésina............	M.
M.	PRIESTESS ....An.	1836	F.★	Luna	

<hr>

[1] MYLADY a été revue, en 1835, par *Harlequin*.

‹‹	PYRRHA...........An.	1841	F.	Miosotis.............		Ex.
»	REGATTA.........An.	1844	M.	Bonaparte ex Proscrit..		C.
		1845	F.★	Alexandra............		ʋ
»	SAPHO..........An.	1841	M.★	Roi de Rome.........		»
»	SCORNFUL........An.	1836	F.★	Chansonnette.........		»
		1838	M.	Ministre.............		M.-L.
»	VENUS...........An.	1836	F.★	Bayadère............		»
M.	VERONA..........An.	1835	F.★	Sarah...............		»
M.	VESTA.........An.-Ar.	1835	M.	Longwood...........		M.
		1841	F.	Participation....:.....		Ex.
»	VIOLETTE.........An.	1844	F.	Jonquille............		»

S. B. F. 1er v. 2e éd.
p. 60.

NAUTILUS.

H. I. — 1843.

B. Né en France, au H. de Meudon, en 1835. — Son père, CADLAND; Sa
mère, VITTORIA, par MILTON.

A produit avec :

»	ANNETTE...........An.	1851	F.	Regatte.............		»
»	ATALA............An.	1846	M.	Sans-Souci..........		C.
»	BARBARINA........An.	1846	M.	Y. Nautilus..........		C.
M.	BELLONE..........An.	1846	M.★	Monte Christo........		»
»	BRIDE OF ABYDOS...An.	1850	F.	Roulette............		»
		1851	M.	Java................		»
»	CHIMÈRE..........An.	1846	F.	Dabaiba............		»
»	COCHLEA..........An.	1846	M.	Nautonnier..........		»
»	CORYSANDRE......An.	1846	F.★	Damophila..........		»
★	DISCRÈTE ....An	1846	M.★	Grog...............		»

»	DONA ISABELLA ....An.	1849	M.	Nautus...............	C.
»	DORIS... ....An.	1846	M.	Dryden..............	»
»	EFFRONTÉE........An.	1845	F.★	Girafe..............	M.
»	FAUVETTE [1]....An.-Ar.	1849	F.★	Mouche	»
»	FRAGA ....An.	1846	F.	Débentine..........	»
M.	GEORGETTE [2]......An.	1846	M.	Durthal............	»
»	IPSARA...........An.	1851	F.	Betty	»
»	JULIETTE ....An.	1849	F.	Julie..............	M.
»	LADY DE NORMANDIE, An.	1849	F.★	Nathalie...........	»
»	LOTERIE ....An.	1849	M.	Neron.............	»
»	MISÈRE.........An.-Ar.	1849	M.	Elicio.............	C.
»	NIXON ....An.	1852	F.	Rachel............	»
M.	PARASOLINA.......An.	1846	F.	Miss Cadland........	»
M.	SANS-TACHE [3]......An.	1849	M.	Premier de Mille.......	»
M.	VERONICA.........An.	1845	F.★	Nautila............	»
		1849	F.	Kayla.............	»
»	ZELIMA [4].......An.-Ar.	1849	F.	Elicia.............	»

S. B. F. 1er v. 2e éd.
p. 61.

NELSON.

Bb. Né en France, chez M. Fasquel, en 1837. — Son père, DANGEROUS ;
Sa mère, NELL, par DON COSSACK.

[1] FAUVETTE a été revue, en 1848, par *Worthless*.
[2] GEORGETTE a été revue, en 1845, par *Royal Oak*.
[3] SANS-TACHE a été revue, en 1848, par *Prospectus*.
[4] ZELIMA a été revue, en 1848, par *Worthless*.

A produit avec :

	CHANTILLY. ...An.	1847	F.	Bagatelle.............	M.
M.	CUTENDRE ....An.	1850	M.	Good Fesse...........	»
		1850	F.	N................	M.- L.
	DEMI FORTUNE .....An.	1851	M.	N................	M.- L.
	HARD HEART......An.	1850	M.	Exemple	"
		1851	F.	Vertu ex Magnanimity.	»
		1852	F.	Hard Lisse...........	»
	MISS TANDEM.....An.	1851	M.	Colosse.............	»
		1853	F.	N.................	»
	PHILIP'S DAM ex GATTON MARE. An.	1850	F.	Vivacité.............	»
	REDGAUNTLET MARE, An.	1850	M.	Célibataire...........	»
		1851	F.	Exhibition...........	»
		1852	M.	Rail Way............	»
		1853	F.	N.................	»
	ROYAUTE..........An.	1850	F.	Loyauty.............	»
	SILHOUETTE.......An.	1851	M.	Profil	»
	SUPREMA..........An.	1852	F.	Prima Dona..........	»
	URSULE...........An.	1853	F.	Augustine...........	»
	VANESSA..........An.	1851	F.	Vanette	»
	VESPER..........An.	1849	M.	Cupidon.............	»
		1850	M.	The Fashionable......	»

S. B. An. 4ᵉ v. p. 6.
S. B. F. 1ᵉʳ v. 2ᵉ éd.
p. 61.

NOVELIST.

Importé en 1855. — H. I. — Vendu en 1848.

B. Né en Angleterre, en 1829. — Son père, WAVERLEY; Sa mère, AIGRETTE, par RUBENS.

A produit avec :

M.	ANNE GREY........An.	1843	F.	Grégoria............	M.
M.	BRISE L'AIR........An.	1843	M.	Guillaume Tell........	M.
M.	CAMARGO ....An.	1843	F.★	Clara	»
»	CÉLESTE ....An.	1844	M.	N...............	M.-L.
M.	LADY ALBERT.....An.	1843	M.	Alcide.............	C.
		1844	F.★	Antiope	»
		1845	M.	Bizanos	C.
M.	MÉROPE [1].........An.	1846	M.	Cousin	M.-L.
»	MISS NORMANDINE, An.	1848	M.	Adour.............	C.
		1849	M.	Samos	»
»	RUBIS...........An.	1843	M.	Tristam	»
		1844	F.	Amine	M.
»	STELLA ....An.	1843	F.★	Comete............	»
		1844	M.	Rabelais...........	C.

S. B. An. 4ᵉ v. 2ᵉ éd.
p. 12.
S. B. F. 1ᵉʳ v. 2ᵉ éd.
p. 61.

NUNCIO.

Importé en 1847. — (H. I.)

Bb. Né en Angleterre, en 1839. — Son père, PLÉNIPOTENTIARY ; Sa mère, ALLY, par PARTISAN.

A produit avec :

M.	BIENSÉANCE........An.	1848	M.★	First Born...........	»
		1849	F.	Decency............	»
		1850	M.	Firework...........	»
		1851	M.	Festival	»
		1852	M.	Fantôme	»
»	COQUETTE [2]........An.	1851	F.	Ravières............	»
		1852	F.	Rocka.............	»
		1853	M.	Avron.............	»

---

[1] MÉROPE a été revue, en 1845, par *Ibrahim II* (Arabe).
[2] COQUETTE a été revue, en 1850, par *Bataclan*.

»	DISCRÉTION . . . . An.	1853	M.	Latino	»
»	ÉOLINE . . . . An.	1851	M.	Pédagogue	»
		1852	F.	Plume Loup	»
		1853	M.	Percinet	»
»	ESSLER . . . . An.	1853	F.	Australie	»
»	LOISA[1] . . . . An.	1848	M.★	Delegate	»
		1849	F.★	Trust	»
		1851	F.	Rozines	»
		1852	M.	Huchenneville	»
		1853	M.	Roquerlan	»
»	MARGUERITE . . . . . . An.	1852	F.	Modestie	»
»	MÉNALIPPE . . . . An.	1852	M.	Mardi-Gras	M.
»	MINUIT . . . . An.	1852	F.	Estafette	»
		1853	F.	N	»
»	MISS TANDEM . . . . . . An.	1852	M.	Trafalgar	»
M.	PAMÉLA . . . . An.	1848	M.★	Memory	»
		1849	M.	Little Saint-Martin	»
»	WAGSINE . . . . An.	1852	F.	Cambremer	»
»	WIRHTSCHAFT[2] . . . . An.	1851	F.★	Cammas	»
		1852	M.	Valbruant	»

S. B. An. 6ᵉ v. p. 27.
S. B. F. 1ᵉʳ v. 2ᵉ éd.
p. 61.

NUNNYKIRK.
Importé en 1850. — (H. I.)

N. Né en Angleterre, en 1846. — Son père, Touchstone; Sa mère, Bee's Wing, par Doctor Syntax.

A produit avec :

»	BALIVERNE . . . . An.	1853	F.	Topsy	»
»	DÉCEPTION[3] . . . . . . An.	1853	M.	Isolier	»

[1] Loisa a été revue, en 1850, par *Lioublieu.*
[2] Wirthschaft a été revue, en 1850, par *Lioublion.*
[3] Déception a été revue, en 1852, par *The Baron.*

»	EGESTE ....An.	1853	F.	A day too Soon	»
»	FLICCA ....An.-Ar.	1852	M.	Troubadour..........	»
»	MIRIAM ....An.	1852	F.	Citadelle.............	»
»	NELLY...........An.	1852	M.	Cartouche	»
»	NOEMA...........An.	1852	F.	Cendrillon...........	»
»	OPALE ....An.	1852	M.	Uriel................	»
		1853	F.	N....................	»
»	POINTE-A-PITRE[1]...An.	1852	M.	Baraband...........	»
»	POMARÉ..........An.	1853	M.	Tortillard...........	»
»	RACHEL p. TERROR[2], An.	1852	M.	Colibri	»
»	TANAIS... ....An.	1852	M.	Alcide..............	»
		1853	M.	Black Brown.........	»
»	ZIBELINE.. ......An.	1853	M.	N....................	»
»	ZÓRA............An.	1853	F.	Alida	»

OAK STICK.

(H. I. — 1842.)

Bb. Né en France, chez Lord Seymour, en 1835. — Son père, ROYAL OAK ; Sa mère, TENERIFFE, par BLACKLOCK.

A produit avec :

»	DANAÉ...........An.	1853	F.★	Colombe	»
»	KETTY..........An.	1843	M.	Bertram.............	»
»	LUCETTE.........An.	1843	F.★	Darling.............	»
M.	Mlle SAINT-CLAIR....Ar.	1843	M.	N....................	»

[1] POINTE-A-PITRE a été revue, en 1851, par *Prospero*.
[2] RACHEL a été revue, en 1851, par *Ionian*.

M.	NIOBÉ ....An.-Ar.	1843	F.	Oaks Fleet............	»
M.	POËTESS ....An.	1845	M.	Partenaire............	»

S. B. An. 5ᵉ v. p. 108.
S. B. F. 1ᵉʳ v. 2ᵉ éd.
p. 63.

PAGAN.

Importé en 1846. — (H. I.)

Bb. Né en Angleterre, en 1838. — Son père, MULEY MOLOCH ; Sa mère, FANNY, par JERRY.

A produit avec :

M.	AMAZONE [1] ....An.	1848	F.	Chesine..............	»
»	ANNETTE..........An.	1848	M.★	Huguenot.	»
»	BERTHE...........An.	1848	F.	Mignonne............	»
»	BRIDE OF ABYDOS. .An.	1848	F.	Gaudriole............	»
»	FATIMA............An.	1849	M.	Al Borak.	»
		1851	F.	Milady Eugenie.......	»
»	FRANCESCA........An.	1848	M.	Paganini............	*C.*
»	FRANTIC. ....An.	1848	F.	Sybille..............	*M.*
M.	GEORGETTE........An.	1848	M.	Plessis..............	»
»	HARRIET..........An.	1849	F.	Pagane..............	»
		1851	F.	Proserpine...........	»
		1852	F.	N...................	*M.-N.*
»	LAURETTA. ....An.	1848	F.	Zuleika.	»
»	MÉDUSE...........An.	1848	M.	Y. Pagan............	*C.*
»	MISS ANN p. FILHO DA PUTA, An.	1848	M.★	Paganus.............	»
»	MISS FURY. ....An.	1848	F.	Pagana..............	*M.*

[1] AMAZONE a été revue, en 1847, par *Napoleon*.

»	MISTRESS BRADY...An.	1848	M.	Friendship............	»
»	MOSELLE..........An.	1848	F.	Gentille..............	*Ex.*
»	ROSINE........An.-Ar.	1848	F.	Lucetta..............	»
»	TERPSICHORE. .An.-Ar.	1850	M.	Y. Pagan.............	»
»	VICTORINE........An.	1852	F.	Quoniam Marc........	*M.*

S. B. F. 1er v. 2e éd.
p. 63.

PAILLASSE.

H. I. — Castré en 1850.

Al. Né en France, au H. I. du Pin, en 1838. — Son père, CHANCE; Sa mère, IPSARA, par GENERAL MINA.

A produit avec :

»	CÉSARINE [1]........An.	1849	F.★	Farceuse.............	»
»	MISÈRE........An.-Ar.	1846	F.	Miss Pail............	*M.*
M.	MISS ANNETTE.....An.	1846	M.	Paillasson...........	*C.*
»	NINETTE..........An.	1846	M.	Baudean.............	»
		1847	M.	Tittery..............	»
»	VIOLA.............An.	1845	F.★	Couette ex Comète.....	»
M.	ZARAH...........An.	1844	F.	Arlette..............	»

S. B. F. 1er v. 2e éd.
p. 63.

PAIN D'ÉPICE.

H. I. — Castré en 1851.

B. Né en France, au H. du Pin, en 1839. — Son père, PICKPOCKET; Sa mère, CLOTON, par EASTHAM.

A produit avec :

M.	EUCHARIS.........An.	1845	M.	Epice................	*Ex.*
»	THE SCREW.......An.	1847	M.	Murph..............	»

[1] CÉSARINE a été revue, en 1848, par *Worthless, Nautilus* et *Prospectus.*

S. B. An. 3e v. p. 301
S. B. F. 1er v. 2e éd.
p. 64.

PARADOX.

Importé en 1834. — H. I. — Vendu en 1844.

B. Né en Angleterre, en 1827. — Son père, MERLIN; Sa mère, PAWN, sœur de Penelope, par TRUMPATOR.

A produit avec :

»	AGAR..........An.-Ar.	1840	M.★	Imbroglio............	»
M.	ANNE DE BRETAGNE, An.-Ar.	1843	F.	Amina..............	»
M.	BRISE-L'AIR........An.	1842	F.	Pompeia.............	M.
M.	CHESNUT FILLY....An.	1840	F.	Nina..............	»
»	CIRCÉ.........An.-Ar.	1842	M.	Cosinus.............	C.
M.	COMUS MARE......An.	1836	M.★	Sophiste............	C.
»	DARTHULA........An.	1837	M.	N.................	»
		1838	F.	Thalie.............	»
»	DINE.........An.-Ar.	1838	M.★	Problème...........	»
		1839	F.★	Althéa.............	»
		1840	F.★	Flicca.............	»
M.	ELSY............An.	1840	F.★	Saffira.............	»
M.	EUCHARIS........An.	1843	M.	John Alcock.........	»
M.	THE GIMMER.......An.	1843	M.	Rostan.............	C.
		1844	M.	Falker.............	M.
M.	IDA.............An.	1839	M.★	Well Done...........	»
»	JULIETTE.........An.	1839	F.	N.................	M.-L.
»	LELIA...........An.	1841	F.	N.................	»
»	MARIE LOUISE.....An.	1840	F.★	Kate Nickleby........	»
		1841	M.	Nicholas............	»
M.	MARIONNETTE.....An.	1843	M.★	Punch.............	»

»	MEDAILLE........An.	1844	M.	N....................	*M.-L.*
»	MISS TANDEM......An.	1842	F.★	Impasse.............	»
»	ORVILLINA........An.	1843	M.	N....................	*M.-L.*
»	PAMÈLA Bis. .....An.	1838	F.★	Arabelle............	»
»	PANOPE..........An.	1843	F.	Mamie.............	»
M.	PASQUINADE......An.	1838	F.★	Y. Pasquinade........	»
M.	RESEMBLANCE.....An.	1837	F.★	Silhouette...........	»
»	SAINTE-HÉLÈNE....An.	1840	M.	Destin..............	*C.*
»	THE SCREW [1].....An.	1836	F.	Devise..............	*M.*
		1839	M.	Charlemagne.........	»
»	SIR DAVID MARE...An.	1837	F.	N....................	»
		1838	M.	Apollon.............	»
»	SYLVIA..........An.	1840	M.	Paracelse...........	»
»	WARDA-BOUZA.....Ar.	1835	F.	Incertitude..........	»

S. B. F. 1er v. 2e éd.
p. 65.

PATRICKS.

H. I. — Mort en 1852.

B. Né en France, au H. de Viroflay, en 1838. — Son père, FÉLIX (RAINBOW);
Sa mère, LEOPOLDINE, par HEDLEY.

A produit avec :

»	CALIPSO..........An.	1849	F.	Marguerite............	»

S. B. F. 1er v. 2e éd.
p. 66.

PETER ex PATER.

(H. I. — 1843.)

B. Né en France, au H. de Viroflay, en 1838. — Son père, HERCULE ; Sa
mère, ELVIRA, par ERYX.

---

[1] THE SCREW a été revue, en 1838, par *Napoléon*.

A produit avec :

»	LOISA............An.	1846	F.	Miss Peter............		M.
M.	PAMÉLA..........An.	1847	F.	Want..............		»
M.	RACHEL p. WHALEBONE, An.	1848	F.	Y. Rachel.		Ex.
»	SULTAN MARE.....An.	1848	F.	Janina.............		»
		1850	M.	Licinius ex Lascar.....		»

S. B. An. 3ᵉ v. p. 60.
S. B. F. 1ᵉʳ v. 2ᵉ éd.

PETWORTH.

Importé en 1833. — H. I. — Mort en 1836.

G. Né en Angleterre, en 1825. — Son père, LITTLE JOHN ; Sa mère, CANOPUS MARE.

A produit avec :

»	ORPHELINE........An.	1834	F.	Grisi...............	»

S. B. F. 1ᵉʳ v. 2ᵉ éd.
p. 66.

PHILIP SHAH.

(H. I. — 1848.)

B. Né en France, chez M. Fasquel, en 1848. — Son père, THE SHAH ; Sa mère, PHILIP'S DAM, ex CATTON MARE, par CATTON.

A produit avec :

»	BRÉSILIA. .....An.-Ar.	1850	F.	Bahia..............		»
»	CHANOINESSE......An.	1852	F.	Great Britain.........		»
M.	DUCHESSE DE BRABANT, An.	1851	M.	Y. Philipp..........		»

S. B. An. 6ᵉ v. p. 218.
S. B. F. 1ᵉʳ v. 2ᵉ éd.
p. 67.

PHILOSOPHER.

(Importé en 1850.)

Bb. Né en Angleterre, en 1844. — Son père, VOLTAIRE ; Sa mère, MINX, sœur de MELBOURNE, par HUMPHREY CLINKER.

A produit avec :

»	MUFF............An.	1852	F.	Philosophie..........	»

S. B. An. 4ᵉ v. p. 251.
S. B. F. 1ᵉʳ v. 2ᵉ éd.
p. 67.

PHYSICIAN.

Importé en 1842. — H. I. — Mort en 1846.

B. Né en Angleterre, en 1829. — Son père, BRUTANDORF ; Sa mère,
PRIMETTE, par PRIME MINISTER.

A produit avec :

»	ADA p. WHISKER...An.	1843	F.	Comete...............	n
M.	ANNA.............An.	1845	F.	Blanche.............	»
»	ARABELLE ¹.......An.	1842	M.	Aden................	»
»	ASPASIE..........An.	1845	F.	Dulcamara...........	»
		1846	M.★	Expérience..........	»
M.	BEGUINE..........An.	1846	F.★	Illusion.............	»
»	CAMARILLA........An.	1844	F.	Calembredaine........	»
		1845	F.	Johannisberg........	»
M.	CLOTON ².........An.	1843	M.	Arthus..............	»
M.	CUTENDRE........An.	1844	F.★	Hard-Heart..........	»
		1845	M.	Doctor Eady.........	C.
»	DECEPTION p. DEFENCE, An.	1846	F.	Felonie.............	»
»	DÉCEPTION ex ONDINE, p. ROYAL OAK, An.	1846	M.	Bon-Espoir ex Wallace.	C.
»	DUBICA ³..........An.	1844	F.	Pomaré.............	»
		1845	M.	Jean-Jacques.........	M.-L.
»	EARWIG..........An.	1846	F.	Chamaille...........	»
»	ESSLER..........An.	1846	F.★	Fragoletta..........	»

¹ ARABELLE a été revue, en 1841, par *Alteruter*.
² CLOTON a été revue, en 1842, par *Alteruter*.
³ DUBICA a été revue, en 1843, par *Royal Oak*.

»	EVA..............An.	1846	F.	Élucubration..........	M.
»	FLEUR-DE-LIS [1]....An.	1844	F.	Pervenche............	»
»	FLIGHTY..........An.	1846	F.	Homéopathie..........	»
»	FRÉTILLON........An.	1844	F.★	Bénédiction...........	»
»	GEORGINA.........An.	1843	M.	Ulm................	M.
		1846	F.★	Wieillieska...........	»
»	GIPSY.............An.	1844	F.	Isly................	»
M.	GLORIETTE........An.	1843	M.	Grabuge.............	»
		1844	F.	Girandole............	»
»	GRENADA..........An.	1844	M.	Cte de Toulouse ex Mogador.	»
»	HOSANNA..........An.	1845	F.	Miss Hahnemann ex Clémence.	»
»	JENNY VERTPRÉ....An.	1844	F.	Jérémiade...........	M.
		1845	F.	Jambette.............	»
Ex.	LAVINIA...........An.	1846	M.	Jalap ex Juggler.......	Ex.
»	MANCHETTE.......An.	1847	M.	N...................	M.-L.
»	MANTILLE.........An.	1843	F.★	Duchesse de Brabant...	M.
		1845	M.★	Eugène..............	»
»	MELIORA..........An.	1844	M.	N...................	M.-L.
		1845	M.	N...................	M.-N.
M.	MERLIN MARE.....An.	1843	F.★	Mariquita............	»
»	MINUIT [2].........An.	1844	M.	Midi...............	C.
		1845	M.	Mezzo Giorno.........	M.
»	MIRANDA..........An.	1843	F.	Dona Sol............	Ex.
		1846	F.	Aphra...............	»

[1] **FLEUR-DE-LIS** a été revue, en **1843**, par *Ibrahim*.
[2] **MINUIT** a été revue, en 1843, par *Royal Oak*.

»	MONIME..........An.	1846	F.★	Physicie............	»
»	OTE.............An.	1843	F.★	Miss Laurence........	»
»	PAPILLOTTE ex ALBANY MARE, An.	1846	F.	Pantalonnade........	»
M	PARASOLINA [1].....An.	1843	F.	Zantia.............	»
»	Y. PASQUINADE.....An.	1846	F.	Minima.............	»
»	PHILIP'S DAM ex CATTON MARE, An.	1846	M.	Nul s'y frotte........	C.
M.	PRINCESS EDWIS...An.	1843	M.★	Premier Août........	»
»	REGATTA.........An.	1846	F.★	Miss Physicienne......	»
»	ROSA LANGAR.....An.	1844	F.	Rosa la Rose.........	M.
»	SLIME............An.	1845	F.	Midwife............	»
		1846	F.★	Suprema............	»
»	SWEETLIPS........An.	1843	F.	Sainte Nitouche.......	»
»	LA TAMISE........An.	1846	F.	Merzeth............	Ex.
»	TARANTELLA......An.	1846	M.	Capri..............	C.
»	VITTORIA [2]........An.	1843	M.★	Va-nu-pieds.........	»
		1844	M.	Vade Mecum.........	M.
M.	WORRY [3]..........An.	1843	F.	Ambassadrice........	»

S. B. An. 4e v. p. 141.
S. B. F. 1er v. 2e éd. p. 68.

PICKPOCKET.

Importé en 1836. — H. I. — Mort en 1850.

B. Né en Angleterre, en 1828. — Son père, ST.-PATRICK ; Sa mère, HEDLEY MARE, sœur de LUSS.

[1] PARASOLINA a été revue, en 1842, par *Alteruter*.
[2] VITTORIA a été revue, en 1842, par *Royal Oak*.
[3] WORRY a été revue, en 1842, par *Alteruter*

A produit avec :

M.	ABJER MARE.......An.	1838	M.	Pique Assiette.........	*C.*
		1839	F.	Albertine............	»
M.	AMAZONE..........An.	1837	M.*	Jules...............	»
»	ANALIE..........An.	1840	M.	Abd el Kader........	»
»	ANNA............An.	1838	F.	Pilule..............	»
M.	ARAB............An.	1840	F.*	Aigline.............	»
M.	BIGOTTINI........An.	1839	M.	N..................	*M.*
»	CAIN MARE (Victoire) [1].	1841	M.	Infelice.............	*M.*
M.	CHESNUT FILLY....An.	1837	F.	Elisa...............	»
»	CHIMÈRE.........An.	1839	F.	Doloride............	»
M.	CLOTON..........An.	1838	M.	Guido..............	*M.*
		1839	M.*	Pain d'Epice..........	»
M.	COMUS MARE......An.	1838	F.*	Miranda.............	»
M.	CORINNE.........An.	1840	F.*	Atala...............	»
»	DANAE........An.-Ar.	1837	M.*	Bilboquet............	»
		1841	F.*	Clématis............	»
»	DULCINÉE......An.-Ar.	1841	F.	Miss Ennly...........	»
»	ELISABETH.......An.	1837	F.	N..................	*M.-L.*
		1838	F.	Valérie..............	*M.*
M.	ELSY...........An.	1841	M.	Georges............	*C.*
M.	EUCHARIS........An.	1837	M.	N..................	*M.-L.*
»	GALATÉE......An.-Ar.	1841	F.	Zelmire.............	*M.*
M.	THE GIMMER.......An.	1838	F.	Dansomanie..........	»

[1] CAIN MARE a été revue, en 1840, par *Paradox*

M.	HÉLÈNE..........An.	1838	M.★	Falstaff..............	»
		1840	M.★	Pirate................	»
»	HENRICA..........An.	1839	M.	Ramponneau.........	»
		1840	M.★	Rinaldo.............	»
M.	IDA..............An.	1837	M.★	White Face...........	C.
		1838	M.	Walker..............	»
		1841	M.★	W.................	»
»	IPSARA...........An.	1841	M.	Piston..............	M.
»	JULIETTE.........An.	1840	F.	Dona Onesta.........	»
M.	Mˡˡᵉ SAINT-CLAIR...Ar.	1838	F.	Esther...............	»
		1840	F.	Justine..............	«
M.	MATILDA..........An.	1841	F.	Barcarolle...........	M.
»	MIGNONNE......An.-Ar.	1838	M.★	Amato..............	»
»	MOINA........An.-Ar.	1837	F.	Panthère............	»
M.	NOEMI p. Tigris....An.	1838	M.	Gilblas.............	»
»	ODINE............An.	1839	M.★	Pourceaugnac........	C.
		1840	M.★	Vautrin.............	»
»	PAMÉLA p. Tigris, An.	1837	F.★	Huraca..............	»
		1840	M.	Birbante............	C.
		1841	F.★	Fanelly.............	»
»	PAMÉLA Bis p. Captain Candid, An.	1839	F.★	Adamantine..........	M.
		1840	F.★	Clara Wendel........	»
»	THE SCREW.......An.	1837	F.★	Grisi...............	»
»	SYRÈNE...........An.	1838	M.★	Y. Pickpocket........	»
»	THALIE...........An.	1838	F.	Ginevra.............	Ex.
		1839	F.★	Ninette.............	»
		1841	F.	Octavia ex Mᵐᵉ Lafarge.	M.
Ex.	VESTALE......An.-Ar.	1841	M.	The Smuggler........	C.

»	WHALEBONA (Gipsy), An.	1837	F. ★	Aurore..............	»
M.	WORRY..........An.	1837	M. ★	Schubry..............	»
»	ZAIDA...........An.	1838	M.	Middleton............	C.
		1839	M. ★	Rob Roy.............	»
		1840	M.	Douglas.............	»

S. B. F. 1er v. 2e éd. p. 69.

PIRATE.

H. I. — Vendu en 1845.

Bb. Né en France, au H. I. du Pin, en 1840. — Son père, Pickpocket ; Sa mère, Helene, par Eastham.

A produit avec :

»	RHINOPLASTIE.....An.	1846	F.	Ligature............	»

S. B. F. 1er v. 2e éd. p. 69.

PLOWER.

H. I. — 1843. — Castré en 1850.

B. Né en France, chez M. Alexandre Aumont, en 1839. — Son père, Royal Oak ; Sa mère, Destiny, par Centaur.

A produit avec :

M.	CALLIOPE.........An.	1846	M.	Orville..............	»
»	FENELLA..........An.	1845	M.	Bamboche...........	C.

S. B. An. 6e v. p. 263.
S. B. F. 1er v. 2e éd. p. 69.

POLECAT.

Importé en 1846. — (H. I.)

B. Né en Angleterre, en 1843. — Son père, Bay Middleton ; Sa mère, Pussy, par Pollio.

A produit avec :

M.	ABLETTE..........An.	1848	M. ★	Adolpho.............	»
»	AGAR.........An.-Ar.	1849	F.	Hermina............	»
»	ALINE.........An.	1848	M. ★	Dash..............	»

»	BATHILDE.........An.	1849	F.	Mika...............	»
»	BELLA...........An.	1853	M.	Remicourt...........	»
»	CAMELIA.........An.	1850	M.	Artenay ex Embonpoint	»
		1851	F.	Bonne Fille..........	»
»	COLOMBINE.......An.	1851	F.	Pauline.............	»
»	DECISION.........An.	1850	M.	Robinson............	»
»	EARWIG..........An.	1848	F.★	Mlle de la Veille.......	»
»,	EGERIE..........An.	1848	M.	Always Ready........	*C.*
»	ENERGY..........An.	1848	F.	N...................	*M.-L.*
M.	FEUILLE DE CHÊNE, An.	1850	M.	Hanneton ex Oak......	»
»	FLORA...........An.	1848	M.	N...................	*M.-N.*
»	MARCELLA........An.	1850	M.	Creve-Cœur..........	»
»	REGATTA.........An.	1848	M.★	Ronald.............	»
»	RETAMOSA........An.	1848	F.	Princesse Belle-Etoile..	»
»	TAPAGE..........An.	1853	M.	Tapageur............	»
»	URSULE..........An.	1848	M.	Y. Polecat...........	*C.*

S. B. F. 1er v. 2e éd.
p. 69.

PONTCHARTRAIN.

B. Né en France, chez M. le Comte d'Osmond, en 1841. — Son père, WINDCLIFFE ; Sa mère, ESSLER, par CADLAND.

A produit avec :

»	MIRANDA..........An.	1844	F.	Ballerina............	*M.*
		1845	M.	Zegri...............	*M.*

S. B. F. 1er v. 2e éd.
p. 70.

PREMIER AOUT.

(H. I. — 1848.)

B. Né en France, chez M. Calonge, en 1843. — Son père, PHYSICIAN ; Sa mère, PRINCESS EDWIS, par EMILIUS.

A produit avec :

»	COUETTE ex COMÈTE,An.	1850	M.	Diego...............	»
»	FANNY p. Y. Emilius,An.	1850	F.★	Ourika............	»
		1851	F.	Hope...............	»
		1852	M.	Bengaly............	»
»	ISMA..........An.-Ar.	1851	M.	Friend............	»
»	JULIETTA.........An.	1851	F.	Gibeline............	*M.*
＊	ZÉLIMA........An.-Ar.	1852	M.	Premier Mai..........	»

S. B. An. 3ᵉ v. p. 150.
S. B. F. 1ᵉʳ v. 2e éd.
p. 70.

PREMIUM.

Importé en 1825. — II. I. — Mort en 1843.

Al. Né en Angleterre, en 1820. — Son père, ALADDIN ; Sa mère, GOHANNA MARE, sœur de CASTANEA.

A produit avec :

»	AMANDA..........An.	1833	F.	Fleur des Pois........	*M.*
»	BETZY...........An.	1840	M.	Indigo................	»
		1841	F.	Julia.................	»
		1842	M.	Kham................	*C.*
»	CAPRICE..........An.	1831	F.★	Premia...............	»
»	CHANSONNETTE....An.	1841	M.★	Pope.................	*C.*
M.	EGILFÉ...........Ar.	1831	F.	Isolina...............	*M.*
M.	ENCHANTERESSE...An.	1838	F.	Narina...............	*M.*
		1840	F.★	Parasol.............	»
»	ERROR...........An.	1842	M.	Kleber...............	*M.*
M.	Y. FOLLY..........An.	1831	F.★	Pulchra..............	»
		1833	F.★	Folla................	»
»	GAIETY..........An.	1839	M.	Oppidam.............	*C.*
		1840	F.★	Olga.................	»
		1842	F.	Quand-Même..........	»

»	JANE............An.	1841	F.★	Prima Dona............	
		1842	M.	Quinola.............	»
M.	JAVA............Ar.	1832	M.	Splendor.............	M.
		1833	M.	Palmer.............	M.-L.
		1834	M.★	Hemon.............	»
»	KASBA........An.-Ar.	1841	F.	Pastourelle...........	»
»	MUSA (Persanne).....	1837	F.	Alza................	»
M.	NANNY SHANKS....An.	1829	F.★	Elfrida.............	»
		1838	F.	N..................	M.-L.
		1839	M.	N..................	M.-L.
		1840	M.	Priam ex Pirate.......	C.
M.	POMPONIA......An.-Ar.	1835	F.	Arsena.............	»
		1837	F.	Mascara.............	»
M.	PRIESTESS........An.	1828	F.★	Desdemona...........	M.
		1838	M.	Nemrod.............	»
»	RENETTE.......An.-Ar.	1837	F.	Asfoura.............	
»	RUBENA..........An.	1828	M.	Diamond.............	M.
		1838	F.	Noema.............	»
»	SCORNFUL........An.	1841	F.	Hyla................	»
»	VANDYKE JUNIOR MARE, An.	1831	M.	Forcland............	M.
M.	VIGORNIA.'........An.	1839	F.	Zydia ex Lydia........	»

S.B. An. 5ᵉ v. p.346.
S. B. F. 1ᵉʳ v. 2ᵉ éd. p. 70.

THE PRIME WARDEN.

Importé en 1847. — (H. I.)

B. Né en Angleterre, en 1834. — Son père, Cadland ; Sa mère, Zarina, par Morisco.

A produit avec :

»	AVEYRONNAISE, An.-Ar.	1852	F.	N...................	M.
		1853	M.	Nerveux.............	»

»	NORMA............An.	1852	F.	Anne Eloiza...........		»
		1853	F.	All Right.............		»
»	VICTORIA......An.-Ar.	1852	M.	Lovelace.............		»

S. B. An. 5ᵉ v. p. 264.
S. B. F. 1ᵉʳ v. 2ᵉ éd.
p. 71.

PRINCE CARADOC.

Importé en 1847. — (H. I.)

B. Né en Angleterre, en 1838. — Son père, THE COLONEL; Sa mère, QUEEN OF TRUMPS, par VELOCIPEDE.

A produit avec :

»	BATHILDE.........An.	1850	M.	Miko................		*M.*
»	BICHE. ....An.-Ar.	1849	F.	Morena ex Moressa....		»
»	CORYSANDRE......An.	1850	F.*	Isole................		»
»	FRETILLON........An.	1849	M.*	Meriadec.............		»
»	HONEY MOON......An.	1850	M.*	Toison d'or..........		»
»	ROSINE. ......An.-Ar.	1849	F.	Princesse............		»

S. B. F. 1ᵉʳ v. 2ᵉ éd.
p. 71.

PROSPECTUS.

(H. I. — 1845.)

B. Né en France, au H. de Meudon, en 1839. — Son père, CAMEL; Sa mère, JENNY VERTPRÉ, par BOBADIL.

A produit avec :

M.	ADAMANTINE. .....An.	1847	F.	Fauvette............		»
»	BELLA DONA.......An.	1847	M.*	Gracieux............		»
»	EMMA...........An.	1849	F.*	Aidée...............		»
M.	GIRAFE...........An.	1849	F.*	Delphinia...........		»
»	JULIETTA.........An.	1849	F.	Bolena..............		*M.*
»	PAMÉLA Bis. ......An.	1848	F.*	Candida.............		»

M.	POMPONIA......An.-Ar.	1848	M.	Ben Thonny.........	»
»	RIGOLETTE.....An.-Ar.	1848	F.	Reclame............	M
»	SKIRMISH ex Skirmis- HERE, An.	1848	M.	Lionel.............	C.
»	VIOLA 1..........An.	1848	M.	Briska............	»

S. B. F. 1er v. 2e éd.
p. 72.

PROSPERO.

(H. I. — 1847.)

B. Né en France, chez M. Alexandre Aumont, en 1840. —Son père, Royal George; Sa mère, Princess Edwis, par Emilius.

A produit avec :

»	ALTHÉA........An.-Ar.	1849	F.	Parodie...........	»
»	BELLE POULE...An.-Ar.	1849	F.	Pimbeche..........	»
»	DIDON.........An.-Ar.	1850	F.	Qualité...........	»
»	DULCINÉE......An.-Ar.	1849	M.★	Yves..............	»
»	FOLLETTE. ....An.-Ar.	1849	F.	Primevère.........	M.-L.
»	FORTIFICATION, An.-Ar.	1849	M.★	Young.............	»
»	HŒMA.........An.-Ar.	1852	F.	Mussidora.........	»
»	IRIS..........An.-Ar.	1849	M.★	Yrieix............	»
»	KALOUGA......An.-Ar.	1849	F.★	Pauletta..........	»
»	LÆTITIA......An.-Ar.	1849	M.	Yvetot...........	M.-L.
		1850	M.	Zodiaque..........	C.
»	REINE DE CHYPRE , An.-Ar.	1849	F.★	Princesse de Chypre...	»
»	RIGOLETTE 2....An.-Ar.	1852	F.	Edith.............	»
»	WOODNYMPH......An.	1848	M.	N................	M.-L.

1 Viola a été revue, en 1847, par *Chaban* (Arabe).
2 Rigolette a été revue, en 1851, par *Nunnykirk*.

S. B. F. 1er v. 2e éd.
p. 72.

QUADRILATÈRE.

(H. I. — 1847.)

B. Né en France, chez M. Buisson, en 1842. — Son père, MAMELUKE ; Sa
mère, NOEMI, par TIGRIS.

A produit avec :

»	LA TAMISE	An.	1853	F.	Surprise	»

S. B. F. 1er v. 2e éd.
p. 72.

QUAKER.

(*Anglo-Arabe.*) — (H. I.)

B. Né en France, au H. I. de Pompadour, en 1842. — Son père, NAPOLEON ;
Sa mère, FOLLETTE, par EASTHAM.

A produit avec :

»	VICTORIA	An.-Ar.	1853	M.	N	»

S. B. F. 1er v. 2e éd.
p. 72.

QUINE.

(*Anglo-Arabe.*) — H. I. — 1842. — Mort en 1842.

B. Né en France, chez M. Le Petit de Sérans, en 1836. — Son père, LOT-
TERY ; Sa mère, GALATÉE, par MASSOUD (Arabe).

A produit avec :

M.	ADAMANTINE	An.	1843	F.★	Fauvette	»
»	EFFRONTÉE	An.	1843	M.	Milton	C.
»	NINETTE	An.	1843	F.★	Rigolette	M.

S. B. F. 1er v. 2e éd.
p. 73.

QUINQUINA.

H. I. — 1847. — Mort en 1851.

Al. Né en France, chez M. le Baron de la Bastide, en 1841. — Son père
HARLEQUIN ; Sa mère, HÉBÉ, par ABRON.

A produit avec :

»	LA TAMISE	An.	1851	F.	L'Aube	»

S. B. F. 1er v. 2e éd.
p. 73.

QUONIAM.

H. I. — 1841. — Mort en 1848.

B. Né en France, au H. de Meudon, en 1837. — Son père, ROYAL OAK
Sa mère, NOEMA, par ROWLSTON.

A produit avec :

M.	ABJER MARE.......An.	1845	M.★	Juxon...............	»
»	ARABELLE.........An.	1845	F.★	Clématite ex Hahnemann	»
M.	BELLONE..........An.	1845	F.	Fleur de Marie........	»
»	CHIMÈRE..........An.	1845	M.	César...............	»
»	CONSTANTIA ADA...An.	1848	M.	Quomodo............	»
»	DORIS............An.	1845	F.	Monéda.............	M.
M.	ENCHANTERESSE...An.	1847	M.	Xanthus.............	»
»	FLORA...........An.	1846	F.	Waltonia............	»
»	FRÉTILLON........An.	1845	F.★	Honey Moon..........	»
M.	INDIANA..........An.	1843	F.	Rigolette............	»
»	JANINETTE........An.	1843	M.	Janot ex Joanet.......	»
»	JOCASTE..........An.	1846	F.	Uberty.............	»
		1847	F.	Virago..............	»
M.	MANUELA.........An.	1846	M.	Dartagnan...........	»
»	MARCELLA........An.	1845	M.	Couche-tout-nu.......	C.
	Y. MIRACLE.......An.	1843	F.	Rigoletta............	»
»	MIRANDA.........An.	1845	M.★	Lamballe ex Lansquenet	C.
»	MIRIAM..........An.	1847	M.	Xenius..............	M.-L.
»	MISS SCHNEITZ HOEF-FER ex MISS CRIMS-THORPE.........An.	1847	M.	Hope...............	»

»	MISS SCOTT........An.	1843	F.*	Tailed Comet..........	»
»	OLGA............An.	1846	M.	Ugolin..............	*M.-L.*
»	REGATTA.........An.	1843	F.*	Victorine............	»
»	ROSABELLE.......An.	1847	F.	Xarifa..............	»
M.	SWEET MOOGY.....An.	1846	M.	Alcide..............	*M.-L.*
		1847	F.	Méprise............	*M.*
»	SYLVINA.........An.	1846	M.*	Quia..............	*C.*
		1847	M.	Boston.............	»
»	VICTORIA......An.-Ar.	1848	M.	N.................	*M.-N.*

S. B. F. 1er Suppl.
p. 17.

RABELAIS.

(H. I. — 1852.)

B. Né en France, chez **M.** Forcinal, en **1848.** — Son père, ROYAL OAK ;
Sa mère, EMELINA, par EMILIUS.

A produit avec :

»	ZILLE............An.	1853	F.	Dalilah..............	»

S. B. An. 2e v. p. 138.
S. B. F. 1er v. 2e éd.
p. 74.

RAINBOW.

Importé en 1823. — Mort en 1834.

B. Né en Angleterre, en **1808.** — Son père, WALTON ; Sa mère, IRIS, par
BRUSH.

A produit avec :

M.	AIMABLE..........An.	1827	M.	N.................	*M.*
		1830	M.*	Hercule............	»
		1831	F.*	Isabella............	»
		1834	M.*	Laocoon............	»
M.	BROWN SUSAN.....An.	1825	F.	Jeannette...........	*M.*
M.	Y. FOLLY........An.	1825	M.	Clio..............	»
		1826	M.	Diomède...........	»
		1827	M.	Emilius............	»
		1828	M.*	Felix.............	»
		1829	M.	Cerdic............	*M.*

»	LÉOPOLDINE.......An.	1828	M.	Fovius.............	*M.*
		1829	F.★	Georgina............	»
		1830	F.★	Harriet.............	»
		1831	M.★	Ibis...............	»
		1832	M.★	Jason.............	*C.*
		1834	F.★	Lydia.............	*M.*
M.	SHABAT..........Ar.	1826	F.	X.............	»
M.	TENERIFFE........An.	1834	F.★	Dona Maria..........	*M.*
M.	Y. URGANDA.......An.	1825	M.	Cyrus.............	*M.*
		1826	F.★	Dionne.............	»
		1827	F.★	Églé.............	»
		1828	M.	Fortuné............	*C.*
		1830	F.★	Helena.............	*M.*
		1831	M.★	Ivanhoë............	»
		1832	M.	Jupiter............	*C.*
		1834	F.★	Lavinia............	*M.*
		1835	F.★	Miss Rainbow........	»
M.	VERONA...........An.	1833	M.★	Frank.............	*C.*
»	WIZARDESS........An.	1828	F.★	Felicia.............	»

S. B. F. 1er v. 2e éd.
p. 74.

RATOPOLIS.

B. Né en France, chez M. Auguste Lupin, en 1840. —Son père, Lottery ; Sa mère, Y. Mouse, par Godolphin.

A produit avec :

»	ISABELLA..........An.	1852	F.	Fadette.............	»
»	NONNETTE........An.	1849	M.	Nahon.............	»

S. B. F. 1er v. 2e éd.
p. 75.

REMUS.

B. Né en France, chez M. Fasquel, en 1838. — Son père, Royal Oak ; Sa mère, Ressemblance, par Gainsborough.

A produit avec :

»	VESPERINE.........An.	1846	F.	Steam..........	

S. B. F. 1er v. 2e éd.
p. 75.

RENONCE.
(H. I. — 1844.)

B. Né en France, chez M. Lecouteulx, en 1840. — Son père, Y. Emilius ; Sa mère, Miss Tandem, par Tandem.

A produit avec :

M.	ANDAÉ.........An.-Ar.	1850	M.*	Cadi..............	»
M.	BEGGAR GIRL......An.	1846	M.	Georges.............	Ex.
		1848	F.*	Meduse.............	»
M.	CAMARINE........An.	1846	F.*	Hirondelle...........	M.
»	CHIQUENAUDE.....An.	1853	F.	Satisfaction..........	»
»	DUET............An.	1853	F.	Noticia............	»
»	ELOA..........An.	1846	F.	Nanine............	»
»	JULIETTE.........An.	1846	M.	X..................	M.-L.
»	MOLOKINE........An.	1853	F.	Hope Formerly.......	»
»	ZÉLIE.........An.-Ar.	1850	M.	Capitaine...........	»
»	ZILLAH........An.-Ar.	1850	M.*	Aga...............	»
»	ZORA¹..........An.	1846	F.*	Nanine............	»

S. B. F. 1er v. 2e éd.
p. 75.

YOUNG REVELLER.
H. I. — Mort en 1844.

Bb. Né en France, au H. I. du Pin, en 1830. — Son père, Reveller ; Sa mère, Scornful, par Woful.

A produit avec :

»	BETZY.........An.-Ar.	1846	F.	Victoria..............	»
»	BICHE.........An.-Ar.	1839	M.	X................	M.
»	DISCRÈTE.........An.	1839	M.	Ninus..............	»

¹ Zora a été revue en 1855, par Renouard et Bergorman.

»	DON COSSACK MARE (BROWN). An.	1838	M.	Black Domino.........	C.
M.	ELISABETH[1].......An.	1839	F.	Amathée.............	M.
M.	ELSY[2]..........An.	1839	M.*	Mirobolan...........	C.
»	GALATÉE......An.-Ar.	1838	F.	Leda..............	»
M.	GEADA MINOR......Ar.	1840	F.*	Betzy..............	»
M.	HÉLÈNE.........An.	1842	M.*	Paul de Kock........	C.
M.	PAMÉLA..........An.	1839	M.	Mexico.............	»

S. B. F. 1er v. 2e éd.
p. 76.

RINALDO.

H. I. — Vendu en 1842. — Castré en 1850.

B. Né en France, au H. I. du Pin, en 1840. — Son père, PICKPOCKET; Sa mère, HENRICA, par WOFUL.

A produit avec :

»	DARLING..........An.	1848	M.	Rival.............	»
»	JESSICA..........An.	1848	M.	Elim..............	»

S. B. F. 1er v. 2e éd.
p. 76.

RIO-JANEIRO.

(*Anglo-Arabe.*) — H. I. — Vendu en 1855.

B. Né en France, au H. I. de Pompadour, en 1843. — Son père, MASSOUD (Arabe); Sa mère, BETZY, par NAPOLEON.

A produit avec :

M.	PICCOLINA.........An.	1848	M.	Dru................	M.

S. B. F. 1er Suppl.
p. 17.

ROB ROY.

Al. Né en France, chez M. de Mallevoue, en 1839. — Son père, PICKPOCKET Sa mère, ZAIDA, par TIGRIS.

---

[1] ELISABETH a été revue, en 1858, par Y. *Reveiller* et *Napoleon.*
[2] ELSY a été revue en 1858, par Y. *Reveiller* et *Pickpocket.*

A produit avec :

»	AIGLINE...........An.	1848	M.	N...................			*M.*
»	ZAIDA.............An.	1845	M.	Robertson...........			*Ex.*
		1846	M.	Rob Oig.............			»
		1847	F.	N..................			*M.-L.*

S. B. F. 1er v. 2e éd.
p. 77.

ROI DE ROME.

H. I. — Vendu en 1855.

B. Né en France, au H. I. du Pin, en 1841. — Son père, NAPOLEON ; Sa mère, SAPHO, par EASTHAM,

A produit avec :

»	AMÉTHISTE........An.	1848	M.	Fontenay............		»
		1850	M.	Caster Son...........		»
		1851	M.	N..................		*M.*
		1853	M.	Pretty..............		»

S. B. F. 1er v. 2e éd.
p. 77.

ROMAGNESI.

(H. I.)

B. Né en France, au H. I. de Pompadour, en 1843. — Son père, MASSOUD (Arabe) ; Sa mère, DIDON. par TERROR.

A produit avec :

»	BELLE POULE...An.-Ar.	1851	F.	Harmonie...........		»
»	BENÉDICTION......An.	1851	F.	Benedicta...........		»
»	BRÉSILIA.......An.-Ar.	1848	M.	Timur..............		*C.*
»	CANDOUR AMDAM...Ar.	1848	M.★	Xérès..............		»
		1851	F.	Barcarolle...........		»
»	CÉSARINE ex MANSOURA, An.-Ar.	1848	M.★	Xantippe...........		»
		1851	F.	Romance............		*M.*
»	CHANOINESSE. ....An.	1851	M.	Frog Later..........		»

»	DANAE.........An.-Ar.	1848	M.*	Xenophane............	»
M.	DIOMEDA..........Ar.	1848	F.	Dea................	»
»	FORTIFICATION, An.-Ar.	1851	F.	Courtine.............	»
»	GOURBETTE....An.-Ar.	1848	M.*	Eclipse ex Kyste.......	»
»	HERMINE.........Ar.	1848	F.*	Omphis.............	»
»	MERCEDES.....An.-Ar.	1851	F.	Cavatine.............	»
»	REINE DE CHYPRE, An.-Ar.	1851	M.	Roi de Chypre........	»

S. B. An. 4ᵉ v. 2ᵉ éd.
p. 513.
S. B. F. 1ᵉʳ v. 2ᵉ éd.
p. 77.

ROMEO.

Importé en 1843. — H. I. — Castré en 1850.

Al. Né en Angleterre, en 1833. — Son père, EMILIUS ; Sa mère, WORRY,
par WOFUL.

A produit avec :

»	RHINOPLASTIE.....An.	1848	M.	Fulgur..............	»
		1851	M.	Gagne-Petit..........	»

S. B. F. 1ᵉʳ suppl.
p. 17.

RONALD.

(H. I. — 1852.)

Bb. Né en France, chez M. le Comte de Chamoy, en 1848. — Son père,
POLECAT ; Sa mère, REGATTA, par CAMEL.

A produit avec :

»	ROSITA...........An.	1853	M.	Ronald..............	»

S. B. F. 1ᵉʳ v. 2ᵉ éd.
p. 78.

ROSAS.

(H. I. — 1846.)

B. Né en France, chez M. Buisson, en 1841. — Son père, MAMELUKE ; Sa
mère, NOEMI, par TIGRIS.

A produit avec :

»	DEIDZA.........An.-Ar.	1852	M.	Nick...............	»
		1853	M.	Crac...............	»

»	FOSCARINA.....An.-Ar.	1851	M.	Coquet..............	C.
»	IRIS. ....An.	1853	F.	Babiole.............	»
»	MISS NORMANDIE...An.	1850	M.	Belcour.	»

S. B. An. 3e v. p. 265.
S. B. F. 1er v. 2e éd.
p. 78.

ROWLSTON.

Importé en 1827. — H. I. — Vendu en 1843.

G. Né en Angleterre, en 1819. — Son père, Camillus; Sa mère, Miss Zilia Teazle, par Sir Peter.

A produit avec :

»	AMABEL..........An.	1830	M.	Yatagan.............	C.
		1831	M.	Elos.	C.
M.	CRYSTAL..........An.	1835	F.★	Woodnymph..........	»
Ex.	ELVIRA ....An.	1834	F.	Allarock............	»
Ex.	GÉANE..........An.	1829	F.	Taglioni.............	»
		1830	M.	Shylock.............	C.
		1832	F.★	Volante.	Ex.
		1833	F.	Citadelle............	»
M.	HEBE p. Rubens....An.	1831	M.	Rollo...............	M.
		1832	F.	Agelie..............	»
		1833	F.	Camarina............	»
		1834	F.	Zerlina.............	»
»	HORNET..........An.	1843	M.★	Alaric..............	»
M.	MANŒUVRE. ......An.	1832	F.	Souplesse...........	M.
		1834	M.	Ashaverus..........	»
»	MÉDÉA..........An.	1829	M.	Sidereich...........	M.
		1832	F.	La Perle............	»
»	MILTONIA p. Milton, An.	1830	F.	Aquilina............	»
M.	NELL ....An.	1834	M.	Whist..............	»
		1835	M.	Roustan.	

M.	PÉNÉLOPE..........An.	1829	M.	Byron..............	»
		1830	M.	Fra Diavolo..........	»
		1832	F.	Zétulbé.............	»
		1833	M.	Fidelio.............	»
M.	Y. URGANDA.......An.	1829	M.	X...............	M.-L.
»	VITTORIA.........An.	1830	F.★	Noema.............	Ex.
		1832	M.	Valmy.............	M.
		1834	F.	Lélia..............	»

S. B. An. 4ᵉ v. p. 84.
S. B. F. 1ᵉʳ v. 2ᵉ éd. p. 78.

ROYAL GEORGE.

Importé en 1837. — H. I. — Mort en 1845.

Bb. Né en Angleterre, en 1833. — Son père, ROYAL OAK ; Sa mère, DESTINY, par CENTAUR.

A produit avec :

»	ADÈLE p. TETOTUM, An.	1846	M.	Prince..............	M.
Ex.	BURDEN...........An.	1839	F.	Independance.........	M.
		1840	M.	Zingaro.............	Ex.
		1841	M.	Beaudesir...........	Ex.
»	CALIPSO..........An.	1846	F.	Catastrophe.........	»
M.	DONA MARIA.......An.	1840	M.	X..............	M.-L.
		1841	F.	Fanny Essler.........	»
»	KETTY...........An.	1849	F.	X..............	»
»	LUCETTE..........An.	1841	F.	Julia Sacqui.........	»
»	MAGNELINA ex MAQUI-LINA, An.	1846	M.	Hernani.............	C.
»	MARCELLA........An.	1841	M.	Clown.............	»
		1842	F.	Y. Frau............	Ex.
M.	PRINCESS EDWIS...An.	1840	M.★	Prospero............	»
·	SYRÈNE..........An.	1839	M.★	Felix.............	C.

S. B. An. 3e v. p. 589.
S. B. F. 1er v. 2e éd.
p. 78.

ROYAL OAK.

Importé en 1833. — H. I. 1842. — Mort en 1849.

Bb. Né en Angleterre, en 1823. —Son père, CATTON ; Sa mère, SMOLENSKO
MARE.

A produit avec :

»	ACHAIA............An.	1848	M.	Conrad ou Tipple Cider.	»
»	ADA p. CAPTAIN CANDID, An.	1843	M.★	A Parte..............	»
»	ADA p. WHISKER...An.	1837	F.	Crotchet.............	M.
		1838	F.★	Poetess..............	M.
		1839	M.	Léopold.............	C.
		1840	M.	Karagheuse..........	C.
		1841	M.★	Cerfvolant..........	M.
»	ADELINE..........An.	1849	F.	Sauterelle...........	»
		1848	F.★	Hermione...........	»
»	AGAR.........An.-Ar.	1847	M.★	Edouard.............	»
		1848	M.★	Arion...............	»
»	AMENAIDE......An.-Ar.	1848	M.★	Balthazar...........	»
»	AMIE.............An.	1848	F.★	Gringalette ex Gringolette.	»
M.	ANNA p. GODOLPHIN, An.	1839	M.★	Adolphus...........	
		1840	F.★	Coqueluche..........	»
»	ANNA (sœur de FLEXIBLE), p. WHALEBONE, An.	1836	M.	Actéon.............	»
					»
		1838	M.	Sablonville..........	»
»	ANNETTA..........An.	1845	M.	N................	M.
»	ANNETTE..........An.	1847	F.	Exquisite............	»
	ANTWERP.........An.	1840	F.	N.................	»

»	BARBARINA........An.	1844	M.	Douteux.............	»
M.	BÉGUINE..........An.	1839	M.	Corsaire............	C.
		1840	F.★	Dona Isabella........	»
		1841	M.★	Edwin..............	»
		1844	M.	Glands.............	Ex.
		1845	M.	Horatio.............	C.
»	BÉNÉDICTION......An.	1850	M.	Qui Vive...........	»
»	BIONDETTA........An.	1838	F.	N..................	M.
»	BRANCHE D'OR.....An.	1846	F.	Branche d'Argent.....	M.
M.	BURLESQUE.......An.	1837	M.★	Auriol.............	»
		1839	F.	N..................	M.-L.
		1841	F.	Folly..............	»
»	CAIN MARE (Victoire), An.	1838	F.★	Picciolina...........	M.
M.	CAMARINE........An.	1840	F.	N..................	M.-L.
		1841	M.	Mercury...........	»
»	CHIMÈRE.........An.	1847	F.★	Egeste............	»
		1848	F.★	Podarge...........	»
		1849	M.★	Aramis............	»
M.	CLATTER.........An.	1837	F.	Créole............	»
»	COCHLEA.........An.	1849	F.	Parthenessa.........	»
		1847	F.★	Clara Fontaine........	»
M.	CONTRITION [1]......An.	1838	F.★	Eloa..............	»
		1840	M.	Gerfault............	»
»	CORYSANDRE......An.	1847	M.★	Emilien............	»
		1848	M.	Gadifer............	»
»	CREUSA..........An.	1840	M.★	Esaü..............	M.
»	DÉCEPTION p. Défence, An.	1845	F.★	Fiction............	»

[1] CONTRITION a été revue, en 1837, par *Royal Oak* et *Terror*.

M.	DESTINY..........An.	1839	M.★	Plower.............	*C*.
»	DORIS............An.	1847	F.★	Elfride	»
		1848	F.	N..................	*M.-L.*
»	DUBICA...........An.	1834	M.	N..................	*M.-L.*
		1838	M.	N..................	*M.-L.*
»	EBAUCHE.........An.	1844	M.	Dourack............	*M.*
»	ÉGLÉ............An.	1834	F.	La Fiancée..........	»
		1836	M.★	Mulatto.............	»
M.	ELVIRE..........An.	1844	M.	Walton.............	»
M.	EMELINA.........An.	1848	M.★	Rabelais............	»
»	ESSLER..........An.	1845	M.★	Pied de Chêne........	*M.*
M.	ETRENNES........An.	1836	M.	Bonbon.............	*Ex.*
		1837	F.	Confiture............	*Ex.*
		1838	F.	Dragée..............	*M.*
		1839	F.	Economie...........	*Ex.*
»	EVA.............An.	1838	M.	Cauchemar..........	»
M.	FAIR HELEN......An.	1837	F.	Regina ex Oakine......	»
»	FLIGHTY.........An.	1841	M.★	Commodor Napier.....	»
»	FLIRTATION......An.	1845	M.	Frisk..............	»
»	FRAGA...........An.	1848	M.	Lampos.............	»
		1849	F.	Defiance............	»
»	FRETILLON.......An.	1847	F.★	Echo...............	»
		1848	M.	Pacolet.............	*M.-L.*
»	GEORGINA........An.	1837	F.★	Deception ex Ondine...	»
		1841	F.	Sido...............	*M.*
		1845	F.★	Sérénade ex Posthu-me.	»
M.	GLORIETTE........An.	1845	F.	Gloria..............	»
»	HARRIET.........An.	1835	F.	N..................	*M.-L.*

		1837	M.	Gericault ex Loyal....	C.
		1838	F.	Varla.	»
M.	HÉBÉ p. Rubens....An.	1835	F.	Mandolina	»
M.	HÉLOISE.........An.	1846	F.	Victoria	»
»	HOSANNA [1].......An.	1847	F.	O'Berson	»
M.	INDIANA..........An.	1837	F.	La Grippe	»
		1838	F.	Galopade	»
»	ISABELLA........An.	1838	F.	N	M.-L.
»	JENNY VERTPRÉ...An.	1840	F.	Gasconnade	»
»	KERMESSE........An.	1837	F.★	Jenny	»
		1838	F.	Victoria	»
		1840	M.	Chantilly	M.-L.
		1841	M.	Festival	»
		1844	F.★	Mi-Carême	»
		1845	F.	Aggy	»
		1846	F.★	Luche	»
M.	LADY BIRD.......An.	1836	F.	N	M.
		1837	F.★	Lady Fly	»
		1838	M.	Parachute	»
Ex.	LADY FASHION.....An.	1849	M.	Porthos	»
M.	LOCKET..........An.	1850	F.	Comédie	»
M.	LYDIA...........An.	1840	M.★	Governor	M.
		1843	F.	Languish	Ex.
		1844	F.	Laura	Ex.
		1845	M.★	Lieutenant	»
M.	Y. MANIAC ex Laon,An.	1841	M.	Diogène	M.
M.	MANILLE.........An.	1835	F.★	Margarita	»
		1836	F.★	Dona Julia	M.
		1838	F.★	Mantille	»

[1] HOSANNA a été revue, en 1846, par *Governor* et *Royal Oak*.

»	MANTUA..........An.	1834	F.*	Julietta.............	»
		1838	F.	Créole.............	»
		1840	F.	N..............	»
M.	MARIA...........An.	1834	M.*	Royal George........	»
		1835	M.	Fortunatus..........	C.
		1836	M.*	Chip of the old Block...	M.
		1837	M.	Voltaire.............	»
		1838	F.*	Judith.............	»
		1840	M.	Hurdler.............	»
»	MELIORA.........An.	1843	F.	Consuela............	»
»	MISS ANN p. Figaro, An.	1847	F.	Etincelle............	»
		1848	M.	Pingouin............	»
Ex.	MISS CAMARINE....An.	1840	M.	N.............	M.
		1841	M.	Mercury.............	M.
»	MISS TANDEM......An.	1835	M.	N.............	M.-L.
		1839	M.	N.............	M.-L.
M.	NAIAD...........An.	1836	F.	Lantara ex Lanterne...	»
		1837	M.	Roméo............	C.
		1838	M.*	Quiproquo..........	C.
		1839	M.*	Slanc ex Abadoudoulack	»
		1840	F.*	Nativa ex Lanterne....	»
		1843	F.*	Dorade.............	»
		1845	M.	Buc.............	C.
M.	NIOBÉ [1]........An.-Ar.	1846	M.	Babouino...........	C.
Ex.	NOEMA...........An.	1837	M.*	Quoniam..........	M.
		1838	F.	Quo usque..........	»
		1839	F.*	Rhinoplastic.........	»
»	PECORA..........An.	1847	M.*	Eugène............	»
		1848	M.*	Maryland...........	»
Ex.	PENDULUM MARE...An.	1838	M.	N.............	M.-L.
»	PHILIP'S DAM ex Catton Mare. An.	1845	F.*	Royauté............	»

[1] NIOBÉ a été revue, en 1843, par *Royal Oak* et *Nautilus*.

M.	PRINCESS EDWIS...An.	1845	F.*	Mam'zelle Pritchard...	»
»	REBECCA..........An.	1846	M.	Diplomate...........	»
»	REDGAUNTLET MARE, An.	1844	F.*	Tronquette..........	»
M.	RESEMBLANCE.....An.	1838	M.	N..................	»
»	ROSINE........An.-Ar.	1847	M.	Sport.............	»
»	THE SHREW.......An.	1837	F.*	Feuille de Chêne......	*M*.
		1841	M.*	Maître d'Ecole........	*M*.
»	SILHOUETTE.......An.	1845	F.*	Shadow............	»
»	LA TAMISE........An.	1844	F.*	Miss Willeflix........	»
M.	TENERIFFE........An.	1835	M.*	Oak Stick...........	»
		1838	F.	Jeanne d'Arc..........	*M*.-*L*.
»	TERPSICHORE......An.	1836	M.	N..................	*M*.-*L*.
		1838	F.*	Louise..............	»
		1839	F.	Muse................	*Ex*.
		1840	F.*	Djali...............	»
M.	VANDA...........An.	1848	M.	N..................	*M*.-*L*.
»	VANESSA..........An.	1843	F.*	Vanité.............	»
		1844	M.*	Sapling.............	»
		1845	F.*	Forest Lass..........	»
M.	VERONA..........An.	1838	M.	N..................	*M*.-*L*.
»	VESPER..........An.	1839	M.	Pamphile............	*C*.
		1843	M.*	Club Stick..........	»
		1846	F.*	Devotion............	*M*.
»	VITTORIA.........An.	1837	F.*	Dona Pilar..........	»
		1838	F.	Debora.............	*Ex*.
»	WAVERLEY MARE..An.	1836	F.*	Aspasie.............	»
		1837	M.	Anatole.............	»
M.	WEEPER..........An.	1839	F.	Miserere............	*Ex*.
		1840	F.*	Mam'zelle Amanda.....	»

		1845	M.	Wiski...............	C.
,	WHALEBONA (GIPSY), An.	1848	F.	Nérée..............	M.-L
»	ZAIDA...........An.	1848	M.	Royal Henry.........	C.
»	ZICKA........An.-Ar.	1846	M.	Centaur.............	M.
		1847	M.	Mazuline............	Ex.
		1848	M.	Leo (Royal Oak ou Go-vernor).	»
»	ZILLE...........An.	1848	M.★	Trois Heures.........	»

S. B. F. 1ᵉʳ v. 2ᵉ éd. p. 79.

SAPLING.

(H. I.)

B. Né en France, chez M. Fasquel, en 1844. — Son père, ROYAL OAK ; Sa mère, VANESSA, par GULLIVER.

A produit avec :

»	MISÈRE...........An.	1853	M.	Misery...............	»

S. B. An. 5ᵉ v. p. 329.
S B. F. 1ᵉʳ v. 2ᵉ éd. p.79.

THE SCAVENGER.

Importé en 1846. — (H. I.)

Al. Né en Angleterre, en 1840. — Son père, SLANE ; Sa mère, VULTURE, par LANGAR.

A produit avec :

»	ALINE ....An.	1853	F.	Sensitive............	»
»	BAYADÈRE ....An.	1848	M.	Fly.................	»
M.	CAMARINE........An.	1849	M.	Douze Mai..........	»
»	JOHANNISBERG.....An.	1853	M.	Mac Gregor..........	»
»	SAINTE HÉLÈNE ...An.	1848	M.	Beppo..............	»
M.	VICTOIRE.........An.	1848	F.★	Conquête...........	M.
»	ZÉLIE ....An.-Ar.	1853	M.	Ali.................	»

S. B. An. 6ᵉ v. p. 109.
S. B. F. 1ᵉʳ Suppl.
p. 18.

SCHAMYL.

Importé en 1831. — (H. I.)

B. Né en Irlande, en 1845. — Son père, ROUGH ROBIN; Sa mère, KATE KEARNEY. = Le père de Rough Robin, SOBER ROBIN; Sa mère, LANGTON MARE, issue de PASSION FLOWER, par SIR PETER. = Le père de Kate Kearney, NAPOLEON; Sa mère, SIR WALTER MARE, mère de MOUCHE.

A produit avec :

»	BATHILDE.........An.	1853	F.	Danaïde..............	»
»	CLARA FONTAINE..An.	1853	M.	Dartagnan...........	»
»	CLEMATITE........An.	1853	M.	Coucou..............	»
»	COCHLEA..........An.	1853	M.	Athos...............	»
»	CORYSANDRE......An.	1853	M.		M.-N
»	DORIS............An.	1853	M.	Bazoche.............	»
»	JENNY...........An.	1853	F.	Cigarette...........	»
»	MASCATE (race Mascate).	1853	M.	Sherif..............	»
»	ZAIDA...........An.	1853	F.	Corysandre..........	»
»	ZEILAH..........Ar.	1853	M.	Abd-el-Kader........	»

S. B. F. 1ᵉʳ v. 2ᵉ éd.
p. 80.

SCHEDONY.

H. I. — 1835. — Vendu en 1843.

Bb. Né en France, chez M. Schikler, en 1825. — Son père, MILTON; Sa mère, DARTHULA, par SCUD.

A produit avec :

M.	MISS MIRTH.......An.	1834	M.	N..................	C.
M.	PASQUINADE.......An.	1834	F.*	Chantilly...........	»

S. B. F. 1er v. 2e éd.
p. 80.

SGHIR-BEN-ABD-EL

(*Anglo-Arabe*). — (H. I.)

Al. Né en France, au H. I. de Pompadour, en 1844. —Son père, Mezaroum (Arabe) ; Sa mère, Althea, par Paradox.

A produit avec :

»	LILIA..........An.-Ar.	1852	M.	Barbare............		»
»	MINA ....An.	1852	M.	Bel-Air............		»

S. B. F. 1er v. 2e éd.
p. 81.

SHAMIL.

H. I. — 1848.

B. Né en France, chez M. Auguste Lupin, en 1845. — Son père, Redshank ; Sa mère, Currency, par St.-Patrick et Oxygen.

A produit avec :

»	MI-CARÊME........An.	1851	F.	Medina............		»•
		1853	M.	Ossian............		»

S. B. An. 6e v. p. 418.
S. B. F. 1er v. 2e éd.
p. 81.

SHYLOCK.

Importé en 1849. — (H. I.)

Bb. Né en Angleterre, en 1845. — Son père, Simoom ; Sa mère, The Queen, par Sir Hercules.

A produit avec :

»	IRIS p. Marcellus, An.	1852	M.	Mythéme II..........	»

S. B. An. 4e v. p. 279.
S. B. F. 1er v. 2e éd.
p. 81.

SIR BENJAMIN BACKBITE.

Importé en 1833. — H. I. — Vendu en 1845.

B. Né en Angleterre, en 1829. — Son père, Whisker ; Sa mère, Scandal, par Selim.

produit avec :

M.	BRUNETTE ....An.	1843	M.	Saintongeois..........	C.
		1844	M.	Satan...............	C.

B. An. 4e v. p. 171.
B. F. 1er v. 2e éd.
p. 82.

SKIRMISHER.

Importé en 1837. — H. I. — Vendu en 1853.

. Né en Angleterre, en 1833. — Son père, THE COLONEL ; Sa mère, LUNA, par WANDERER.

produit avec :

M.	BELIDA ....An.	1843	M.	Beli...............	Ex.
M.	CAMARINE.........An.	1843	M.	Abd-el-Kader.........	C.
»	CHERCHEUSE D'ESPRIT, An.	1849	M.*	Don Juan............	»
		1851	F.	Mira...............	"
		1852	F.	Lune de Miel..........	▪
»	COMÈTE..........An.	1849	M.	Negrier	"
		1851	F.	Djali...............	»
»	IRIS ....An.	1850	F.*	Oneida.............	"
»	LIBERTÉ ....An.	1852	F.	Perdita.............	M.
»	Mlle DE BRIE.......An.	1851	M.	Gibbon.............	»
		1852	M.	Gaston	»
»	MIGNONNE.....An.-Ar.	1852	F.	Régina.............	"
»	MIRZA........An.-Ar.	1853	M.	Omar	"
»	MISS RUBIS........An.	1850	M.	Platon.............	"
»	RUBIS...........An.	1850	F.*	Topaze.............	"
		1851	M.	N.................	M. N.
»	VIOLA ....An.	1843	F.*	Skirmish ex Skirmishere	"
»	ZÉLIE........An.-Ar.	1848	F.	Vesta	▪
»	ZORA ....An.	1844	F.*	Zamire.............	"

S. P. F. 1er v. 2e éd.
p. 82.

SLANE ex ABADOUDOULACK.

(H. I. — 1844.)

B. Né en France, chez Lord Seymour, en 1839. — Son père, ROYAL OAK ; Sa mère, NAIAD, par WHALEBONE.

A produit avec :

»	FANTAISIE ....An.	1850	M.	Melior..........	»
»	JULIA...........An.	1848	M.	Adour.............	»
M.	LOCKET..........An.	1845	F.	Guelma	M.-L.
		1846	M.	Hamlet.............	C.
		1847	M.	Isaure.............	»
»	MISÈRE........An.-Ar.	1848	M.★	Mardain...........	»
Ex.	MORA...........An.	1847	M.	Baronet	C.
»	SULTAN MARE.....An.	1846	M.	Hedjaz.............	M.
		1847	M.	Indus.............	C.

S. B. F. 1er v. 2e éd.
p. 82.

SLOOP.

(Anglo-Arabe.) — H. I. — Mort en 1849.

Al. Né en France, au H. I. du Pin, en 1844. — Son père, TERROR ; Sa mère, LÆTITIA, par NAPOLEON.

A produit avec :

M.	PRIMA DONA.......An.	1849	M.	Yacht................	C.

S. B. An. 2e v. p. 29.
S. B. F. 1er v. 2e éd.
p. 85.

SNAIL.

Importé en 1819. — H. I. — Mort en 1829.

G. Né en Angleterre, en 1805. — Son père, STAMFORD ; Sa mère, BOURDEAUX MARE.

A produit avec :

M.	COMUS MARE......An.	1826	M.	Mars..................	M.-L.
		1827	M.★	Y. Snail.............	M.

S. B. F. 1er v. 2e éd.
p. 83.

YOUNG SNAIL.

H. I. — Mort en 1848.

B. Né en France, au H. I. du Pin, en 1827. — Son père, SNAIL; Sa mère,
COMUS MARE.

A produit avec :

M.	SOLA ....An.	1840	M.	Solus		M.
»	THÉODORINE ......An.	1843	F.★	Velleda..............		»
		1844	F.	N...................		M. - L.
»	ZILLE...........An.	1849	M.★	Prophète...........		»

S. B. F. 1er v. 2e éd.
p. 84.

SOPHISTE.

H. I. — Vendu en 1846.

B. Né en France, au H. I. du Pin, en 1836. —Son père, PARADOX ; Sa mère,
COMUS MARE.

A produit avec :

»	ZOÉ..........An.-Ar.	1852	F.	Saarah...............		»

S. B. An. 3e v. p. 156.
S. B. F. 1er v. 2e ed.
p. 84.

SPECTRE.

Importé en 1834. — H. I. — Mort en 1841.

B. Né en Angleterre, en 1815. —Son père, PHANTOM ; Sa mère, FILLIKINS,
par GOUTY.

A produit avec :

»	DINE ....An.-Ar.	1836	M.	Revenant............		»
»	GAZELLE..........An.	1836	F.	Bigottini............		»
»	PAMÉLA Bis.......An.	1837	M.	Caviar		»
»	THALIE ....An.	1836	F.★	Fantasmagorie........		M.
»	VANESSA..........An.	1837	F.	Nonne Sanglante......		»
M.	WORRY...........An.	1836	M.	Djinn		M.

S. B. An. 3e v. p. 77.
S. B. F. 1er v. 2e éd.
p. 84.

SPY.

Importé en 1818. — H. I. — Mort en 1836.

Bb. Né en Angleterre, en 1813. — Son père, WALTON; Sa mère, CHRYSEIS, par ASPARAGUS.

A produit avec :

»	VANDYKE JUNIOR MARE An.	1823	F.*	Amanda................	M.

S. B. An. 5e v. p. 90.
S. B. F. 1er v. 2e éd.
p. 85.

STING.

Importé en 1847. — (H. I.)

Bb. Né en Angleterre, en 1843. — Son père, SLANE ; Sa mère, ECHO, par EMILIUS.

A produit avec :

M.	ABLETTE..........An.	1849	M.	N.................	M.
		1850	F.	Bellah.............	»
»	BARBARINA........An.	1849	F.	N.................	»
»	BELVIDERE [1]......An.	1852	M.	Peu d'Espoir........	»
»	CAMELIA [2]........An.	1849	F.	Demonstration.......	»
»	CASSICA..........An.	1851	F.	Lysisca	»
M.	CURRENCY ....An.	1850	F.	Jouvence...........	»
»	DECEPTION ex ONDINE, An.	1851	F.	Nicotine............	»
»	DIANE [3] ....An.	1849	M.	Hercule............	C.
»	EARWIG..........An.	1850	M.	N.................	»
»	EBAUCHE.........An.	1849	F.	Esquisse	»
		1851	F.	Alice..............	»

[1] BELVIDERE a été revue, en 1851, par *The Baron* et *The Emperor*
[2] CAMELIA a été revue, en 1848, par *Gladiator*.
[3] DIANE a été revue, en 1848, par *Giges*

M.	ECCOLA . . . . An.	1849	M.⋆	Beaucens	»
»	ESMERALDA . . . . An.	1849	F.	Musidota	M. - L.
		1850	M.	Photographe	»
»	ESSLER . . . . An.	1850	M.	Moustique	»
»	EUSEBIA . . . . An.	1849	F.	Echelle	»
»	EVA . . . . An.	1850	M.	Wag	»
»	FADAISE . . . . An.	1849	F.	Savonnette	»
»	FLIRTATION . . . . An.	1852	M.	Manuscript	»,
»	FRAGOLETTA . . . . . . An.	1853	M.	N	M. - N.
»	GEORGINA . . . . An.	1850	F.	Agar	»
»	JESSIE . . . . An.	1850	F.	Nettle	»
M.	LYDIA . . . . An.	1850	M.	Ronconi	»
»	THE MAID OF FEZ, An.	1849	M.⋆	Eperon	»
		1851	M.	Fantasio	»
		1852	M.	N	M. - L.
»	MARGARET ¹ . . . . An.	1851	M.⋆	Iron	»
		1853	F.	Junction	»
»	MISS LOT . . . . An.	1852	M.	Sting's son	»
»	NADEGDA . . . . An.	1852	F.	Fatima	»
»	PARTISAN FILLY . . . An.	1849	F.	Miss Adventure	»
»	POMARÉ . . . . An.	1851	M.	Kanac	»
»	QUIZ . . . . An.	1853	F.	Cordoue	»
»	REGATTA . . . . An.	1849	F.	Naim	»
»	RETAMOSA . . . . An.	1852	M.	Double Croche	»
»	TERESINA . . . . An.	1849	F.	Augusta	»

¹ MARGARET a été revue, en 1852, par *Nunnykirk* et *Nuncio*.

»	TERTULLIA........An.	1853	M.	Mongarnaud..........	»
»	TOMATE [1].........An.	1852	M.	Tom Chique..........	»
»	ZIBELINE.........An.	1851	F.	Valeria..............	»

S. B. F. 1er v. 2e éd.
p. 85.

SYLVINO.

H. I. — 1837. — Mort en 1848.

B. Né en France, chez M. Le Gigan, en 1832. — Son père, SYLVIO ; Sa mère, FAIR HELEN, par CRECY.

A produit avec :

»	FOLLA............An.	1848	M.	Sylvius	»
»	MUSA.......Persanne.	1838	F.	Y. Musa.............	»
		1839	M.	Bimbo	C.

S. B. F. 1er v. 2e éd.
p. 87.

SYLVIO.

(H. I. — 1834.)

Bb. Né en France, au H. de Meudon, en 1826. — Son père, TRANCE ; Sa mère, HÉBÉ, par RUBENS.

A produit avec :

»	ACHAIA..........An.	1851	F.	Mlle Louise..........	»
»	ADELINE.........An.	1850	F.	Medora.............	»
M.	AMAZONE ....An.	1839	F.	Antigone............	»
		1840	M.	Pellico.............	»
»	ARABELLE [2] ....An.	1844	M.	Bananier...........	»
»	BELLE DE NUIT....An.	1853	M.	Pellico.............	»
M.	BERGÈRE [3] ....An.	1840	F.	Pecora.............	»

---

[1] TOMATE a été revue, en 1851, par *Nuncio*.

[2] ARABELLE a été revue, en 1843, par *Beggarman*.

[3] BERGÈRE a été revue, en 1839, par *Mameluke*.

M.	BURLESQUE ....An.	1833	M.	Bas de Cuir...........	"
		1834	F.★	Marionnette..........	"
»	CHANOINESSE......An.	1844	M.	Chanoine.............	*C.*
M.	CHESNUT FILLY....An.	1835	F.	Meduse..............	"
»	CHIMÈRE.........An.	1850	M.	Zeste...............	"
»	CLEMATITE.......An.	1851	F.	Picciola	"
		1852	M.	Jasmin..............	"
»	CLÉOPATRE [1]...An.-Ar.	1840	F.	Antoinette...........	"
»	COCHLEA..........An.	1852	M.	Francœur	"
M.	CYBELE.......An.-Ar.	1835	F.	Babia...............	*»*
»	DAME BLANCHE....An.	1852	M.	Maestro	»
»	DINE ....An.-Ar.	1841	M.★	Micromégas...........	*M.*
»	DISCRÈTE ....An.	1844	M.	Bilbao	»
»	DON COSSACK MARE (BROWN), An.	1840	F.★	Spark...............	»
»	DUBIGA ....An.	1833	M.	Nabuchodonosor	*C.*
M.	EMELINA [2].........An.	1835	F.★	Fretillon	»
		1840	F.★	Pimperinette..........	»
		1842	F.★	Lady Fashion.........	*Ex.*
		1843	M.	Reichstadt...........	»
		1845	M.★	Ramsay.............	»
M.	EUGHARIS........An.	1836	M.★	Sylphe..............	"
M.	FAIR HELEN.......An.	1832	M.★	Sylvino	*M.*
»	FRAGA...........An.	1850	M.★	Prince Colibri ex X....	»
		1851	F.	Ultima..............	»
»	GEANE...........An.	1834	F.★	Esmeralda...........	"

[1] CLÉOPATRE a été revue, en 1839, par *Napoleon*.
[2] EMELINA a été revue, en 1842, par *Napoleon*.

M.	HÉLÈNE..........An.	1837	M.★	Pâris...............		*M.*
		1841	M.	Ennius.............		*C.*
M.	MARIA...........An.	1833	F.	X................		
»	MIRANDA.........An.	1844	M.	Bertini............		*C.*
»	MISS ANN p. Figaro, An.	1850	M.★	Mastrillo		»
»	MOINA........An.-Ar.	1835	M.★	Don Quichotte........		»
		1838	M.★	Mentor.............		»
M.	NIOBÉ........An.-Ar.	1835	M.	Pellico		*M. - L.*
		1839	M.	Candia.............		*C.*
M.	ODETTE..........An.	1838	M.	Lisieux.............		›
M.	POOZY ....An.	1835	M.	Salvini.............		*C.*
M.	RESEMBLANCE.....An.	1834	F.★	Rubis.............		*M.*
›	ROSINE........An.-Ar.	1851	F.	Rolette.............		*M. - L.*
»	ROYAL MARE......An.	1853	M.	Docile.............		»
»	SAINTE-HÉLÈNE....An.	1841	M.	Poulpiquet..........		*M.*
»	SWEETLIPS.......An.	1835	F.★	Dolorosa...........		*M.*
»	SYRÈNE..........An.	1835	F.★	Sylvie.............		*M.*
M.	VERONA..........An.	1834	F.★	Norma		»
»	VESPER.............	1833	M.	Naïre		»
M.	WORRY..........An.	1835	F.★	Sylvia.............		»
»	ZICKA........An.-Ar.	1842	F.	Rachel.............		»

S. B. An. 3e v. p. 160.
S. B. F. 1er v. 2e éd.
p. 87.

TANCRED.

Importé en 1854. — H. I. — Mort en 1841.

B. Né en Angleterre, en 1820. — Son père, Selim ; Sa mère, Hambletonian Mare.

A produit avec :

»	CLOTILDE ....An.	1830	F.	Taïda		»
»	CORAL ....An.	1831	F.	Delphina		*M.*
		1832	M.	Fleurus		*M.*
M.	CRYSTAL........An.	1829	M.*	Talma..............		»
		1830	M.	Faliero....		*C.*
		1832	F.*	Brise l'Air..........		»
		1834	F.*	Camargo		»
M.	HÉBÉ p. RUBENS....An.	1830	F.	Fragoletta		*M.*
»	MÉDÉA ....An.	1830	F.*	Thélésia............		»
		1831	M.	Péris...............		*C.*
M.	NELL ....An.	1829	F.	Malibran		*M.*
		1830	F.	Olinga		»
		1832	M.	Paganini		*C.*
		1833	F.*	Emelia.............		*M.*
M.	PÉNÉLOPE........An.	1831	F.	Vitesse.............		»
»	ROSINA ....An.	1829	M.	Brahma.............		*C.*
		1830	F.	Lavinia		»
		1831	F.	Thea...............		»
		1832	M.	Rapide........ •.....		»

S. B. An. 2e v. p. 133.
S. B. F. 1er v. 2e éd.
p. 88.

TANDEM ex MULTUM IN PARVO.

Importé en 1836. — H. I. — Mort en 1841.

Al. Né en Angleterre, en 1816. — Son père, RUBENS ; Sa mère, JANNETTE, par KING BLADUD.

A produit avec :

»	ADA p. WHISKER ...An.	1831	M.	Pergani		»
		1832	F.	N...................		*M.*
M.	ARAB ....An.	1830	F.*	Miss Tandem.........		»
M.	NOEMI p. TIGRIS....An.	1836	F.	Caprice		*M.*
»	SCUD MARE ou MERLIN MARE. An.	1831	M.	Taureau...........		»

M.	TENERIFFE........An.	1832	F.★	Indiana	M.
		1833	F.★	Belida...............	M.
M.	VERONA..........An.	1830	F.	Taglioni.............	Ex.
		1832	M.	Albion	M.

S. B. F. 1er v. 2e éd.
p. 88.

TANGER.

(*Anglo-Arabe.*) — (H. I.)

Al. Né en France, au H. I. de Pompadour, en 1845. — Son père, Turkman (Turc) ; Sa mère, Venezia, par Belmont.

A produit avec :

»	NORMA............An.	1850	F.	Biscara...............	»

S. B An.3e v. p. 176.
S. B. F. 1er v. 2e éd.
p. 88.

TARRARE.

Importé en 1839. — H. I. — Mort en 1847.

B. Né en Angleterre, en 1823. — Son père, Catton ; Sa mère, Henrietta ; par Sir Solomon.

A produit avec :

M.	BELLONE..........An.	1847	M.	Mars.................	»
»	DESTINY ....An.	1841	F.	Cavatine.............	»
»	HARRIET..........An.	1840	F.	Victoria.............	»
		1841	F.	Miss Tarrare.........	»
M.	IDA..............An.	1842	M.★	William..............	»
		1844	F.	Why Not.............	»
»	KETTY............An.	1840	F.★	Decision.............	»
		1841	M.★	Willions.............	»
M.	Mlle SAINT CLAIR....Ar.	1841	F.	Lazarilla	»
M.	MISS SOPHIA.......An.	1841	M.★	Sophiste.............	»
M.	PRINCESS EDWIS...An.	1841	M.★	M^r d'Ecoville ex Bolero.	»
»	SARAH............An.	1847	F.	Dina	»

»	SYLVIE ....An.	1840	F.★	Comtesse............		»
»	SYRÈNE...........An.	1840	M.	Partisan.............		C.
		1841	M.	Mustachio		»

S. B. F. 1er v. 2e éd.
p. 88.

TARTARE.

H. I. — 1835. — Vendu en 1848.

Al. Né en France, chez M. Le Petit de Sérans, en 1831. — Son père, Eastham ; Sa mère, Witch, par Sorcerer.

A produit avec :

»	MÉLÉHA...........Ar.	1838	F.	Mirza		M.
		1839	F.	Y. Meleha...........		»
		1840	F.	Betzy		Ex.

S. B. An. 3e v. p. 424.
S. B. F. 1er v. 2e éd.
p. 89.

TERROR.

Importé en 1836. — H. I. — Mort en 1850.

Bb. Né en Angleterre, en 1825. —Son père, Magistrate ; Sa mère, Torelli,
par Cerberus.

A produit avec :

»	ADÈLE p. Tetotum, An.	1848	F.	Adeline		»
M.	ALEXINA..........An.	1837	F.★	Danaë..............		M.
M.	BRUNETTE ....An.	1839	F.	Fortunata		»
		1840	M.★	Oreste..............		C.
M.	BURLESQUE ....An.	1838	M.	Cédar..............		»
»	CALIPSO..........An.	1848	F.	Alboni ex Sapho.......		M.
»	CALISTO..........An.	1836	F.	N..................		M.-L.
»	CALIX ....An.	1847	F.	N..................		M.-L.
»	CHLORIS ....An.	1837	F.★	Doris		»
		1840	M.	Octave.............		»
»	CITRON ....An.	1837	F.	Dona...............		M.-L.

M.	CROTCHET........An.	1840	F.	Gabrielle............	*M.*
M.	CYBÈLE.......An.-Ar.	1837	F.★	Didon..............	»
		1839	F.	Fidelia..............	»
»	DIONNE..........An.	1838	F.	Bai Brune..........	»
»	ÉGLÉ...........An.	1838	F.	Gavotte............	»
M.	ENCHANTERESSE...An.	1842	F.	Rebecca............	»
		1843	M.★	Sulphur............	*C.*
		1845	F.	Urgelle............	»
		1846	M.★	Vesperus..........	»
»	ERROR..........An.	1843	M.	Léandre ex Batard.....	»
»	EUGÉNIA.........An.	1841	M.★	Lodin.............	»
		1844	M.	Murat..............	*C.*
		1846	M.	Tourville...........	*M.*
»	FACELIA.........An.	1838	M.	Confesseur..........	»
»	FLICCA [1].......An.-Ar.	1844	F.★	Rigolette...........	»
		1846	M.	Duguesclin..........	*M.*
»	FLORA..........An.	1843	F.	Selima..............	»
		1844	M.	Florian.............	*C.*
M.	Y. FOLLY........An.	1839	M.	Nestor.............	»
»	GAIETY.........An.	1841	M.	N..................	*M.-L.*
		1845	F.★	Tanaïs.............	»
»	HARRIET.........An.	1836	M.	Doctor Stello ex Schubry.	»
»	HÉBÉ...........An.	1842	F.★	Rachel.............	*M.*
		1843	F.★	Sarah..............	»
		1845	F.★	Crania.............	»
M.	HÉCUBE [2].........An.	1843	M.	Lutin..............	*C.*
		1844	M.	Mina..............	*C.*
		1846	F.★	Opale..............	»

[1] FLICCA a été revue, en 1845, par *Quoniam.*

[2] HÉCUBE a été revue, en 1845, par *Quoniam.*

	HÉLÈNE . . . . An.	1843	M.	Lynx	C.
M.	HELOISE . . . . An.	1841	F.★	Prémula.	»
"	HUMBUG . . . . An.	1838	F.	Theresa	»
»	JANE . . . . An.	1839	F.★	Nelly.	»
		1843	F.★	Ritta.	»
		1844	F.★	Sylvandire.	»
»	JULIETTE . . . . An.	1838	M.	Attila	M.
»	KALOUGA . . . . . . An.-Ar.	1844	F.★	Katinka	»
"	KATE NICKLEBY . . . An.	1847	M.	Nabucho	»
		1848	M.★	Gogo.	»
»	LILLY p. Mustachio, An.-Ar.	1840	M.	Ossian	C.
"	LILLY ¹ p. Partisan, An.	1843	M.★	Jumeau	»
»	LOCOMOTIVE. . . . . . . An.	1844	M.	Isly.	C.
»	LÆTITIA . . . . An.-Ar.	1844	M.★	Sloop.	M.
M.	LOGOMACHIE . . . . . . An.	1848	M.	N.	M.-L.
M.	LOUISE p. Mustachio, An.	1839	F.★	Fringante.	»
		1840	M.	Olivier	M.-L.
»	LOUISE ² p. Royal Oak, An.	1842	- M.	N.	»
M.	LUNA p. Napoleon, An.	1845	M.★	Ulric.	»
»	MAGNELINA ex Maqui-lina, An.	1849	M.	Trompeur	»
»	MAIDEN . . . . An.	1836	M.	N.	M.-L.
»	MAM'ZELLE AMANDA, An.	1847	F.★	Haydée.	M.

¹ **LILLY** a été revue, en 1842, par *Eylau*.
² **LOUISE** a été revue, en 1841, par *Premium*.

..	MÉDÉA............An.	1846	F.★	Good for Nothing.	»
M.	MILTONIA ....An.	1850	F.	Terrora	»
»	MIRIAM ....An.	1844	F.	Thérésa	»
		1845	F.	Upis...............	»
»	MISS ANN p. Figaro, An.	1839	M.	Nisus	M.
M.	MISS HENRY.......An.	1837	M.★	Laocoon.............	»
		1839	M.	Nessus..............	»
		1840	F.	Gemma	»
M.	MISS MIRTH.......An.	1838	M.	N..................	M. - L.
»	MISS SCHNEITZ HOEF-FER ex Miss Crims-Thorpe..........An.	1842	M.	N..................	M. - L.
		1843	F.	Camilla.............	»
		1844	M.★	Priape	»
M.	NANNY SHANKS....An.	1842	F.	Rosamonde..........	»
M.	NELL ....An.	1838	F.★	Minuit	»
»	NOEMA...........An.	1844	M.★	Tamburini..........	»
		1845	F.	Urganda	»
		1846	F.	Valentine...........	»
»	PARASOL[1]........An.	1845	M.	Alkan.............	C.
»	PULCHRA ....An.	1845	M.	Lansquenet..........	»
»	RACHEL..........An.	1849	F.	Lola Montès	»
»	RUBENA[2].........An.	1841	M.★	Quinola	»
		1842	F.	Rosabelle...........	»
M.	SAMPSON MARE....An.	1838	M.	Astonishment........	»
»	SCORNFUL........An.	1837	M.	Lucius	M. - L.
		1839	F.	Fanny	»

[1] PARASOL a été revue, en 1844, par *Beggarman*.

[2] RUBENA a été revue, en 1841, par *Premium*.

r.	SYLVINA . . . . An.	1845	M.	N.	*M. - L.*
»	TAPAGE . . . . An.	1838	F.	N.	*M.*
»	VANESSA . . . . An.	1838	M.	N.	»
»	VENUS . . . . An.	1848	F.	Mercédès	»
»	VESPER . . . . An.	1838	M.	N.	»
M.	VIGORNIA . . . . An.	1841	F.	Loïsa	*M.*
		1843	M.	Carnaval	»
		1844	F.	Lisbeth	*M.*
M.	WANDERER MARE (Isa- bel).	1836	F.	Eclipse	»
»	WAVERLEY MARE, An.	1838	M.	Milon	*M.*
		1839	M.	Noë	»
		1840	M.★	Opéra	»
»	ZILLAH . . . . An.-Ar.	1839	F.	Frégate	*M.*

S. B. An. 3e v. p. 389.
S. B. F. 1er v. 2e éd.
p. 89.

TETOTUM.

Importé en 1834. — H. I. — Castré en 1850

B. Né en Angleterre, en 1828. — Son père, Lottery ; Sa mère, Smolensko
Mare.

A produit avec :

»	ALMÉE . . . . An.	1844	M.	Almanach	*C.*
M.	AMAZONE . . . . An.	1844	F.	Wega	*Ex.*
		1845	M.	Rigel	*Ex.*
»	BEE'S WING . . . . An.	1844	F.	Marinette	»
		1845	F.	Miss d'Amont	»
M.	BRUNETTE . . . . An.	1835	F.★	Tetota	»
M.	CALLIOPE . . . . An.	1840	F.★	Adèle	»
		1841	M.	Tric-Trac	*C.*
		1842	M.	N.	*M.*

»	GRISI ....An.	1839	M.	X..................	*C.*
		1841	F.	Rachel	»
»	HARRIET ....An.	1843	F.	Miss Alice	»
		1844	F.★	Lolotte	»
»	IPSARA ....An.	1844	M.	Gros Réné	»
M.	LILLY ....An.	1839	M.★	Karl	*C.*
»	MÉDÉA ....An.	1840	M.	Girondin	*Ex.*
		1841	M.★	Cadichon............	*C.*
M.	ODETTE ....An.	1836	M.	Tonton............	»
		1837	F.	Tontine	»
»	ORPHELINE........An.	1839	M.	Maky	»
M.	PÉNANCE..........An.	1843	F.	Penitence..........	»
		1844	F.	Peine	»
»	VÉNUS ....An.	1839	F.★	Calix..............	»
		1840	M.★	Edgard............	*C.*

S. B. An. 2ᵉ v. p. 50
S. B. F. 1ᵉʳ v. 2ᵉ éd.
p. 89.

THÉODORE.

Importé en 1838.

B. Né en Angleterre, en 1819. — Son père, WOFUL ; Sa mère, CORIANDER MARE.

A produit avec :

M.	LA DOUCE ....An.	1839	F.★	Miss Flora	*M.*
M.	SOLA ....An.	1839	F.	Mᶦˡᵉ Louise............	*M.*
		1841	F.★	Sylphide	»
		1842	M.	Don Quichotte.........	*M.*
M.	WOODBINE ....An.	1839	F.	Miss Cohars............	*M.*
		1841	M.	Chevrefeuille ex Y. Theodore.	»
		1842	F.	Dulcinée	*M.*

S. B. A. 3e v. p. 306.
S. B. F. 1er v. 2e éd.
p. 90.

TIGRIS.

Importé en 1818. — H. I. — Mort en 1836.

Al. Né en Angleterre, en 1812. — Son père, QUIZ ; Sa mère, PERSEPOLIS,
par ALEXANDER.

A produit avec :

M.	ARAB ....An.	1832	F.	Zaïda	»
»	CHLORIS ....An.	1836	F.★	Chercheuse d'Esprit....	»
»	CITRON ....An.	1836	F.	Capitane	»
M.	CLORIS ....An.-Ar.	1829	F.★	Cybèle..............	*M.*
		1830	M.★	Y. Tigris............	»
M.	DEER ....An.	1826	F.★	Paméla.............	*M.*
		1827	F.★	Thalie..............	»
		1828	M.★	Semillant...........	»
»	DELPHINE .....An.-Ar.	1829	F.★	Niobé..............	*M.*
		1832	M.★	Espérance...........	*M.*
Ex.	ELEONOR (DICK AN-DREWS MARE), An.	1830	M.★	Caton..............	»
M.	EVELINA ....An.	1833	M.★	Dardanus...........	*M.*
M.	HIRONDELLE ....An.	1822	F.★	Tigresse............	»
		1827	F.★	Calipso.............	»
»	MISS ANN p. FIGARO, An.	1832	F.★	Odine..............	»
M.	MISS MIRTH ....An.	1832	F.	Blondine	*M.-L.*
		1833	F.	N.................	*M.-N.*
M.	NICHAB...........Ar.	1828	M.★	Frivole.............	»
		1829	F.★	Moïna..............	»
		1831	M.★	Bienvenu...........	*C.*
		1832	M.★	Arrogant...........	*C.*
M.	PASQUINADE.......An.	1831	F.	Alerte.............	»
		1832	F.	Engageante..........	*M.*
		1833	F.	Préférée...........	»

M.	SARAH............An.	1829	F.*	Noemi..............	»
»	SCORNFUL........An.	1831	F.	Armide.............	M.-L.
»	SIR DAVID MARE...An.	1829	F.*	Eucharis............	M.
		1831	M.	Corsaire............	»
»	TRAMP MARE......An.	1829	F.	Almaïda............	»

S.B. An. 4° v. p. 417.
S. B. F. 1ᵉʳ v. 2ᵉ éd.
p. 90.

TIM.

Importé en 1836. — H. I. — Castré en 1851.

Al. Né en Angleterre, en 1830. — Son père, MIDDLETON ; Sa mère, MERLIN MARE.

A produit avec :

»	THÉRÉSA..........An.	1844	F.	Rigolette..............	»

S. B. F. 1ᵉʳ v. 2ᵉ éd.
p. 90.

TINKER JUNIOR.

B. Né en France, chez M. le Baron de Nexon, en 1841. — Son père, LOTTERY ; Sa mère, FLORA, par PARTISAN.

A produit avec :

»	CALIPSO..........An.	1851	F.	Henriette............	»
»	PRÉMULA.........An.	1853	F.	Martinette...........	»

S. B. An. 4ᵉ v. 2ᵉ éd.
p. 117.
S. B. F. 1ᵉʳ v. 2ᵉ éd.
p. 91.

TIPPLE CIDER.

Importé en 1846. — (H. I.)

Al. Né en Angleterre, en 1833. — Son père, DEFENCE; Sa mère, DEPOSIT (CHESNUT), par BLACKLOCK.

A produit avec :

»	ACHAIA...........An.	1849	F.	Reine Verte..........	»
»	AIGLINE..........An.	1852	F.	Clara................	»
		1853	F.	Anna	»
»	BATHILDE........An.	1848	M.	N...................	M.
		1852	F.	Cérès	»
»	CAMELIA ....An.	1852	M.	Sans Tache..........	»

ч	CHEVRETTE........An.	1848	M.	Anatole...............	»
»	COLOMBINE ....An.	1853	M.	Fénelon..............	»
»	CORYSANDRE......An.	1851	F.	Pomone.............	»
»	DANAIDE..........An.	1848	F.★	Hortense............	»
		1849	F.	N...................	»
		1852	M.	Clovis..............	»
»	DARLING..........An.	1849	F.★	Jenny...............	»
		1852	F.	Lady Stove ex Tréguele.	»
M.	EMELINA..........An.	1850	M.	Tippler.............	»
»	EMERALD.........An.	1852	M.	Incertain...........	»
»	EUSEBIA ....An.	1852	F.	Pluie d'Or ex Sans Nom.	»
»	GEORGINA[1].......An.	1852	F.	Ouverture...........	»
»	KETTY...........An.	1849	M.	Trilby..............	»
»	MARCELLA ....An.	1851	M.	N...................	M.-L.
		1852	M.	Estrée..............	»
		1853	F.	Ne m'oubliez pas......	»
M.	MISS SOPHIA.......An.	1849	M.	Radetzki	»
»	ODDITY ....An.	1849	M.	Patriote............	»
»	PECORA..........An.	1850	M.★	Lully	»
M.	PRINCESS EDWIS...An.	1848	M.	Malgré tout..........	»
»	ROSA LANGAR.....An.	1848	F.	Barricade...........	M.
»	THE SADDLER MARE ex MISTRESS SADDLER, An.	1852	M.	N...................	M.-L.
»	WHALEBONA (GYPSY), An.	1853	F.	N...................	»
»	WHALEBONE MARE, An.	1853	M.	Répétiteur.....	»

[1] GEORGINA a été revue, en 1851, par *Sylvio*.

S. B. F. 1er v. 2e éd.
p. 91.

TITUS.

(*Anglo-Arabe.*) — H. I. — Mort en 1849.

Al. Né en France, au H. I. du Pin, en 1839. — Son père, DANGEROUS ; Sa mère, BERENICE, par EASTHAM.

A produit avec :

M.	ANNE DE BRETAGNE, An.-Ar.	1845	F.	Friguen...............	»
		1847	F.	Fri-Du...............	*M.*
		1849	M.	Tromorvan...........	*M.*
M.	EUCHARIS.........An.	1848	M.	Ismael...............	»
M.	MISS FLORA.......An.	1845	M.	N....................	*M.-L.*
		1846	F.	Tertia...............	»
»	NORNA [1]...........An.	1846	M.	Mondésir............	*C.*

S. B. F. 1er v. 2e éd.
p. 91.

TIVOLI.

(*Anglo-Arabe.*) — H. I.

B. Né en France, au H. I. du Pin, en 1838. — Son père, HŒMUS ; Sa mère, FOLLETTE, par EASTHAM.

A produit avec :

»	JEANNETTE.........An.	1848	F.	Tivoline...............	»

S. B. An. 2e v. p. 215.
S. B. F. 1er v. 2e éd.
p. 91.

TOOLEY.

Importé en 1827. — Mort en....:.

Bb. Né en Angleterre, en 1809. — Son père, WALTON ; Sa mère, PHANTASMAGORIA, par PRECIPITATE.

A produit avec :

M.	ALEXANDRIA ......An.	1827	F.	Coma...............	»
M.	ELVIRA ....An.	1828	M.	Dunois..............	*C.*

[1] NORNA a été revue, en 1845, par *Assassin.*

M.	HIRONDELLE......An.	1820	F.	Molly	»
		1826	M.★	Bolivar...............	*M.*
»	MAUSE ....Ar.	1826	F.	Bergère	»
»	PEGGY ....An.	1820	F.	Lucy	»
		1821	F.	Biche...............	»
		1824	F.★	Ourika...............	*M.*
		1826	F.	Brunette	»
		1827	M.	Caton...............	»
M.	PHILOMÈLE.....An.-Ar.	1826	F.	Bichonne............	»
M.	READING LASS.....An.	1827	M.	Cerbère	»
M.	REBECCA p. EAGLE, An.	1821	F★.	Effy	*M.*
		1824	M.	Gilblas ex Quiroga.....	»

S. B. An. 5ᵉ v. p. 109.
S. B. F. 1ᵉʳ v. 2ᵉ éd. p. 92.

TRAGEDIAN.

Importé en 1847. — (H. I.)

B. Né en Angleterre, en 1845. — Son père, SIR ISAAC; Sa mère, FANNY KEMBLE, par PAULOWITZ.

A produit avec :

»	CLARA WENDEL[1]...An.	1851	M.	Chevreuil............	»
		1852	F.	Noema...............	»
		1853	M.	Calif................	»
»	FAVORITE ....Ar.	1852	M.	Talma.............	»
		1853	M.	Buffon...............	»
»	SPARK...........An.	1853	M.	Troubadour	»
»	URANIA...........An.	1852	F.	Lady................	»
		1853	M.	Malbouroug...........	»

[1] CLARA WENDEL a été revue, en 1850, par *Chamois*.

S. B. An. 3ᵉ v. p. 317.
S. B. F. 1ᵉʳ v. 2ᵉ éd.
p. 92.

TRANCE.

Importé en 1831. — H. I. — Mort en 1846.

B. Né en Angleterre, en 1817. — Son père, PHANTOM ; Sa mère, POPE JOAN, par WAXY.

A produit avec :

»	ABIGAIL..........An.	1834	M.	Henri IV.............		»
M.	ALEXANDRIA......An.	1830	M.	Fantôme		C.
»	CALIPSO ....An.	1831	M.	Giscar		C.
M.	CAPELLA..........An.	1829	M.	Esope...............		C.
		1830	F.★	Fauvette		M.
		1831	M.	Hamisch		C
M.	EFFY ....An.	1829	F.★	Eugenia.............		»
		1830	F.	Fanny		»
		1831	M.	N		M.-L.
M.	ELVIRA ....An.	1831	F.★	Gertrude.............		»
»	FELICIA..........An.	1832	M.★	Hercule.............		M.
M.	HÉBÉ p. RUBENS...An.	1826	M.★	Sylvio..............		»
M.	HIRONDELLE ......An.	1829	F.	Eloise...............		»
M.	LEILA...........Ar.	1829	F.	Etoile......		»
		1830	M.	Fakir...............		C.
M.	NELL ....An.	1827	M.	Eldorado............		C.
»	PEGGY...........An.	1828	F.★	Doris		»
M.	READING LASS.....An.	1828	M.★	Deucalion		M.
M.	REBECCA p. EAGLE, An.	1829	M.	Egbert.............		»
M.	SEPHORA..........An.	1830	F.★	Fenella............		»
	TIGRESSE ....An.	1830	M.	Figaro..............		C.

S. B. An. 2ᵉ v. p. 129.
S. B. F. 1ᵉʳ v. 2ᵉ éd.
p. 93.

TRUFFLE.

Importé en 1817. — Exporté en 1829 (Angleterre).

B. Né en Angleterre, en 1808. — Son père, SORCERER ; Sa mère, HORNBY
LASS, par BUZZARD.

A produit avec :

M.	ALLEGRETTA ......An.	1824	M.	Glenarvon............	C.
M.	AMABEL..........An.	1826	M.	Mazeppa.............	C.
		1827	M.	Eringobrack..........	C.
M.	CRYSTAL.........An.	1822	M.*	Ipsilanty............	M.
		1823	F.*	Medea..............	»
		1825	M.	Va-de-Bon-Cœur	M.
		1827	F.	Fedora.............	»
»	GENTILLE ....Ar.	1821	F.	Nymphe	M.-L.
		1822	M.	Ali-Pacha	»
M.	HÉBÉ p. RUBENS ...An.	1828	M.	Mazaniello...........	C.
M.	HELEN...........An.	1822	M.	Danaüs	C.
		1824	F.	Cora...............	Ex.
		1826	M.	Mirtillio.............	M.
		1827	F.	Glorvina	»
M.	LEILA............Ar.	1826	M.	Bajazet............	»
M.	NELL...........An.	1826	M	Oscar..............	»
M.	PÉNÉLOPE........An.	1827	M.	Lascaris....	M.
M.	PUCELLE..........An.	1821	M.	Acajou.............	»
M.	REBECCA p. EAGLE, An.	1820	M.	Benjamin...........	»
»	ROSINA ....An.	1827	F.	Vanda.............	M

S. B. F. 1ᵉʳ v. 2ᵉ éd.
p. 94.

ULRIC.

(H. I. — 1849.)

B. Né en France, chez M. le Baron de La Bastide, en 1845. — Son père,
TERROR ; Sa mère, LUNA, par NAPOLEON.

A produit avec :

»	MIRZA.........An.-Ar.	1852	M.	Lancy..............	»

S. B. An. 3ᵉ v. p. 456.
S. B. F. 1ᵉʳ v. 2ᵉ éd.
p. 95.

VAMPYRE.

Importé en 1830. — H. I. — Mort en 1838.

B. Né en Angleterre, en 1817. — Son père, Waxy ; Sa mère, Vestal, par Walton.

A produit avec :

»	ABIGAIL..........An.	1831	M.	Yvan	»
M.	ALEXINA.........An.	1832	F★.	Elvire............	»

S. B. An. 5ᵉ v. p. 51.
S. B. F. 1ᵉʳ v. 2ᵉ éd.
p. 95.

YOUNG VANDYKE.

Importé en 1827. — H. I. — Vendu en 1838.

Bb. Né en Angleterre, en 1817. — Son père, Vandyke Junior ; Sa mère, Buzzard Mare.

A produit avec :

M.	BRUNETTE ....An.	1837	M.★	Géricault...........	»
M.	CROTCHET........An.	1836	M.	Kermès............	C.
M.	LADY............An.	1830	M.	Pope..............	C.

S. B. An. 3ᵉ v. p. 215.
S. B. F. 1ᵉʳ v. 2ᵉ éd.
p. 95.

VANLOO.

Importé en...... — Exporté en 1833.

B. Né en Angleterre, en 1817. — Son père, Rubens ; Sa mère, Louisa, par Pegasus.

A produit avec :

»	VITTORIA.........An.	1831	F.★	Facelia............	»

S. B F. 1er v. 2e éd.
p. 96.

VA-NU-PIEDS.

B. Né en France, au H. de Meudon, en 1843. — Son père, Physician ou Royal Oak ; Sa mère, Vittoria, par Milton.

A produit avec :

| » | EVA...............An. | 1849 | F.★ | Plenty ex Écuelle...... | » |

S. B. F. 1er v. 2e éd.
p. 96.

VATEL.

(*Anglo-Arabe.*) — (H. I.)

B. Né en France, au H. I. de Pompadour, en 1847. — Son père, Hussein (Arabe) ; Sa mère, Iris, par Napoleon.

A produit avec :

| » | ROSINE...........An. | 1852 | M. | Fox.................. | » |

S. B. F. 1er v. 2e éd.
p. 97.

VENDREDI.

(H. I. — 1842.)

B. Né en France, chez Lord Seymour, en 1835. — Son père, Cain ; Sa mère, Naiad, par Whalebone.

A produit avec :

M.	ADAMANTINE......An.	1844	F.★	Naïade.............	»
»	CÉSARINE.........An.	1847	F.★	Jeudiette...........	»
»	CHANSONNETTE[1]...An.	1845	M.	Nostradamus.........	Ex.
»	CHIQUENAUDE.....An.	1850	F.	Rebecca............	»
		1852	M.	Lundi..............	»
M.	MINETTA..........An.	1846	M.	Jeudi...............	M.

[1] Chansonnette a été revue en 1844, par *Nautilus*.

S. B. F. 1er v. 2e éd.
p. 97

VICTOT.

(H. I. — 1850.)

Bb. Né en France, chez M. Alexandre Aumont, en 1846. — Son père, Mr. Wags ; Sa mère, Destiny, par Centaur.

A produit avec :

| » | RIGOLETTE.....An.-Ar. | 1853 | F. | Victoria............. | » |

S. B. An. 6e v. p. 411.
S. B. F. 1er v. 2e éd.
p. 98.

VOLCANO.

Importé en 1849. — H. I. — Mort en 1852.

Bb. Né en Angleterre, en 1846. — Son père, Vulcan ; Sa mère, Mansfield Lass, par Filho da Puta.

A produit avec :

»	BATHILDE.........An.	1851	F.	Pauline..............	»
»	BICHE.........An.-Ar.	1851	M.	Volcan....	»
»	COCHLEA..........An.	1851	F.	Gazelle....	»
»	COLOMBINE.......An.	1852	F.	Victorine............	»
»	HONEY MOON......An.	1851	M.	Myosotis.............	»
»	ZAIDA...........An.	1851	M.	Rosey...............	»

S. B. F. 1er v. 2e éd.
p. 99.

WELL DONE.

H. I. — 1844. — Mort en 1853.

Al. Né en France, chez M. le Comte Gaston de Blangy, en 1839. — Son père, Paradox ; Sa mère, Ida, par Whalebone.

A produit avec :

| » | FRISURE..........An. | 1853 | M. | Y. Well Done......... | » |

S. B. F. 1er v. 2e éd.
p. 100.

YOUNG WHISKER.

H. I. — 1836. — Vendu en 1848.

B. Né en France, chez M. David Brown, en 1830. — Son père, WHISKER ;
Sa mère, ELECTION MARE.

A produit avec :

M.	LUNA...*........An.	1836	M.	Monsieur de Crac......	»
»	PULCHRA..........An.	1839	M.	Moustache............	»
»	VENUS...........An.	1838	M.★	Minonick............	»

S. B. F. 1er v. 2e éd.
p. 100.

WHITEFACE.

H. I. — 1842. — Castré en 1849.

Al. Né en France, chez M. le Comte Gaston de Blangy, en 1837. — Son
père, PICKPOCKET ; Sa mère, IDA, par WHALEBONE.

A produit avec :

| M. | MARIONNETTE .....An. | 1849 | M. | Halte-Là............. | C. |
| | | 1850 | F. | Divoaletta ex Rivoaletta. | » |

S. B. F. 1er v. 2e éd.
p. 100.

WILLIAM.

(H. I. — 1847.)

B. Né en France, chez M. le Comte Gaston de Blangy.—Son père, TARRARE ;
Sa mère, IDA, par WHALEBONE.

A produit avec :

»	BICHE............An.	1850	F.★	Polka...............	»
»	PECORA..........An.	1851	M.	Sorrel..............	»
»	ROYAL MARE......An.	1848	F.	Eclatante...	»
		1850	F.★	Séduisante..........	»
»	WHALEBONA (GIPSY), An.	1850	F.★	Hermosa	»

S. B. An. 5ᵉ v. p 66.
S. B. F. 1ᵉʳ v. 2ᵉ éd.
     p. 100.

WINDCLIFFE.

Importé en 1856. — H. I. — Vendu en 1852.

B. Né en Angleterre, en 1827. — Son père, WAVERLEY; Sa mère, CATTON MARE.

A produit avec :

M.	BELIDA ... .An.	1842	M.	N...................	»
»	CALIPSO..........An.	1840	F.	N................	»
»	CIRCÉ ....An.-Ar.	1843	M.	Cyrus...............	*C.*
M.	CLORIS ....An.-Ar.	1838	F.	Delia..............	»
M.	DAMIETTA.........An.	1841	M.	Carnut.............	*C.*
M.	ELZIRA ....An.	1840	F.	Zephirine............	*M.- L.*
»	ESSLER ....An.	1841	M.	Pontchartrain.........	*Ex.*
»	FILAGRÉE.........An.	1840	F.	Fanny	»
M.	HEIRESS..........An.	1841	M.	Conrad.............	*M.*
M.	ISOLINA........An.-Ar.	1840	F.	Auretta.............	»
		1841	F.	Radcliffe...........	*M.*
M.	LADY ALBERT.....An.	1842	M.	Nisus..............	*M.*
M.	MISS ANNETTE.....An.	1842	M.	Y. Windcliffe.........	*C.*
»	MIS TANDEM.......An.	1841	M.	Leader.............	*Ex.*
»	ZORA ....An.	1843	M.	Capitoul.............	*C.*

S. B. An. 5ᵉ v. p. 222.
S. B. F. 1er v. 2e éd.
     p. 100.

WORTHLESS.

Importé en 1846. — (H. I.)

B. Né en Angleterre, en 1842. — Son père, CAMEL; Sa mère, MOUCHE, par EMILIUS.

A produit avec :

M.	ADAMANTINE ......An.	1848	M.*	Y. Worthless.........	»
		1849	M.	Pocket.............	»
»	ADÈLE p. Tetotum, An.	1852	F.	Sontag.............	»
		1853	M.	Hector	»
»	AQUILA..........An.	1849	M.	Cottus.............	Ex.
»	ATALANTA ....An.	1851	M.	Well Come..........	»
»	BAYADERE p. Dange-rous ou Napoleon, An.	1849	F.	Fostola............	»
»	BAYADÈRE p. Napoleon. An.	1850	M.	Charles............	»
M.	BEGGAR GIRL......An.	1849	M.	Cinq Mars..........	»
»	BELLA DONA ......An.	1849	M.*	Eclair.............	»
»	CADICHONNE.......An.	1852	F.	Sorcière...........	»
		1853	M.	Tortillard...........	M.-L.
»	CALIPSO..........An.	1852	M.	Salomon	»
»	CAMELIA ....An.	1849	F.	Amelie............	»
»	CHIQUENAUDE .....An.	1849	F.	Esperance..........	»
»	CIRCÉ [1] ....An.-Ar.	1849	F.*	Fortunata	»
»	ELOA ....An.	1848	M.	Momères	Ex.
		1849	F.*	Eloise............	»
»	EUTERPE [2] ....An.	1851	M.	Milton............	»
»	FAUVETTE.....An.-Ar.	1850	F.	Guêpe............	»
»	FOLLY ....An.	1852	M.	Vert et Blanc........	»
»	JULIETTE.........An.	1848	M.	Saint-Julien..........	C.

[1] CIRCÉ a été revue, en 1848, par *Nautilus*.
[2] EUTERPE a été revue, en 1850, par *Lolo*.

»	KATE NICKLEBY . . . An.	1852	F.	Well Come	»
»	KATHLEEN . . . . An.	1849	M.	Parrain	M.
»	LALNELLY . . . . An.	1849	M.	Very Well	»
		1850	M.	N.	»
»	LOTERIE . . . . An.	1848	F.	Gazelle	»
»	MAGNELINA ex MAQUI- LINA, An.	1852	M.	Quasimodo	»
M.	MÉROPE . . . . An.	1849	F.	Worthline	M.
M.	MILTONIA . . . . An.	1853	M.	N.	M.-N.
»	MISS KING [1] . . . . . . An.	1848	F.	Dudu	»
»	MISS RUBIS . . . . . . An.	1851	M.	Richard	»
»	NAIAD . . . . An.	1849	F.*	Carioca	»
M.	POMPONIA . . . . . . An.-Ar.	1850	M.	Y. Worthless	»
»	SATISFACTION [2] . . . . An.	1848	M.	Bienvenu	M.
		1849	M.	Hérode	Ex.
»	TERESINA . . . . An.	1850	F.	Indépendance	»
»	VALENTINE . . . . An.	1851	M.	Worthy	M.-L.
M.	VERONICA . . . . An.	1848	F.	Cameline	»
»	ZORA . . . . An.	1848	F.*	Fraternité	»

S. B. F. 1er suppl.
p. 22.

XÉNOCRATE.

(Anglo-Arabe.) — (H. I.)

B. Né en France, au H. I. de Pompadour, en 1848. — Son père, RAJAH (Arabe) ; Sa mère, REINE DE CHYPRE, par EYLAU.

[1] MISS KING a été revue, en 1847, par *The Scavenger.*
[2] SATISFACTION a été revue, en 1848, par *Beggurman.*

A produit avec :

»	BÉNÉDICTION ......An.	1853	M.	Giaour...............	»
»	CHIMÈRE.........An.	1853	F.	Aminta.............	»
»	DINARZADE ....An.-Ar.	1853	M.	Adjudant......	»
»	ECHO ....An.	1853	M.	Lightbeam.............	»
»	FORTIFICATION, An.-Ar.	1853	M.	Argant.............	»
»	HERMINIE ex Herminée, An.-Ar.	1853	F.	Alpha.............	»
»	LIESSE ....An.-Ar.	1852	F.	Lasthenie	»
»	MAURICETTE ...An.-Ar.	1853	M.	Arioste.............	»
»	MEDICIS ....An.-Ar.	1853	M.	Anacreon.............	»
»	MNACER ......An. Ar.	1852	M.	Démocrate............	»
		1853	M.	N....................	M.-N.
»	MOLINA........An.-Ar.	1852	F.	Irma..............	»
		1853	F.	Antilope.............	»
»	MOUALLIS .....An.-Ar.	1853	M.	Mercredi	»
»	NEMESIS..........Ar.	1853	M.	Atys...............	»
»	NYMPHÆA.....An.-Ar.	1852	F.	Nymphe.............	»
		1853	M.	Aviso...............	»
»	VÉNÉZIA.........An.	1853	M.	Ayra...............	»

S. B. F. 1er suppl.
p. 23.

XERXÈS.

(Anglo-Arabe.) — (H. I.)

G. Né en France, au H. I. de Pompadour, en 1848. — Son père, Hussein (Arabe) ; Sa mère, Heleis, par Abou Arkoub (Arabe).

A produit avec :

»	FATHMA ....An.-Ar.	1853	F.	Adelie.............	»
»	FÉE... ....Ar.	1853	M.	Espoir	»

S. B. F. 1er v. 2e éd.
p. 101.

ZOPIRE.

(Anglo-Arabe.) — H. I. — Mort en 1845. —

Al. Né en France, au H. I. de Rosières, en 1825. — Son père, BEDOUIN (Arabe) ; Sa mère, CAPRICE, par WALTON.

A produit avec :

| M. | CARACOLE. ... ...An. | 1836 | F.* | Gambade............ | " |
| M. | MIZOUFF.......An.-Ar. | 1838 | M. | N................ | " |

ÉTALONS DE RACE ANGLAISE

Ayant fait la monte en Angleterre.

S. B. An. 3e v. p. 99.

ACTOEON.

Al. Né en Angleterre, en 1822. — Son père, SCUD ; Sa mère, DIANA, par
STAMFORD.

A produit avec :

M.	Y. MOUSE.........An	1838	F.★	Zibeline.............	»
M.	RACHEL p. WHALEBONE, An.	1838	F.★	Rebecca.............	»
»	SARAH...........An.	1838	F.	Florence.............	*Ex.*
M.	WINGS [1]..........An.	1838	F.	Fiametta.............	*M.*

S. B. An. 3e v. p. 467.

ALCASTON.

Bb. Né en Angleterre, en 1825. — Son père, FILHO DA PUTA ; Sa mère,
WINDLE MARE.

A produit avec :

M.	CHESNUT FILLY....An.	1834	M.★	Sancho..............	»

S. B. An. 4e v. 2e éd. p. 258.

AUCKLAND.

Bb. Né en Angleterre, en 1839. — Son père, TOUCHSTONE ; Sa mère, MAID
OF HONOR, par CHAMPION.

A produit avec :

Ex.	SARCASM..........An.	1846	M.	Satire..............	*C.*

---

[1] WINGS a été revue, en 1837, par *Camel*

S. B. An. 3e v. p. 42.

AUGUSTUS.

B. Né en Angleterre, en 1826. — Son père, GUSTAVUS ; Sa mère, BLUE STOCKINGS, par POPINJAY.

A produit avec :

» | SWEETLIPS........An.| 1834 | F. | Angèle...............| »

S. B. An. 4e v. 2e éd.
p. 96.

BAY MIDDLETON.

B. Né en Angleterre, en 1833. — Son père, SULTAN ; Sa mère, COBWEB, par PHANTOM.

A produit avec :

» | EYEBROW.........An.| 1847 | M. | Y. Bay Middleton......| »

S. B. An. 2e v. p. 226.

BEDLAMITE.

Al. Né en Angleterre, en 1823. Son père, WELBECK ; Sa mère, MANIAC, par SHUTTLE.

A produit avec :

M. | ABJER MARE.......An.| 1833 | F.* |Pyrrha..............| »

S. B. An. 2e v. p. 187.

BEN NEVIS.

Bb. Né en Angleterre, en 1808. — Son père, PAYNATOR ; Sa mère, MISS TOPPING, par CORIANDER.

A produit avec :

M. | Y. URGANDA.......An.| 1824 | F. |Bellissima...........| M.

S. B. An. 4e v. 2e éd.
p. 572.

BIRDCATCHER (IRISH).

Al. Né en Irlande, en 1833. — Son père. SIR HERCULES ; Sa mère, GUICCIOLI, par BOB BOOTY.

A produit avec :

»	CAMELIA..........An.	1847	F.	Carmelite............			»
»	MAID OF HART.....An.	1853	M.	Aviceps.............			»
»	WHIM...........An.	1853	M.	Aerides.............			»

S. B. An. 5ᵉ v. p. 221.

BRAMBLE.

B. Né en Angleterre, en 1840.—Son père, BAY MIDDLETON ; Sa mère, Moss Rose (sœur de Velocipede), par BLACKLOCK.

A produit avec :

»	ACHAIA..........An.	1846	F.	Catherina...........		»

S. B An. 3ᵉ v. p. 97.

BUZZARD.

B. Né en Angleterre, en 1821. — Son père, BLACKLOCK ; Sa mère, DELPINI MARE (Miss Newton).

A produit avec :

M.	MATILDA..........An.	1837	M.	Prince.............			»
»	REGATTA..........An.	1837	F.	N.................			M.-L.
»	THE SHREW.......An.	1835	M.	Aladdin.............			»

S. B. An. 3ᵉ v. p. 305.

CAIN.

B. Né en Angleterre, en 1822.—Son père, PAULOWITZ ; Sa mère, PAYNATOR MARE.

A produit avec :

M.	LADY BIRD........An.	1835	F.*	Lady Emely..........			»
M.	NAIAD...........An.	1835	M.	Vendredi............			»

S. B. An. 3ᵉ v. p. 362.

CAMEL.

Bb. Né en Angleterre, en 1822. —Son père, WHALEBONE ; Sa mère, SELIM MARE, fille de Maiden.

A produit avec :

»	CHRISTABEL.......An.	1840	M.★	Caméléon............		C.
»	FRISURE..........An.	1848	M.★	Cossack............		»
»	JENNY VERTPRÉ...An.	1859	M.★	Prospectus..........		»
M.	LADY BIRD........An.	1834	F.★	Amélie.............		»

S. B. An. 4e v. 2e éd.
p. 359.

CAREW.

Bb. Né en Angleterre, en 1833. — Son père, TRAMP ou COMUS ; Sa mère, Y. PETUARIA, par RAINBOW.

A produit avec :

»	ROSA LANGAR.....An.	1843	M.	N...................		M.-L.

S. B. An. 4e v. 2e éd.
p. 375.

CHARLES XII.

Bb. Né en Angleterre, en 1836. — Son père, VOLTAIRE ; Sa mère, PRIME MINISTER MARE (WAGTAIL).

A produit avec :

»	CASSANDRA [1]......An.	1846	F.	Julia...............		»
»	EMERALD..........An.	1848	M.★	William the Conqueror.		»
»	EMILIANA.........An.	1846	M.	The April Fool........		C.
Ex.	EMOTION..........An.	1848	M.	Isabeau............		»
M.	MARIA sœur d'EMMA,An.	1846	F.	Hermosa............		»
Ex.	REVIVAL..........An.	1848	M.★	Fitz Carolus.........		»

S. B. An. 3e v. p. 97.

THE COLONEL.

Al. Né en Angleterre, en 1825. — Son père, WHISKER ; Sa mère, DELPINI MARE.

---

[1] CASSANDRA a été revue, en 1855, par *Sir Hercules.*

A produit avec :

| M. | Y. ESPAGNOLE.....An. | 1838 | M.★ | Caramba............ | » |
| M. | MATILDA.........An. | 1839 | M.★ | Lawton............. | » |

S. B. An. 4e v. p. 411.

COLWICK.

B. Né en Angleterre, en 1828. — Son père, FILHO DA PUTA ; Sa mère, STELLA, par SIR OLIVER.

A produit avec :

»	FRANTIC. ....An.	1837	M.★	Y. Colwick...........	»
»	MISS SCOTT.......An.	1837	F.★	Zulima.............	»
»	MOSELLE.........An.	1837	F.	Miss Colwick.........	M.

S. B. An. 5e v. p. 98.

COTHERSTONE.

B. Né en Angleterre, en 1840. — Son père, TOUCHSTONE ; Sa mère, EMMA, par WHISKER.

A produit avec :

| » | ALLUMETTE. ......An. | 1852 | M. | Brimstone........... | » |
| » | CONSTANTIA ADA...An. | 1847 | M. | Y. Cotherstone........ | C. |

S. B. An. 3e v. p. 451.

COUNT PORRO.

Al. Né en Angleterre, en 1822.—Son père, LEOPOLD ; Sa mère, WATHCOTE LASS, par REMEMBRANCER.

A produit avec :

| » | BIONDETTA........An. | 1836 | F.★ | Stella.............. | » |

S. B. An. 3e v. p. 94.

DEFENCE.

B. Né en Angleterre, en 1824.—Son père, WHALEBONE ; Sa mère, DEFIANCE, par RUBENS.

A produit avec :

| M. | EFFIE DEANS......An. | 1836 | F.★ | Georgette............ | M. |

S. B. An. 3e v. p. 28.

DOCTOR SYNTAX.

Bb. Né en Angleterre, en 1811. — Son père, PAYNATOR ; Sa mère, BENING-
BROUGH MARE.

A produit avec :

M.	DESTINY..........An.	1838	F.★	Bee's Wing ex miss Edwards.	»
M.	MARY GRAY.......An.	1839	F.	N..................	*M.-L.*

S. B. An. 2e v. p. 6.

DON COSSACK.

Al. Né en Angleterre, en 1810. —Son père, HAPHAZARD ; Sa mère, ALDER-
NEY, par SKYSCRAPER.

A produit avec :

»	CRYSTAL..........An.	1819	F.	Nell..............	*M.*
M.	HELEN............An.	1820	F.★	Penelope...........	*M.*
M.	SORCIERE ou SORCERER MARE, An.	1819	F.★	Geane..............	*Ex.*

S. B. An. 4e v. 2e éd. p. 99.

DON JOHN.

B. Né en Angleterre, en 1835. — Son père, TRAMP ou WAWERLEY ; Sa
mère, COMUS MARE.

A produit avec :

»	DOCTOR SYNTAX MARE, An.	1850	F.	Lady Syntax's........	»
»	MUFF.............An.	1848	M.★	Lord George.........	»

S. B. An. 5e v. p. 483.

ECONOMIST.

B. Né en Angleterre, en 1825.—Son père, WHISKER ; Sa mère, FLORANTHE,
par OCTAVIAN.

A produit avec :

»	SLIME............An.	1843	M.	The Miser............	*M.-L.*

S. B. An. 4ᵉ v. 2ᵉ éd.
p. 335.

ELIS.

Al. Né en Angleterre, en 1833. — Son père, LANGAR ; Sa mère, OLYMPIA,
  par SIR OLIVER.

A produit avec :

»	ALBANIA..........An.	1842	F.★	Fatima..............		»
»	DECEPTION........An.	1843	M.★	Ulysse..............		»

S. B. An. 3ᵉ v. p. 18.

EMANCIPATION.

B. Né en Angleterre, en 1827. — Son père, WHISKER ; Sa mère, ARDROSSAN
  MARE.

A produit avec :

»	WHALEBONA (GYPSY), An.	1835	F.★	Pétronille. '...........		M.

S. B. An. 3ᵉ v. p. 123.

EMILIUS.

Né en Angleterre, en 1820. — Son père, ORVILLE ; Sa mère, EMILY, par
  STAMFORD.

A produit avec :

Ex.	ALVA............An.	1847	M.	Montmore...........		C.
»	FLEUR DE LIS.....An.	1838	M.	Faustus.............		»
M.	THE GIMMER......An.	1835	F ★	Viola...............		»
M.	HÉLOISE..........An.	1843	F.	Malvina.............		»
M.	MARIA...........An.	1832	M.	Leicester...........		»
»	MENALIPPE........An.	1845	F.★	Roxanna...........		¥
»	SCORNFUL........An.	1829	F.★	Emelina............		M.
»	TARENTELLA......An.	1845	M.★	Gambetti...........		»
M.	WORRY..........An.	1834	M.★	Fingal.............		r

S. B. An. 3° v. p. 121.

ERYMUS.

B. Né en Angleterre, en 1827. — Son père, Moses; Sa mère, Eliza Leeds, par Comus.

A produit avec :

M.	ABLETTE..........An.	1846	F.	Algarade............	»
»	EARWIG..........An.	1845	F.★	Miss Erymus ex Régence ex Mlle Mars.	»
»	EUSEBIA..........An.	1845	F.	Euphrosine..........	»

S. B. An. 3° v. p. 52.

ERYX.

B. Né en Angleterre, en 1816. — Son père, Milo ; Sa mère, Buzzard Mare (sœur de Bos).

A produit avec :

| » | CORAL...........An. | 1830 | M. | N..................... | M.-L. |

S. B. An. 4° v. 2e éd. p. 269.

EUCLID.

Al. Né en Angleterre, en 1836. — Son père, Emilius ; Sa mère, Maria (sœur d'Emma), par Whisker.

A produit avec :

| » | TAURUS MARE.....An. | 1845 | F. | N..................... | M.-L. |

S. B. An. 4° v. 2e éd. p. 365.

EXILE.

Al. Né en Angleterre, en 1828. — Son père, Emilius ; Sa mère, Pigmy, par Election.

A produit avec :

| M. | SWEET MOGGY.....An. | 1839 | F.★ | Miss Exile............ | » |

S. B. An. 2ᵉ v. p. 246.

FIGARO.

Bb. Né en Angleterre, en 1819. — Son père, HAPHAZARD ; Sa mère, SELIM
MARE.

A produit avec :

| » | SIR DAVID MARE...An. | 1828 | F. | Suzanne............. | » |

S. B. An. 3ᵉ v. p. 264.

. FILHO DA PUTA.

Bb. Né en Angleterre, en 1812. — Son père, HAPHAZARD ; Sa mère, MISS
BARNET, par WAXY.

A produit avec :

| M. | TENERIFFE.......An. | 1830 | M.* | Fra Diavolo........... | C. |

S. B. An. 5ᵉ v. p. 314.

FOOTSTOOL.

Bb. Né en Angleterre, en 1843. — Son père, THE SADDLER ; Sa mère,
TRUDGE, par TRAMP.

A produit avec :

| » | JULIA..............An. | 1853 | F. | Acranthus........... | » |
| » | MARGARET.......An. | 1853 | F. | Kervanche ex Revanche. | » |

S. B. An. 3ᵉ v. p.383.

FUNGUS.

B. Né en Angleterre, en 1816. — Son père, TRUFFLE ; Sa mère, SIR PETER
MARE (sœur de Rival).

A produit avec :

| M. | RESEMBLANCE.....An. | 1830 | M. | Edile................ | » |

GABERLUNZIE.

S. B. An. 3ᵉ v. p. 362.

Bb. Né en Angleterre, en 1824. — Son père, Wanderer ; Sa mère, Selim Mare.

A produit avec :

M. |IDA................An.| 1835 | M.★ |Ascot.................| *»*

GLAUCUS.

S. B. An. 3ᵉ v. p. 274.

Al. Né en Angleterre, en 1830. — Son père, Partisan ; Sa mère, Nanine, par Selim.

A produit avec :

»	CAMARILLA........An.	1842	M.	Oui................	»
»	MELIORA..........An.	1837	M.★	Borodino............	*M.*
»	VITTORIA..........An.	1842	M.	Pot aux Roses.........	*C.*

GLENCOE.

S. B. An. 4ᵉ v, 2ᵉ éd.
p. 466.

Al. Né en Angleterre, en 1831. — Son père, Sultan ; Sa mère, Trampoline, par Tramp.

A produit avec :

» |TAPAGE...........An.| 1837 | F.★ |Applause.............| »

GULLIVER.

S. B. An. 3ᵉ v. p. 89.

B. Né en Angleterre, en 1819. — Son père, Orville ; Sa mère, Canidia, par Sorcerer.

A produit avec :

M. |DAMIETTA........An.| 1826 | F.★ |Gazelle...............|· »

S. B. An. 2ᵉ v. p. 184.

HAPHAZARD.

Bb. Né en Angleterre, en 1797. — Son père, Sir Peter ; Sa mère, Miss Hervey, par Eclipse.

A produit avec :

M.	SELIM MARE.......An.	1821	F.★	La Douce.............		*M.*

S. B. An. 4ᵉ v. 2ᵉ éd.
p. 581.

HARKAWAY.

B. Né en Irlande, en 1834. — Son père, Economist ; Sa mère, Nabocklish Mare.

A produit avec :

»	LOUISA. ....An.	1852	F.	Miss Harkaway........		»
»	RETAMOSA. ....An.	1846	F.	Chantefolie..........		*Ex.*
»	RUTHFUL. ....An.	1852	F.	La Chasse...........		»

S. B. An. 4ᵉ v. p. 111.

HARRY.

B. Né en Angleterre, en 1823. — Son père, Sir Harry ; Sa mère, Fanny Legh (sœur de Bustard), par Castrel.

A produit avec :

M.	FAIR HELEN.......An.	1830	M.★	Alcibiade.............		*M.*

S. B. An. 5ᵉ v. p. 228.

HYMEN.

Al. Né en Angleterre, en 1834. — Son père, Partisan ; Sa mère, Nanine, par Selim.

A produit avec :

»	REDGAUNTLET MARE, An.	1839	M.	Ned.................		»
»	LA TAMISE........An.	1839	F.	N...................		*M.-L.*

S. B. An. 4ᵉ v. 2ᵉ éd.
p. 361.

ISHMAEL.

Al. Né en Angleterre, en 1830. — Son père, SULTAN ; Sa mère, PHANTOM MARE (sœur de Cobweb).

A produit avec :

| M. | MINETTA..........An.| 1840 | M. | Rominagrobis.........| | » |

S. B. An. 5ᵉ v. p. 211.

JAQUES.

B. Né en Angleterre, en 1839. — Son père, TOUCHSTONE ; Sa mère, PARTHENESSA, par CERVANTES.

A produit avec :

| » | CURL.............An.| 1848 | F.* | Cigarette.............| | » |

S. B. An. 4ᵉ v. 2ᵉ éd.
p. 168.

JERRY.

N. Né en Angleterre, en 1821. — Son père, SMOLENSKO ; Sa mère, LOUISA, par ORVILLE.

A produit avec :

| » | CHEVREUIL.........An.| 1840 | F. | Balançoire............| | » |

S. B. An. 4ᵉ v. 2ᵉ éd.
p. 344.

LANERCOST.

Bb. Né en Angleterre, en 1835. — Son père, LIVERPOOL ; Sa mère, OTIS, par BUSTARD.

A produit avec :

| M. | IO...............An.| 1849 | M. | Y. Lanercost.........| | » |
| » | PAPILLOTTE ex ALBANY MARE.   An.| 1844 | F. | Préface..............| | » |

S. B. An. 3ᵉ v. p. 452.

LANGAR.

Al. Né en Angleterre, en 1817. — Son père, SELIM ; Sa mère, WALTON MARE.

A produit avec :

»	HORNET..........An.	1840	M.	Drummer............	M.
»	MANTUA. ....An.	1832	F.★	Etrennes............	M.

S. B. An.5e v. p. 243.   ## THE LIBEL.

Bb. Né en Angleterre, en 1842. — Son père, PANTALOON ; Sa mère, PASQUINADE, par CAMEL.

A produit avec :

»	EOLINE...........An.	1850	M.	The Pamphlet.........	»

S. B. An. 2e v. p. 112.   ## LITTLE JOHN.

B. Né en Angleterre, en 1807. — Son père, REMEMBRANCER ; Sa mère, HASTY, par WALNUT.

A produit avec :

M.	READING LASS.....An.	1824	F.	Jane................	M.

S. B. An. 4e v. p. 339.   ## LIVERPOOL.

B. Né en Angleterre, en 18... — Son père, TRAMP ; Sa mère, WHISKER MARE (issue de Mandane), par POT8o's.

A produit avec :

»	JENNY VERTPRÉ...An.	1842	F.★	Oh ! Don't.	M.
M.	SHIRINE...........An.	1843	M.★	Liverpool............	»

S. B. An. 4e v. p. 200.   ## LOGIC.

B. Né en Angleterre, en 1831. — Son père, LOTTERY ; Sa mère, MISS FOX, par GLOW-WORM.

A produit avec :

M.	CONTRITION........An.	1836	*M.**	Roquencourt.........		»
M.	IDA.............An.	1836	*M.*	White Foot..........		*Ex.*
»	MAIDEN..........An.	1835	*F.*	Esmeralda...........		»

S. B. An. 3ᵉ v. p. 261.

MANFRED.

B. Né en Angleterre, en 1814. — Son père, ELECTION ; Sa mère, MISS WASP, par WAXY.

A produit avec :

M.	MISS MIRTH.......An.	1829	*M.*	Y. Manfred...........		*C.*
Ex.	RACHAEL.........An.	1826	*F.**	Malvina...........		*M.*

S. B. An. 4ᵉ v. 2ᵉ éd.
p. 299.

MAROON.

B. Né en Angleterre, en 1837. — Son père, MULATTO ; Sa mère, MISS GILES, par LOTTERY.

A produit avec :

M.	TONADILLA........An.	1847	*M.*	Isaac...............		*M.*

S. B. An. 3ᵉ v. p. 526.

MERCHANT.

Al. Né en Angleterre. en 1825. — Son père, MERLIN ; Sa mère, QUAIL, par GOHANNA.

A produit avec ;

M.	Y. MANIAC ex LAON, An.	1840	*F.*	The Whip...........		*Ex.*

S. B. An. 2ᵉ v. p. 19.

MERLIN.

Gr. Né en Angleterre, en 1812. — Son père, CASTREL ; Sa mère, Y. BAB, par SIR PETER.

A produit avec :

»	VENUS...........An.	1828	*F.**	Vesper.............		»

MIDDLETON.

S. B. An. 5e v. p. 487.

Al. Né en Angleterre, en 1822. — Son père, PHANTOM ; Sa mère, WEB, par WAXY.

A produit avec :

M.	LUNA..............An.	1830	M.	N................?.	*M.-N.*

MORISCO.

S. B. An. 3e v. p. 16.

B. Né en Angleterre, en 1819. — Son père, MULEY ; Sa mère, AQUILINA, par EAGLE.

A produit avec :

»	SCUD MARE ou MERLIN MARE, An.	1828	F.	Cornélie?..............	"
»	TRAMP MARE......An.	1828	F.	Laurette.............	"

MOSES.

S. B. An. 3e v. p. 150.

B. Né en Angleterre, en 1819. — Son père, WHALEBONE ou SEYMOUR ; Sa mère, GOHANNA MARE (sœur de Castanea).

A produit avec :

»	LEOPOLDINE........An.	1826	M.	Demetrius............	M.
»	ROSINA ....An.	1826	F.	Rowena.............	M.

MUS.

S. B. An. 4e v. 2e éd. p. 315.

B. Né en Angleterre, en 1833. —Son père, BIZARRE ; Sa mère, Y. MOUSE, par GODOLPHIN.

A produit avec :

»	BELVIDERE........An.	1846	F.	Dormouse ex Bisbille...	

S. B. An 3e v. p. 345.

NIGEL.

Al. Né en Angleterre, en 1822. — Son père, ELECTION ; Sa mère, ROWENA (sœur de Wouvermans), par RUBENS.

A produit avec :

»	SHUTTLE MARE	An.	1830	F.*	Orpheline	»

S. B. An. 4e v. 2e éd.
p. 521.

NONSENSE.

Al. Né en Angleterre, en 1830. — Son père, BEDLAMITE ; Sa mère, ZORA (sœur d'Azor), par SELIM.

A produit avec :

,,	BLANCHE	An.	1838	F.	N.	M.
,,	DODO	An.	1838	M.	N.	M.-L.
,,	MEDAILLE	An.	1838	F.	Bêtise	M.
,,	MINA	An.	1838	F.	Pazza	»
,,	SOLA	An.	1838	M.	N.	M.-L.

S. B. An. 5e v. p. 217.

OAKLEY.

B. Né en Angleterre, en 1838. — Son père, TAURUS ; Sa mère, OAK-APPLE, par ROYAL-OAK.

A produit avec :

»	JESSIE	An.	1848	F.*	Liberté	»

S. B. An. 3e v. p. 229.

OCTAVIUS.

Bb. Né en Angleterre, en 1809. — Son père, ORVILLE ; Sa mère, MARIANNE, par MUFTI.

A produit avec :

M.	EVELINA	An.	1830	F.	Octavia	»

S. B. An. 3ᵉ v. p. 110.

OPPIDAN.

Al. Né en Angleterre, en 1825. — Son père, RUBENS ; Sa mère, DORINA,
par GOHANNA.

A produit avec :

»	DODO . . . . An.	1836	M.	Sommeil		»
»	WAVERLEY MARE . An.	1835	F.	Mergy		»

S. B. An. 4ᵉ v. 2ᵉ éd.
p. 208.

PANTALOON.

Al. Né en Angleterre, en 1824. — Son père, CASTREL ; Sa mère, IDALIA,
par PERUVIAN.

A produit avec :

»	THE MAID OF FEZ . An.	1848	F.	Calotte	»

S. B. An. 4ᵉ v. 2ᵉ éd.
p. 418.

PETER LELY.

B. Né en Angleterre, en 1818. — Son père, RUBENS ; Sa mère, STELLA,
par SIR OLIVER.

A produit avec :

M.	PRINCESS MARY . . . An.	1835	M.*	Richemont	C.

S. B. An. 4ᵉ v. 2ᵉ éd.
p. 148.

YOUNG PHANTOM.

B. Né en Angleterre, en 1822. — Son père, PHANTOM ; Sa mère, EMMELINE,
par WAXY.

A produit avec :

M.	SAMPSON MARE . . . . An.	1837	F.	N	M.-L.

S. B. An. 4e v. 2e éd.
p. 195.

PICAROON.

Bb. Né en Angleterre, en 1835. — Son père, VOLTAIRE ; Sa mère, HAND
MAIDEN, par WALTON.

A produit avec :

»	GYPSY	An.	1850	F.	Bohémienne		»

S. B. F. 4e v. 2e éd.
p. 198.

PLENIPOTENTIARY.

Al. Né en Angleterre, en 1831. — Son père, EMILIUS ; Sa mère, HARRIET,
par PERICLES.

A produit avec :

M.	MERLIN MARE	An.	1839	M. ★	Ambassadeur	»
Ex.	MISS CAMARINE	An.	1839	F.	N.	M.

S. B. An. 5e v. p. 90.

PRIAM.

B. Né en Angleterre, en 1827. — Son père, EMILIUS ; Sa mère, CRESSIDA
(sœur d'Eleanor), par WHISKEY.

A produit avec :

»	EVA	An.	1837	M. ★	Gigès	»
»	MISS ANN p. FILHO DA PUTA	An.	1837	M.	Y. Priam	C.

S. B. An. 4 v. 2 éd.
p. 406.

RATCATCHER.

Al. Né en Angleterre, en 1830. — Son père, LANGAR ; Sa mère, RUFINA
(sœur de Velocipede), par BLACKLOCK.

A produit avec :

»	MISS KING	1845	M. ★	Zagal	»

S. B. An. 3e v. p. 60.
S. B. Belge, p. 5.

RED ROBIN.

B. Né en Angleterre, en 1826. — Son père, Robin Hood ; Sa mère, Canta-
loupe, par Soothsayer.

A produit avec :

»	BRUYÈRE ....An.	1851	F.	Preciosa............	»
		1853	M.	Nemrod..	»
»	LUCY LONG ....An.	1853	F.	Bucheronne	»

S. B. An. 4° v. p. 365.

REDSHANK.

B. Né en Angleterre, en 1833. — Son père, Sandbeck ; Sa mère, Johanna,
par Selim.

A produit avec :

M.	CURRENCY ....An.	1845	M.★	Shamil..............	»

S. B. An. 2e v. p. 238.

REVELLER.

B. Né en Angleterre, en 1815. — Son père, Comus ; Sa mère, Rosette,
par Beningbrough.

A produit avec :

»	ADA p. Whisker....An.	1830	F.★	Miss Annette..........	»
»	SCORNFUL.........An.	1830	M.★	Y. Reveller..........	M.

S. B. An. 3e v. p. 150.

ROBIN HOOD.

B. Né en Angleterre, en 1817. — Son père, Octavius ; Sa mère, Gohanna
Mare (sœur de Wanderer).

A produit avec :

M.	READING LASS.....An.	1825	M.	Amadis	Ex.

S. B. An. 3ᵉ v. p. 237.

ROCKINGHAM.

B. Né en Angleterre, en 1830. — Son père, HUMPHREY CLINKER ; Sa mère,
MEDORA, par SWORDSMAN.

A produit avec :

   M. |LOCKET...........An.| 1838 ; M. |Carlo Dolce...........   »

S. B. An. 4ᵉ v. p. 184.

ROUNCIVAL.

B. Né en Angleterre, en 1829. — Son père, PARTISAN ; Sa mère, MAR-
ROWFAT, par ORVILLE.

A produit avec :

   » VANESSA..........An. 1836 ; M.★ Coalition............| »

S. B. An. 3ᵉ v. p. 64.

THE SADDLER.

Bb. Né en Angleterre, en 1828. — Son père, WAVERLEY ; Sa mère,
CASTRELLINA, par CASTREL.

A produit avec :

   » |CÉLESTE.........An.| 1837 | M. |N....................|*M.-L.*

S. B. An. 4ᵉ v. 2ᵉ éd.
p. 451.

ST. FRANCIS.

B. Né en Angleterre, en 1835. — Son père, ST. PATRICK ; Sa mère,
SURPRISE, par SCUD.

A produit avec :

   » |SAMPHIRE.........An.| 1847 | M.★ |Farfadet......... ....| »

S. B. An. 4ᵉ v. 2ᵉ éd.
p. 476.

SCUTARI.

B. Né en Angleterre, en 1837. — Son père, SULTAN ; Sa mère, VELVET,
par OISEAU.

A produit avec :

   » |TOPAZ...........An.| 1852 M |Rubis...............| »

S. B. An. 2ᵉ v. p. 7.

SELIM.

Al. Né en Angleterre, en 1802. —Son père, Buzzard; Sa mère, Alexander Mare.

A produit avec :

M.	Y. FOLLY ....An.	1823	F.	Selima	»

S. B. An. 4ᵉ v. 2ᵉ éd. p. 238.

THE SHAH.

Bb. Né en Angleterre, en 1837. — Son père, Abbas-Mirza ; Sa mère, Laura, par Champion.

A produit avec :

»	PHILIP'S DAM ex Catton Mare. An.	1843	M.★	Philip Shah	»

S. B. An. 4ᵉ v. 2ᵉ éd. p 337.

SIR HERCULES.

N. Né en Angleterre, en 1826. — Son père, Whalebone ; Sa mère, Peri, par Wanderer.

A produit avec :

M.	CLATTER ....An.	1835	M.★	Lestocq	»
»	DEFY ....An.	1847	F.	N	M.-N.
Ex.	ECCENTRICITY .....An.	1846	F.	Jeminia	»
»	ELIS MARE ....An.	1847	M.★	Fitz Hercules	»

S. B. An. 6ᵉ v. p. 203. ## SIR TATTON SYKES ex TIBTHORPUE.

B. Né en Angleterre, en 1843. — Son père, Melbourne; Sa mère, Margrave Mare.

A produit avec :

»	FLORIDA ....An.	1852	F.	Ronzi	»
»	GRIST ....An.	1853	F.	Préférée	»

S. B. An. 2ᵉ v. p. 111.

SOBER ROBIN.

B. Né en Angleterre, en 1814. — Son père, Orville ; Sa mère, Harpy, par Phœnomenon.

A produit avec :

»	FAIR FORESTER. ..An.	1830	M.	Alcide..............	M.-L.
M.	PASQUINADE.......An.	1830	F.*	Bellone..............	M.

S. B. An. 5ᵉ v. p. 211.

SPANISH JACK.

B. Né en Angleterre, en 1843. — Son père, Don John ; Sa mère, Miss Lydia (sœur de Miss Fanny), par Walton.

A produit avec :

»	PUG ....An.	1853	F.	La Tonnelli...........	»

S. B. An. 5ᵉ v. p. 78.

SURPLICE.

B. Né en Angleterre, en 1845. — Son père, Touchstone ; Sa mère, Crucifix, par Priam.

A produit avec :

»	CHRISTOBEL.......An.	1852	F	Miss Surplice..........	»

S. B. An. 5ᵉ v. p. 274.

SWINTON.

B. Né en Angleterre, en 1837. — Son père, Mulatto ; Sa mère, Ringlet, par Whisker.

A produit avec :

»	DUET.............An.	1848	M.*	Corazon..............	»

S. B. An. 1ᵉ v. 2ᵉ éd.
p. 220.

TAURUS.

Al. Né en Angleterre, en 1826. — Son père, Phantom ou Morisco ; Sa mère, Katherine, par Soothsayer.

A produit avec :

M.	PRINCESS EDWIS....An.	1838	M.	Lapdog	»
M.	XARIFA ....An.	1838	M.	Gonzalve	»

THEON.

S. B. An. 5e v. p. 188.

Bb. Né en Angleterre, en 1837. — Son père, EMILIUS; Sa mère, MARIA (sœur d'Emma), par WHISKER.

A produit avec :

»	JEW GIRL.........An.	1850	M.	Geometrician	»

TIRÉSIAS.

S. B. An. 3e v. p. 315.

Bb. Né en Angleterre, en 1816. — Son père, SOOTHSAYER; Sa mère, PLEDGE, par WAXY.

A produit avec :

M.	AIMABLE ....An.	1826	F★.	Dubica.............	"
M.	POOZY ....An.	1827	F★.	Parasolina...........	M.
		1828	F★.	Lisette	M.

TOUCHSTONE.

S. B. An. 4e v. 2e éd.
p. 31.

Bb. Né en Angleterre, en 1831. — Son père, CAMEL; Sa mère, BANTER, par MASTER HENRY.

A produit avec :

»	ANNETTA.........An.	1846	F.	N...............	M.
»	EVA ....An.	1840	M.	Casque à mèche.......	C.
"	ROSE OF SHARON. An.	1848	M.	Fitz Touchstone.......	»
»	SWEETLIPS........An.	1840	M.★	Capharnaum..	»

S. B. An. 4ᵉ v. 2ᵉ ed.
p. 338.

TRANBY.

Bb. Né en Angleterre, en 1826. — Son père, BLACKLOCK ; Sa mère, ORVILLE
MARE.

A produit avec :

M.	ABJER MARE......An.	1834	F.*	Sylphide.............		•

S. B. An. 5ᵉ v. p. 224.

TRUEBOY.

Bb. Né en Angleterre, en 1840. — Son père, TOMBOY ; Sa mère, MULEY
MARE.

A produit avec :

»	LALNELLY ....An.	1848	F.*	Miona..............		»
»	PIOUS JENNY......An.	1848	M.	The Convict..........		*C.*

URBANO.

... Né en..., en 18... — Son père, CLARIONET (EMILIUS) ; Sa mère,...

A produit avec :

»	SCYLLA..........An.	1854	F.	Carybde.............		»

S. B. An. 3ᵉ v. p. 436.

VAMPYRE.

B. Né en Angleterre, en 1817. — Son père, WAXY ; Sa mère, VESTAL,
par WALTON.

A produit avec :

»	AMABEL..........An.	1823	M.	Mina................		*C.*

S. B. An. 3ᵉ v. p. 493.

VELOCIPEDE.

Al. Né en Angleterre, en 1825. — Son père, BLACKLOCK ; Sa mère, JUNIPER
MARE.

A produit avec :

| *M.* | WEEPER..........An.| 1837 | M. | N.....................|*M.-L.* |

S. B. An. 4e v. 2e éd.
p. 161.

VENISON.

Bb. Né en Angleterre, en 1833. — Son père, PARTISAN ; Sa mère, FAWN, par SMOLENSKO.

A produit avec :

»	CASSIGA...........An.	1847	F.	Radugia............	*Ex.*
Ex.	DESTINY.........An.	1844	M.	Piccinino...........	*Ex.*
M.	HELENA..........An.	1842	M.	Forester...........	»
»	LADY BANGTAIL...An.	1853	F.	Venisonnette.........	»

S. B. An. 2e v. p. 227.

WAXY POPE.

B. Né en Angleterre, en 1806. — Son père, WAXY ; Sa mère, PRUNELLA, par HIGHFLYER.

A produit avec :

| *M.* | MANŒUVRE.......An.| 1830 | M. | Faust...............| *C.* |

S. B. An. 3e v. p. 303.

WHISKER.

B. Né en Angleterre, en 1812. — Son père, WAXY ; Sa mère, PENELOPE, par TRUMPATOR.

A produit avec :

| » | ELECTION MARE....An.| 1830 | M.* | Y. Whisker...........| » |

S. B. An. 3e v. p. 303.

WOFUL.

B. Né en Angleterre, en 1809. — Son père, WAXY ; Sa mère, PENELOPE, par TRUMPATOR.

A produit avec :

| » | CAPRICE..........An | 1821 | F. | Elégante ....|*M.-L.* |

ÉTALONS ORIENTAUX

ABIAN.

Importé en 1842. — (H. I. — 1844.)

G. Arabe, né en 1835. — Son père, KALFONTES ; Sa mère, GILFE.

A produit avec :

»	BATAYA.........Barbe	1846	M.★	Ben Abian............		»
»	BAYA...........Barbe	1851	M.	Ben Abian............		»
»	ZILLAH........An.-Ar.	1846	M.	Naïba		M.

ABOU ARKOUB.

Importé en 1821. — H. I. — Vendu en 1836.

B. Arabe, né en 1814.

A produit avec :

M.	ASFOURA..........Ar.	1840	M.★	Ouran..............		»
	LUNA............An.	1840	M.★	Onyx..............		»
»	MIGNONNE.....An.-Ar.	1841	F.★	Héléis..............		»

ABOU ARKOUB.

Importé en......

G. Arabe, né en 1830.

A produit avec :

»	BEDOUINE.........Ar.	1841	M.★	Puritain.............		C.
M.	CYBÈLE........An.-Ar.	1841	M.	Priape..............		»

»	PRÉMIA..........An.	1847	M.	Papillon.............	»
»	ZILLAH........An.-Ar.	1840	F. ★	Gourbette...........	»
M.	ZORAIDE..........Ar.	1840	M.★	Oriental............	»
		1841	F. ★	Héréscis............	»

S. B. F. 1er v. 2e éd.
p. 424.

ABUFAR.

Importé en 1821. — H. I. — Mort en 1829.

A produit avec :

»	AMAZONE..........Ar.	1822	F.	Gabina.............	»
		1823	M.	Hippius.............	»
M.	AZEMIA..........Ar.	1823	M.	Hylius.............	»
M.	EGILFÉ..........Ar.	1823	F.	Hermione...........	»
		1824	F.	Irène.............	M.
»	GAZELLE..........Ar.	1823	M.	Hipanor.............	M.-L.
»	HEUREUSE..........Ar.	1823	F.	Hélène.............	M.
»	HUMÉRA..........Ar.	1823	M.	N.............	M.-L.
»	NORMA..........Ar.	1823	F.	Hébé.............	M.-L.
		1824	M.	N.............	M.-L.
»	TAURIS..........Ar.	1821	F.	Fulgura.............	»
		1822	F.	Galatha.............	»
		1823	F.	Hersilie.............	M.
●	ZAIRE..........Ar.	1822	F.	Géada.............	»
		1823	M.★	Hélénus.............	M.
		1824	F.	Iris.............	»
		1825	M.	Jourdain.............	»

S. B. F. 1er v. 2e éd.
p. 425.

AÇLY ex HAMDAN.

Importé en 1849.

B. Arabe, né en 1835. — Son père, Cohail, (Arabe) ; Sa mère, Cohaila (Arabe).

A produit avec :

»	MABROUKAH ex KEBCHÉ, Ar.	1852	F.	Fatimah.................	»
»	RIYF ex ABEYYA, Ar.	1852	F.	Halimah.................	»

S. B. F. 1er v. 2e éd.
p. 425.

ADEBAN.

Importé en ..... — H. I. — 1825. — Vendu en 1828.

B. Arabe, né en 1840.

A produit avec :

»	AMABEL..............An.	1825	F.	Leocadie...............	»
»	GENTILLE...........Ar.	1825	F.	Lina..................	»
M.	HIRONDELLE.......An.	1819	F.	Philomèle............	M.
»	MAUSE.............Ar.	1822	F.	Zaïre.................	»
M.	PUCELLE...........An.	1823	F.	Gitani................	»

S. B. F. 1er v. 2e éd.
p. 425.

AGIB.

(H. I. — 1846.)

G. Arabe, né en France, chez M. le Baron de Nexon. — Son père, BEDOUIN (Arabe) ; Sa mère, KOEYL (Arabe).

A produit avec :

»	CLÉMATIS......An.-Ar.	1849	F.	Wasp................	»
		1850	F.	Fellow...............	M.
		1852	F.	Alpha................	»
		1853	F.	Danaë................	»
M.	EDGWORTH BESS...An.	1849	F.★	Helena ex Helma......	»
»	ELODIE............Ar.	1853	F.	Djali.................	»
»	GARBA............Ar.	1847	M.	N....................	M.-L.
M.	GIPSY.............An.	1851	F.	Babiole..............	»
		1853	F.	Faribole.............	

`	HEIRESS............An.-Ar.	1852	F	Alice.	"
		1853	M.	Mal Famé.............	"
"	MISS SCHNEITZ HOEF-FER ex Miss Crims-THORPE..........An.	1846	F.	Gulnare.............	"
`	V. PASQUINADE.....An.	1851	M.	Pasquin.............	»
		1853	F.	Gaudriole.............	"
»	STEAM............An.	1850	M.	Hearty.	»
M.	VESTA..........An.-Ar.	1845	M.	Koeylou...	"

S. B. F. 1er v. 2e éd.
p. 427.

AMROU.

Importé en.... — H. I. — Mort en 1815.

G. Arabe, né en....

A produit avec :

M.	MOMIE.............Ar.	1810	M.★	Amrou II.	M.
		1811	M.★	Bedouin.............	M

S. B. F. 1er v. 2e éd.
p. 427.

ANTAR.

Importé en ..... — H. I. — 1818. — Mort en 1841.

G. Arabe, né en 1815.

A produit avec :

M.	DURSIE...........Ar.	1825	F.	Mlle Belle Jambe........	»
M.	HAMDANIE........Ar.	1835	F.★	Bedouine............	»
		1836	F.★	Coré...............	M.
M.	JAVA............ Ar.	1836	M.	Koli...	M.

M.	KOEYL............Ar.	1835	F.	Baskira............	M.
		1836	M.	Khan..............	»
M.	MONAGHE........Ar.	1835	M.★	Irac..............	»
		1836	F.★	Cin...............	»
M.	NICHAB..........Ar.	1835	F.★	Balsora............	M.
		1836	F.★	Célésyrie...........	»
M.	PHILOMÈLE.....An.-Ar.	1831	F.★	Girfah............	'
M.	SEPHORA.........An.	1831	F.	Desdemona.........	»
»	TIGRESSE.........An.	1831	M.★	Y. Antar...........	»
M.	VALIDÉ...........Ar.	1836	M.★	Kabin............	»
»	WARDA..........Ar.	1835	F.	Bakaria............	M.-L
		1836	M.	Kyrie Eleïson.........	M.-L.
»	ZILLAH........An.-Ar.	1842	M.★	Préféré ex Y. Antar....	'
M.	ZORAIDE.........Ar.	1836	F.	Cinoth.............	»

S. B. F. 1er v. 2e éd.
p. 428.

ARROGANT.

(Anglo-Arabe.) — H. I. — Vendu en 1848.

Bb. Né en France, au H. I. du Pin, en 1832. — Son père, TIGRIS ; Sa
mère, NICHAB (Arabe).

A produit avec :

M.	MIZOUFF.......An.-Ar.	1839	M.	N..................	»

S. B. F. 1er v. 2e éd.
p. 428.

ASLAN.

Importé en 1820. — H. I. — 1821. — Vendu en 1826.

G. Turc, né en 1805.

A produit avec :

»	CAPRICE..........An.	1822	F.★	Zoraïme............	·
M.	COMUS MARE.....An.	1823	F.	Effilée.............	M.-L.
		1824	F.★	Cloris.............	M.

S. B. F, 1er v. 2e éd.
p. 129.

BAGDADLI.

Importé en 1850. — (II. I.)

G. Arabe, né en 1843.

A produit avec :

»	ALTHÉA........An.-Ar.	1854	M.	Begone............	»
»	BETZY...........An.	1851	M.*	Fakar-el-Din.........	»
»	DALILA...........Ar.	1852	F.	Thamar............	»
»	DULCINÉE......An.-Ar.	1851	F.	Azora.............	»
»	ECHO. ....An.	1852	F.	Frétillante..........	»
M.	EURYDICE. ....Ar.	1852	F.	Bagdadline..........	»
»	FURETTE..........Ar.	1852	F.	Gracieuse...........	»
»	GAMBA ....Ar.	1852	M.	Bengali............	»
»	HERMINE..........Ar.	1852	F.	Djïda.............	M.
»	JUVENTA.......An.-Ar.	1853	M.	Mak.	»
»	KASBA........An.-Ar.	1851	F.	Zobéide...........	»
»	KATINKA.... ..An.-Ar.	1853	F.	Misera............	»
»	LASCIVA.......An.-Ar.	1851	M.	Osmanli...........	»
»	LÉANA. ....An.-Ar.	1851	M.	Emir.............	»
»	LÉGENDE..........Ar.	1852	F.	Nouvelle...........	»
»	LIESSE........An.-Ar.	1851	F.	Gavotte...........	»
»	MARQUISE DE POMPA-DOUR, Ar.	1851	M.	Abdalla...........	»
		1852	F.	Zaïre.............	»
»	MEDICIS......An.-Ar.	1852	M.	Amen.............	M.
»	MNACEB.......An.-Ar.	1851	F.	Claudie...........	M

»	MOUALLIS. . . . .An.-Ar.	1852	F.	Briseis.	M.
»	NAZARETH. . . . . . . .Ar.	1853	M.	Alcoran.	»
»	NELAHÉ. . . . . . .An.-Ar.	1852	F.	Naura.	»
»	NÉMÉE. . . . . . . .An.-Ar.	1852	F.	Misère.	»
»	OMPHALE. . . . . .Ar.	1853	M.	Ben Bagdadli.	»
»	OMPHIS[1]. . . . . . An.-Ar.	1852	M.	Hercule.	»
»	VÉNÉZIA. . . . . .An.	1851	F.	Rama.	

B. F. 1er v. 2e éd.
p. 430.

BEDOUIN.

Importé en 1821. — H. I. — Mort en 1842.

Arabe, né en 1813.

produit avec :

M.	ASFOURA. . . . . .Ar.	1838	M.★	Mahmouth.	»
		1839	M.★	Numide.	»
M.	BALSORA. . . . . .Ar.	1841	M.	Pika.	M.-L.
		1842	M.	N.	M.-V.
»	BEDOUINE. . . . . .Ar.	1840	M.★	Oum.	
»	CAPRICE. . . . . .An.	1825	M.★	Zopire.	M.
		1826	M.	Jericho.	
»	CÉLÉSYRIE. . . . . . . .Ar.	1841	M.★	Polidas.	
		1842	F.	N.	»
M.	CROTCHET. . . . . . . .An.	1841	M.	Pick.	M.-L.
M.	LA DOUCE. . . . . . . .An.	1834	F.	Sarah.	M.
M.	FEDAWIE. . . . . .Ar.	1838	F.	N.	
M.	HAMDANIE. . . . . . . .Ar.	1841	F.	Harem.	
M.	HIRONDELLE. . .An.-Ar.	1834	M.★	Bedouin ex Oiseau.	
		1835	M.★	Youssouf.	M.

[1] OMPHIS a été vendu en 185. par [illegible]

M.	JAVA................Ar.	1840	M.★	Ouadi................	M.
		1841	M.	N................	M.-N.
M.	KOEYL............Ar.	1839	F.	N................	"
		1840	F.★	Garba................	"
		1841	M.★	Agib ex Agra.........	"
M.	MONAGHIE.........Ar.	1840	M.★	Ouesel.............	M.
M.	NICHAB............Ar.	1839	F.★	Fortuné............	M.
		1840	F.★	Gamba.............	"
		1841	F.	Héroïque............	M.
"	VANDYKEJUNIORMARE, An.	1824	M.★	Coradin............	"
		1825	F.	Karouba............	"
		1826	F.	Zelpha.............	M.
M.	WARDA............Ar.	1841	F.★	Hermine............	"
"	ZALUCA........An.-Ar.	1838	M.	Gédéon.............	"

S. B. F. 1er v. 2e éd.
p. 450.

BENNY.

Importé en..... — H. I. — 1834. — Mort en 1847.

B. Arabe, né en 1824.

A produit avec :

"	BEDOUINE.........Ar.	1845	M.★	Mogador............	C.
		1846	F.★	Abdalla............	"
"	CIN..............Ar.	1844	M.★	Emir...............	"
		1846	F.	Bassora............	M.-L.
"	HECTORINE.........Ar.	1846	F.	Bennya............	M.
M.	POMPONIA......An.-Ar.	1845	M.	Ben-Beni...........	"

S. B. F. 1er v. 2e éd.
p. 451.

BERK.

Importé en 1830. — H. I. — Mort en 1847.

G. Arabe, né en 1821.

A produit avec :

>   M. |ASFOURA..........Ar.| 1831 | F.★ |Meleha..... ....| »

S. B. F. 1er v. 2e éd.
p. 470.
1er Suppl. p. 212.

BOU MAZA.

(H. I. — 1855.)

Al. Né en France, chez M le Baron de Nexon, en 1847. — Son père, Hussein (Arabe) ; Sa mère, Amine (Arabe).

A produit avec :

»	GARBA..........Ar.	1852	F.	Cordelia.............	»
		1853	F.	Quand-Même.........	»
»	KASBA..........An.-Ar.	1852	M.	Trafalgar...........	»
»	MISS SCHNEITZ HŒFFER ex Miss Crimsthorpe. An.	1852	F.	Inesille............	»

S. B. F. 1er v. 2e éd.
p. 432.

CASHEF.

Importé en ..... — H. I. — 1807. — Mort en 1814.

Al. Arabe, né en.....

A produit avec :

>   M. |HOURY...........Ar. 1810 ; M.★ |Espérance..........;...| M.

S. B. F. 1er v. 2e éd.
p. 432.

CHABAN.

Importé en 1840. — H. I. — Mort en 1852.

G. Arabe, né en 1833.

A produit avec :

>   » |NINETTE..........An.| 1844 ; F.★ Nina.................| »

S. B. F. 1er v. 2e éd.
p. 433.

CHELIF.

Importé en... . — (H. I. — 1842.)

G. Barbe, né en 1834

A produit avec :

»	BÉDOUINE.........Ar.	1847	M.	Caleb..............	C.
»	CIN..............Ar.	1847	F.*	Zeramna............	»
»	HECTORINE.......Ar.	1847	M.	Sennaar............	C.
»	MASSOUDA........Ar.	1847	F.*	Sarah..............	»

S. B. F. 1er v. 2e éd.
p. 433.

CODADAD.

(H. I. — 1847.)

G. Arabe, né en France, chez M. le Baron de Nexon, en 1843. — Son père, Laïsum (Arabe) ; Sa mère, Koeyl (Arabe).

A produit avec :

»	ÉLECTION......An.-Ar.	1853	M.	N..................	»

S. B. F. 1er v. 2e éd.
p. 434.

COPHTE.

Importé en ..... — H. I. — 1802. -- Vendu en 1824.

B. Arabe, né en 1797.

A produit avec :

M.	HOURY...........Ar.	1811	F.	Sémiramis..........	»

S. B. F. 1er v. 2e éd.
p. 434.

COUREUR.

Importé en ..... -- H. I. -- 1820. — Vendu en 1832.

G. Arabe, né en 1813.

A produit avec :

»	AMAZONE..........Ar.	1820	M.	Faunus.............	M.
M.	ARTÉMISE.........Ar.	1821	F.	Flora..............	»
M	EGILFE..........Ar.	1821	F.	Flava..............	»
·	NOMA............Ar.	1821	F.	Fulga..............	»

S. B. F. 1er v. 2e éd.
p. 434.

DAHMANI.

Importé en 1842. — H. de Saint-Cloud. — Mort en 1848.

G. Arabe, né en 1834.

A produit avec :

»	ERROR...........An.	1846	M.*	Tahir..............	..
»	GIRFAH.......An.-Ar.	1846	F.*	Zuleika............	.

S. B. F. 1er v. 2e éd.
p. 436.

DURZI.

Importé en 1842. — (H. I. — 1851.)

G. Arabe, né en 1828.

A produit avec :

»	ADA..............An.	1845	M.*	Selim.............	»
		1847	F.	Chloë.............	»
»	NEDJDI YEMANI.....Ar.	1845	M.	Aladin............	»
		1849	F.	Iranée............	»
»	PRIVAUTÉ.........An.	1851	F.	Meryem............	»

S. B. F. 1er v. 2e éd.
p. 436.

ECLAIR.

Importé en ..... — H. I. — 1807. — Vendu en 1820.

G. Arabe, né en 1796.

A produit avec :

M.	MOMIE...........Ar.	1808	F.*	Bédouine ex Béduine..	»
M.	ZENOBIE.........Ar.	1808	F.*	Palmyre............	M.

S. B. F. 1er v. 2e éd.
p. 437.

EL ARED.

Importé en 1846. — (H. I. — 1849 ;

G. Arabe, né en 1838.

A produit avec :

»	CÉLINA	An.-Ar.	1852	F.	Fatime	»
			1853	F.	Eva	»
»	FÉE [1]	Ar.	1851	F.	Nivelle	»
»	KALIFA	Ar.	1851	M.	Aliboron	*M.*
»	MIGNONNE [2]	An.-Ar.	1850	F.★	Horeb	»
			1851	M.	Idron	»
»	MIRZA	An.-Ar.	1852	F.	Géba	»
»	NATHALIE	An.-Ar.	1851	F.	Palmyre	»

S. B. F. 1ᵉʳ v. 2ᵉ éd.
p. 457.

EL BEDAVY.

Importé en ..... — H. I. — 1855. — Vendu en 1848.

B. Arabe, né en 1821.

A produit avec :

M.	KOEYL	Ar.	1834	M.★	Hermès	*C.*
M.	MONAGHE	Ar.	1834	F.	Agdad	»
»	WARDA	Ar.	1834	M.★	Homère	»

S. B. F. 1ᵉʳ v. 2ᵉ éd.
p. 507.

EMIR ABOU ARQOUB.

Importé en 1848. — H. I. — Vendu en 1851.

G. Arabe, né en 1837. — Son père, EEBEYANE ABOU DJEREIS (Arabe); Sa mère, EM AARQOÜB SCHEWAÏ (Arabe).

A produit avec :

»	JULFÉ	Ar.	1852	F.	Leilah	»
»	SEYDA	Ar.	1851	F.	Ghazäl	»

[1] FÉE a été revue, en 1850, par *Ibrahim Iᵉʳ*. (Arabe.)
[2] MIGNONNE a été revue, en 1849, par *Ibrahim Iᵉʳ* (Arabe).

S. B. F. 1er v. 2e éd.
p. 437.

EMMON.

Importé en 1823. — H. I. — Mort en 1837.

G. Arabe, né en 1819.

A produit avec :

| M. | JAVA................Ar. | 1837 | M.* | Laïsum............. | |

S. B. F. 1er v. 2e éd.
p. 438.

FRIGIAN.

Importé en 1823. — H. I. — Mort en 1848.

G. Arabe, né en 1818.

A produit avec :

M.	ASFOURA..........Ar.	1836	M.*	Knout..............	
»	CÉLINA.......An.-Ar.	1848	M.*	Khaïbar...........	
M.	FRÉGATE......An.-Ar.	1843	M.	N................	M.-N.
		1846	M.	Brick.............	C.
M.	MASSOUDÉ.....An.-Ar.	1839	M.*	Nerveux...........	»
		1840	F.*	Mélina............	»
		1842	F.*	Zélie.............	»
		1844	F.*	Nathalie..........	»
"	MÉLÉHA..........Ar.	1842	F.	N................	M.-L.
"	MIGNONNE......An.-Ar.	1843	M.*	Ben Frigian, ex Y.Frigian.	»
		1844	F.*	Médine ex Linda.......	»
		1845	F.*	Dahra.............	»
		1846	F.*	Smala.............	»
		1848	M.*	Bagdad............	»

S. B. F. 1er v. 2e éd.
p. 438.

FRIVOLE.

(*Anglo-Arabe.*) — H. I. — Mort en 1849.

G. Né en France, au H. I. du Pin, en 1828. — Son père. Tigris ; Sa mère. Nichab (Arabe).

A produit avec :

»	FÉE............Ar.	1847	M.	Isly............		E.c.
»	MÉDINE ex LINDA, An.-Ar.	1848	M.*	Moka............		»
»	MÉLÉHA..........Ar.	1847	F.	Maza............		M
M.	Y. MÉLÉHA.....An.-Ar.	1848	F.*	Babiole...........		»
»	MÉLINA........An-Ar.	1847	F.*	Deïra............		M.
		1848	M.*	Akaf............		»
»	MISS NORMANDINE..An.	1846	F.*	Foscarina...........		•»

S. B. F. 1er v. 2e éd.
p. 439.

GALLIPOLY.

Importé en ..... — H. I. — 1813. — Mort en 1823.

G. Persan, né en 1803.

A produit avec : .

»	HEUREUSE.........Ar.	1820	M.*	Bostangi.............	»

S. B. F. 1er v. 2e éd.
p. 439.

GHEISANI.

Importé en 1842. — H. I. — 1844. — Vendu en 1850.

G. Arabe, né en 1833. — Son père, DJARBOUH (Arabe) ; Sa mère, DHAMA (Arabe).

A produit avec :

M.	CORÉ.............Ar.	1850	M.	Ali.................	»

S. B. F. 1er v. 2e éd.
p. 440.

GOR.

Importé en 1818. — H. I. — Vendu en 1828

B. PERSAN, né en 1802

A produit avec :

»	BEDOUINE ex Beduine, Ar.	1819	M.	Eurus...............	»
		1820	F.	Echo...............	»
		1822	F.	Gelanie...............	»
»	ZAIRE............Ar.	1820	F.	Égérie...............	»

S. B. F. 1er v. 2e éd.
p. 440.

HABLEUR.

(Anglo-Arabe.) —(H. I.)

B. Né en France, au H. I. de Pompadour, en 1834.—Son père, Belmont ; Sa mère, Validé (Arabe).

A produit avec :

»	NORMA............An.	1845	F.★	Aveyronnaise.........	»
		1846	F.	Rhutenia............	M.
»	VANDYKEJUNIOR MARE, An.	1839	F.	Commère............	»

S. B. F. 1er v. 2e éd.
p. 440.

HADJAR.

Importé en 1846. — (H. I. — 1852.)

G. Mascate, né en.....

A produit avec :

»	BAYA.........Barbe.	1853	F.	Syrienne............	»
»	DINARZADE.....An.-Ar.	1849	M.	Perce-neige..........	»
»	FATIMA 1re.........Ar.	1852	F.	Fatime............	»
»	KEBIRA...........Ar.	1849	F.★	Parade............	»
»	KENHLAN HAMDANI [1], Ar.	1850	F.	Zulema............	»
»	MASCATE (race mascate).	1849	F.	Hemone............	»

[1] Kenhlan Hamdani a été revue, en 1849, par *Hamdani blanc.*

| » | NATHALIE............An. | 1853 | M. | Premier avril........ | » |
| » | NEDJDI SAHIANI....Ar. | 1848 | F.★ | Ethonne............ | » |

S. B. F. 1er v. 2e éd.
p. 441.

HALEBY.

Importé en 1821. — H. I. — Mort en 1859.

G. Arabe, né en 1813.

A produit avec :

| M. | FEDAWIE..........Ar. | 1835 | M.★ | Ibrahim Ier.......... | » |
| M. | WITCH............An. | 1822 | F.★ | Hirondelle.......... | M. |

S. B. F. 1er v. 2e éd.
p. 441.

HALY.

(Anglo-Arabe.) — H. I. — Vendu en 1848.

G. Né en France, au H. I. du Pin, en 1826. — Son père, EASTHAM ; Sa mère, NICHAB (Arabe).

A produit avec :

| M. | ZORAIDE..........Ar. | 1845 | F.★ | Zoé................ | » |

S. B. F. 1er v. 2e éd.
p. 441.

HAMDANI BAI.

Importé en 1842.

B. Arabe, né en 1835.

A produit avec :

| » | KENHLAN HAMDANI.Ar. | 1846 | M.★ | Morbal.............. | » |
| | | 1849 | M. | Al-Sakabe.......... | » |

S. B. F. 1er v. 2e éd.
p. 441.

HAMDANI BLANC.

Importé en 1842. — (H. I. — 1852.)

Bl. Arabe, né en 1835.

A produit avec :

»	AMIE............An.	1852	M.	Sedras............	
»	BÉRÉNICE......An.-Ar.	1852	F.	Blondine............	»
		1853	F.	Bas-de-Soie..........	»
»	CASSANDRA........An.	1850	M.	Ramadan............	»
		1851	M.	Ben-Hamdani........	»
»	CÉSARINE ex Mansoura, An.-Ar.	1853	M.	Annibal.............	
»	DINE..........An.-Ar.	1853	M.	Antinous,...........	»
»	ERROR...........An.	1849	F.	Sahara.............	»
»	ETHONNE.........Ar.	1853	F.	Hamdamone..........	»
»	FAIR HELEN p. Priam, An.	1851	M.	Challenger...........	»
		1852	M.	Express.............	»
»	FATIMA Ire..........Ar.	1851	F.	Fatmé.............	»
»	FURETTE..........Ar.	1853	F.	Amourette...........	»
»	HERMINE.........Ar.	1853	M.	Azof..............	»
»	KASBA.........An.-Ar.	1846	M.★	Palagram...........	M.
»	KEBIRA...........Ar.	1853	M.	Aman..............	»
M.	KENHLAN YEMANI..Ar.	1845	F.★	Fatima Ire...........	»
		1846	M.★	Tamanour...........	»
		1850	M.★	Mahomet...........	»
»	LŒTITIA..........An.	1852	F.	N...............	»
»	MANEQUIEH........Ar.	1852	F.	Manique...........	»
»	MARQUISE DE POMPA-DOUR, Ar.	1853	M.	Amurat............	»
»	MASCATE (race mascate)	1850	F.	Haydée............	»
		1851	M.★	Méhémet-Ali........	M.
»	NELAHÉ........An.-Ar.	1853	M.	Carillon...........	»

»	NEDJDI YEMANI ....Ar.	1850	M.	Orosman...............	»
»	NEDJIBÉ..........Ar.	1853	M.	Absalon.............	»
»	NIZIDA........An.-Ar.	1853	M.	Caliste...............	»
»	OPALE........An.-Ar.	1853	F.	Ariette...............	»
»	SADDLER MARE....An.	1852	M.★	Abd-el-Kader.........	»
»	SEYDA...........Ar.	1853	M.	Seide...............	»
»	ZARIFÉ ....Ar.	1853	M.	Désert...............	»
»	ZEILAH..........Ar.	1848	F.	Jiobal...............	»
		1850	F.	Zaïre...............	»
		1852	F.	Medine...............	»

S. B. F. 1er v. 2e éd.
p. 441.

HECTOR.

(H. I.)

G. Arabe, né en France, au H. I. de Pompadour, en 1834. — Son père, MASSOUD (Arabe) ; Sa mère, NICHAB (Arabe).

A produit avec :

»	CANDOUR AMDAM...Ar.	1839	M.★	Numa...............	M.
M.	JAVA..............Ar.	1839	M.	N................	M.-L.
M.	ZORAIDE..........Ar.	1839	F.★	Favorite............	»

S. B. F. 1er v. 2e éd.
p. 442.

HELENUS.

H. I. — Mort en 1847.

B. Arabe, Né en France, au dépôt d'Étalons de Rodez, en 1823. — Son père, ABUFAR (Arabe) ; Sa mère, ZAÏRE (Arabe).

A produit avec :

»	AOUDA.........Barbe.	1841	M.★	Sidi-Aoud............	»

S. B. F. 1er v. 2e éd.
p. 442.

HELIOPOLIS.

Importé en ..... — H. I. — 1811. — Vendu en 1824.

G. Arabe, né en 1798.

A produit avec :

M.	ARTEMISE.........Ar.	1818	F.	Zulmé...............	M.
		1819	F.	Doris...............	M.
»	BÉDOUINE ex Béduine, Ar.	1814	M.	Seronge............	»
M.	MOMIE............Ar.	1813	F.★	Zaïre...............	»
»	ZAIRE............Ar.	1819	F.	Désirée.............	»

S. B. F. 1er v. 2e éd.
p. 443.

HLAVIE.

Importé en ..... — (H. I. — 1843.)

B. Arabe, né en 1837, dans le Banat, (Hongrie). — Son père, Bedavie Ier ;
Sa mère, Hlavie la Vieille (Arabe). = Le père de Bedavie Ier, El.
Bedavie (Arabe) ; Sa mère, Coheil (Arabe).

A produit avec :

»	BATAYA........Barbe.	1845	F.★	Baya...............	»
»	LADY DE NORMANDIE, An.	1853	M.	Croque-Mort..........	»
»	MEDUSE..........An.	1853	M.	N...................	M.-L.
M.	POMPONIA......An.-Ar.	1852	M.	Georges.............	M.

S. B F. 1er v. 2e éd.
p. 443.

HLAVIE OBAYAN.

Importé en ..... — (H. I. — 1843.)

B. Arabe, né en 1838, dans le Banat (Hongrie). — Son père, Obayan ;
Sa mère, Hlavie. = Le père d'Obayan, Obayan (Arabe) ; Sa mère,

Monache Zahe (Arabe). = Le père d'Hlavie, El Bedavie (Arabe); Sa mère, Hlavie (Arabe).

A produit avec :

M.	DEIRA.........An.-Ar.	1852	M.	Anis...............	»
»	FÉE..............Ar.	1844	M.	Poucet.............	M.
M.	MASSOUDÉ.....An.-Ar.	1848	M.	Blidah.............	Er.
»	NATHALIE.......An-Ar.	1848	M.	Osman ben Obayan....	C.

S. B. F. 1er v. 2e éd.
p. 445.

HUSSEIN.

Importé en ..... — (H. I. — 1845.)

G. Arabe, né en 1829.

A produit avec :

»	AIMÉE,............An.	1853	M.	Hussinius......... ...	»
»	ALTHÉA........An.-Ar.	1846	F.*	Malzzia.............	»
»	AMINE.............Ar.	1847	M.*	Bou-Maza...........	»
		1849	F.	Moheleda.............	M.
		1850	F.*'	Moheleda (bis)........	»
		1852	M.	Lambro.............	»
»	BELLE-POULE...An.-Ar.	1846	M.	Utile Dulci...........	M.
		1847	M.	Vasco..............	»
»	BÉRÉNICE......An.-Ar.	1849	F.	Prunelle........... ..	»
»	BETZY...........An.	1847	F.	Nivosa..............	M.
»	BRÉSILIA......An.-Ar.	1846	F.*	Mouallis.............	»
		1847	F.*	Nélahé.............	»
»	CANDOUR AMDAM..Ar.	1852	M.	Candide.............	»
»	CÉLÉSYRIE........Ar.	1846	F.*	Marquise de Pompadour.	»
»	CÉSARINE ex Mansoura, An.-Ar.	1846	P.*	Medicis.............	»
		1847	M.*	Varus..............	»

»	CHIMÈRE.......... An.	1852	F.	Illusion.............	»
»	DALILA........... Ar.	1850	M.	Tabou..............	C.
»	DAMOPHILA....... An.	1851	F.	Palmyre............	»
»	DANAÉ.........An.-Ar.	1847	F.★	Naïade.............	»
»	DELPHINE.....An.-Ar.	1846	F.★	Mnaceb.............	»
»	DIDON........An.-Ar.	1846	M.★	Ulloa..............	»
»	DINARZADE.....An.-Ar.	1847	M.	Visir..............	C.
		1848	F.	Ossiana............	»
		1850	M.★	Zani..............	»
»	DINE.........An.-Ar.	1847	F.★	Némée.............	»
		1849	M.★	Yellow.............	»
M.	DIOMEDA......... Ar.	1846	M.★	Ut-re-mi...........	»
		1849	F.	Pacifique...........	»
		1852	M.	Ali-Bey............	»
»	DULCINÉE......An.-Ar.	1848	M.★	Oasis..............	»
		1850	F.	Quenouille..........	»
»	ÉTINCELLE........An.	1852	F.	Bagatelle...........	»
M.	EURYDICE.........Ar.	1846	M.	Uratizlas...........	C.
		1849	F.	N.................	M.-L.
»	FOLLETTE......An.-Ar.	1847	M.★	Vésuve.............	»
		1850	M.	Zamore............	»
		1851	F.	Folie..............	»
»	FORTIFICATION.An.-Ar.	1846	F.★	Mercédès...........	»
		1847	F.	Néva..............	»
M.	FORTUNÉE........Ar.	1847	F.	Staoueli............	»
		1849	F.★	Zulaika............	»
		1850	F.	Bruyère............	»
»	FRINGANTE........An.	1849	F.	Graziella...........	»
»	FURETTE..........Ar.	1846	F.★	Ma belle............	M.
		1849	F.★	Perrette............	»

	1851	F.★	Lorette...............	»
GAMBA.............Ar.	1846	M.★	Uzerche...............	»
	1847	F.★	Nazareth..............	»
	1849	M.	Yerville..............	»
	1850	M.	Zouave................	»
	1851	M.	N....................	*M.-L.*
GARBA..........Ar.	1851	F.	Behergiour...........	»
GOURBETTE....An.-Ar.	1847	F.	Nankine..............	»
	1850	F.	Quinette.............	»
	1852	F.	Lisette..............	»
HÉLÉIS.......An.-Ar.	1847	F.	Nausicaa.............	»
	1848	M.★	Xerxès...............	»
HERMINE.........Ar.	1847	M.★	Vauban...............	»
	1849	M.★	Yo...................	»
	1851	M.	Tedmor...............	M.
HERMINIE ex HERMINÉE, An.-Ar.	1846	F.	N....................	*M.-N.*
	1849	M.★	Y....................	»
HŒMA.......An.-Ar.	1846	F.★	Mauricette...	»
	1847	M.★	Vulcain..............	»
	1848	M.	N....................	*M.-N.*
IRIS..........An.-Ar.	1847	M.★	Vatel................	»
	1848	F.★	Opale................	»
ISABELLE.....An.-Ar.	1850	F.	Qui-va-là............	*M.*
JUVENTA......An.-Ar.	1849	F.	Pécore...............	*M.*
	1850	M.★	Zaatcha..............	»
KAIDA............An.	1849	F.★	Lorette..............	»
KALOUGA......An.Ar.	1847	F.	Nedroma.............	»
KOWA ....Ar.	1849	F.	Papillotte...........	»
	1850	M.	Nerva................	»
LARA..........An.-Ar.	1850	M.	Zampa................	*M.*

		1852	F.	Ritta................	»
»	LASCIVA.......An.-Ar.	1850	F.	Quêteuse.............	»
»	LÉANA.........An.-Ar.	1849	F.	Perruche............	»
		1850	M.	Zéphir...............	»
»	LÉGENDE..........Ar.	1850	F.	Quiloa..............	»
»	LIESSE.........An.-Ar.	1850	M.	Zenon...............	»
	LŒTITIA.......An.-Ar.	1847	F.★	Ninive..............	»
»	MOLINA........An.-Ar.	1851	M.	Kaled...............	»
»	NÉMÉSIS...........Ar.	1852	M.	Ben Hussein.........	»
»	OLGA............An.	1848	M.	Well Come	»
»	SCHAMMARE........Ar.	1853	M.	Syrien..............	»
»	VÉNÉZIA..........An.	1846	F.★	Megg Merillies........	»
»	ZILLAH.......An.-Ar.	1853	M.	Ben Hussein..........	C.

S. B. F. 1er v. 2e éd.
p. 443.

IBRAHIM Ier.

(H. I.)

N. Arabe, né en France, au H. I. de Pompadour, en 1835. — Son père,
HALEBY (Arabe) ; Sa mère, FEDAWIE (Arabe).

A produit avec :

»	FÉE...............Ar.	1852	F.	Fanchon...............	'
»	MÉDINE, ex LINDA, An.-Ar.	1849	F.	Petra................	»

S. B. F. 1er v. 2e éd.
p. 444.

IBRAHIM II.

Importé en 1851. — H. I. — 1845. — Mort en 1850.

G. Arabe, né en 1832.

A produit avec :

»	ALICE..........An.-Ar.	1850	M.	Iman...............		»
»	CÉLINA........An.-Ar.	1850	M.	Chabb.............		*C.*
»	DAHRA.......An.-Ar.	1850	F.	Mascate...........		»
»	KALIFA........ .....Ar.	1850	M.	Sinaï..............		»
»	MÉLÉHA..........Ar.	1849	M.	Jaffa.............		»
		1850	F.	Sana.............		»
»	MÉLINA........An.-Ar.	1846	M.★	Pacha............		»
		1849	F.★	Nézida...........		»
		1850	F.	Yemen....		»
»	MIRZA........An.-Ar.	1849	M.	Cheik............ .		*Ex.*

S. B. F. 1er v. 2e éd.
p. 444.

IMPÉTUEUX.

Importé en ..... — H. I. — 1820. — Mort en 1840.

G. Arabe, né en 1812.

A produit avec :

»	CAPRICE..........An.	1823	F.★	Zaluca............		»
»	CARLINE.......An.-Ar.	1833	M.★	Carthago...........		»
	.	1836	M.	Altamor............		*M.-L.*
		1837	F.	N.................		**M.-L.**
M.	ELSY...........An.	1834	M.★	Luxor..........		»
M.	POMPONIA .....An.-Ar.	1838	M.	N..............		*M.-L.*

S. B. F . 1er v. 2e éd.
p. 445.

KABIN.

(H. I.)

Al. Arabe, né en France, au **H. I.** de Pompadour, en 1836. — Son père, ANTAR (Arabe); Sa mère, VALIDÉ (Arabe).

A produit avec :

»	ABDALLA......... ....Ar.	1851	M.	Kab..........		»

S. B. F. 1er v. 2e ed.
p. 145.

KARCHANE.

Importé en 1842. — (H. I. — 1853.)

G. Arabe, né en 1833.

A produit avec :

M.	BERGÈRE..........An.	1845	M.	Sylphe..............	»
		1846	M.	Teuton..............	»
»	ÉMERAUDE........An.	1845	F.	Syrienne...........	»
		1846	M.	Tartare.............	C.
		1848	M.	Volcan.............	»
»	FELICIA..........An.	1847	M.	Usson.............	»
		1848	F.	Venise.............	»
»	FRANTIC..........An.	1847	F.	Zora..............	»
»	GIRFAH........An.-Ar.	1848	M.	Djerid.............	»
		1850	M.	Adim..............	»
		1852	F.	Nazlé.............	»
»	HÉRÉSEIS..........Ar.	1849	M.	Alep..............	»
		1851	M.	Le Caire...........	»
»	JACINTHE......An.-Ar.	1846	F.	Dilhara............	»
»	LOVELY..........An.	1846	M.	Triton.............	»
		1847	F.	Urgèle.............	»
		1848	F.	Vigie.............	»
		1849	M.	Athlète............	»
		1853	M.	Electrique..........	»
»	MÉDUSE..........An.	1845	M.	Y. Karchane.........	M.
»	MISS ANN, p. Filho da Puta. An.	1847	F.	Zulmé.............	»
»	NY..............An.	1846	M.	Syrien.............	»
		1847	F.	Urbaine............	»
		1849	M.	Animi.............	C.
		1850	M.	Bonsoir............	C.

*	OCCIPITE..........An.	1847	M.	Agba...............	»
»	OLINGA ex ILLUSION, An.	1846	F.	Tunisienne..........	*M.*
		1847	M.	Ut...............	»
		1848	F.	Vesta.............	»
»	QUINTEUSE........An.	1849	F.	Alerte.............	»
		1850	M.	Bombai...........	»
		1851	M.	Clytus............	»
»	SYLPHIDE.........An.	1848	M.	Washington..........	*C.*
		1850	F.	Babelle...........	»
»	SYLVIA..........An.	1846	F.★	Terpsichore..........	»
		1848	F.	Vélocité...........	»
		1849	M.	Allègre............	»
		1850	F.	Belle.............	»
		1851	F.	Clytie............	»
»	THALIE..........An.	1846	M.	Tripolien...........	»
		1848	F.	Vieille...........	»
		1849	F.	Deer ex Annette.......	»

S. B. F. 1er v. 2e éd.
p. 446.

KOCHLANY.

Importé en 1807. — H. I. — Vendu en 1825.

N. Arabe, né en 1802.

A produit avec :

»	BEDOUINE, ex BEDUINE, Ar.	1816	M.	Alger.............	»
		1818	F.	Civette............	»
M.	HOURY...........Ar.	1812	F.★	Amazone...........	»
»		1816	F ★	Azémia............	»
M.	MOMIE..........Ar.	1812	M.	Cerf............	»

S. B. F. 1er v. 2e éd.
p. 447.

KOHEIL HAMDANI.

Importé en 1842. — H. I. — 1844. — Mort en 1852.

G. Arabe, né en 1836. — Son père, HAMDANI KOHEIL (Arabe) ; Sa mère, HAMDANIE KOHEILA (Arabe).

A produit avec :

»	BATAYA........Barbe.	1849	M.	Ben Hamdani.........	C.
»	BAYA ....Barbe.	1849	F.	Favorite	»
»	BAYADÈRE........An.	1852	F.	Gizelle..............	»
»	EMERAUDE........An.	1844	F.	Rebecca.............	M
M.	JULIETTE.........An.	1850	M.	Pantin..............	»
M.	KAIFFA..........Ar.	1850	M.	Malek-Adel..........	M.
M.	LYDIA ....Barbe.	1851	M.	Ismaël..............	M.
»	ROSA..........Barbe.	1852	M.	Bagnères Montloo.....	»
»	VIOLA............An.	1850	F.	Gimmerine..........	»
»	ZILLAH.......An.-Ar.	1844	F.★	Andaë.......	M.

S. B. F. 1er v. 2e ed.
p. 447.

KOHEIL HAMDANI ARBI.

Importé en 1842. — (H. I. — 1844.)

Al. Arabe, né en 1832. — Son père, HAMDANI KOHEIL (Arabe); Sa mère, HAMDANIE KOHEILA (Arabe).

A produit avec :

»	FÉE..............Ar.	1848	M.	Achmet.............	M.
»	MASSOUDÉ.....An.-Ar.	1845	M.	Sélif................	C.
		1846	M.	Kébir...............	C.
»	MÉDÉAH.......An.-Ar.	1850	F.	Constantine..........	»
»	MIRZA.........An.-Ar.	1845	F.	Cora................	»
»	PIMPERINETTE.....An.	1848	F.★	Sylvia.....	»

S. B. F. 1er v. 2e éd.
p. 447.

KOHEIL OBAYAN SEDEREI.

Importé en 1842. — (H. I. — 1844.)

G. Arabe, né en 1835. — Son père, KOHEIL OBAYAN (Arabe); Sa mère, KOHEILA OBAYANA (Arabe).

A produit avec :

»	ALTHEA........An.-Ar.	1845	F.★	Lara..............	»
M.	BALSORA.........Ar.	1845	F.★	Légende...........	»
»	BAYADÈRE........An.	1853	F.	Espérance..........	»
»	BÉRÉNICE......An.-Ar.	1846	M.★	Uletur............	»
»	CANDOUR AMDAM...Ar.	1846	M.	Ugolin............	M.
»	CÉLÉSYRIE........Ar.	1845	M.★	Tippo Saëb.........	»
»	DALILA..........Ar.	1845	M.★	Tristan............	C.
		1847	M.★	Valençay..........	»
»	CURL............An.	1852	M.	Mariette...........	»
»	DELPHINE.....An.-Ar.	1845	F.★	Lachesis...........	M.
»	DINE.........An.-Ar.	1846	F.★	Molina............	»
		1848	F.	Observance.........	»
M.	DIOMEDA.......Ar.	1845	F.	Lisbeth...........	»
»	FOLLETTE......An.-Ar.	1846	F.★	Marie-de-Brabant......	»
		1848	M.	Xavier............	»
M.	FORTUNÉE........Ar.	1846	M.★	Ustuberlu..........	»
»	FURETTE.........Ar.	1848	F.★	Omphale...........	»
»	GAMBA..........Ar.	1845	M.	Tell..............	M.-L.
		1848	M.★	Xiloë............	»
»	ISABELLE......An.-Ar.	1849	M.★	Yatagan...........	»
»	KALOUGA......An.-Ar.	1846	M.★	Uhland...........	»
»	LEANA.......An.-Ar.	1848	F.	Okana............	M.
»	LŒTITIA......An.-Ar.	1846	M.	Uredo............	M.-L.
		1848	M.★	Ximènes..........	»
»	LOVELY.........An.	1844	F.	Rusée............	M.
M.	VALIDÉ..........Ar.	1845	F.	Datura...........	M.

S. B. F. 1er v. 2e éd.
p. 447.

KOHEIL SAADAN.

Importé en 1842. — H. I. — 1844. — Castré en 1847.

G. Arabe, né en 1835.

A produit avec :

»	SYLVIA..............An.	1845	M.	Sarrasin.............		»
»	THALIE...........An.	1845	M.	Scarron.............		»
»	URANIA.........An.	1846	M.	Abd-el-Kader........		»

S. B. F. 1er v. 2e éd.
p. 447.

KOULELI.

Importé en 1850. — (H. I.)

G. Arabe, né en 1839. — Son père, OBAYAN (Arabe) ; Sa mère, NEDJDI (Arabe).

A produit avec :

»	ALICE.........An.-Ar.	1851	M.	Joas................		»
		1852	M.	Moïse...............		»
		1853	F.	Olympe.............		»
»	CELINA........An.-Ar.	1851	M.	Hellen.............		»
M.	DAHRA........An.-Ar.	1851	M.	Cyrus..............		»
		1852	F.	Damiette...........		»
»	DEIDZA [1].......An.-Ar.	1851	M.	Pomone.............		M.
M.	DEIRA........Au.-Ar.	1852	F.	Dina...............		»
»	KALIFA..........Ar.	1852	M.	Visir..............		»
		1853	M.	Ivan...............		»
»	MEDINE ex LINDA, An.-Ar.	1851	F.	Sara..............		»
		1852	M.	Firman.............		»
		1853	M.	Ariel.............		»
M.	V. MÉLÉHA.....An.-Ar.	1851	M.	Jobard............		»

[1] DEIDZA a été revue, en 1850, par *Ali Baba*.

»	MÉLINA........An.-Ar.	1851	M.	Saül.............		»
		1852	F.★	Djerid.............		»
»	MIRZA.........An.-Ar.	1851	M.	Coran.............		»
"	NATHALIE......An.-Ar.	1852	M.	Omar.............		»
»	STELLA..........An.	1851	F.	Flore.............		»
'	SWALLOW........An.	1851	M.	Ben Kouleli.........		»

S. B. F. 1er v. 2e éd.
p. 447.

LAISUM.

H. I. — Vendu en 1847.

Al. Arabe, né en France, au H. I. de Pompadour, en 1837. — Son père,
Emmon (Arabe) ; Sa mère, Java (Arabe).

A produit avec :

»	CANDOUR AMDAM...Ar.	1842	M.★	Quidam.............		»
		1843	M.★	Remus.............		»
M	DÉJANIRE..........Ar.	1842	M.★	Quinola.............		»
»	ELODIE...........Ar.	1843	M.★	Régent.............		»
M.	HAMDANIE........Ar.	1843	M.★	Rabbin.............		C.
M.	KOEYL..........Ar.	1842	F.★	Amine.............		»
		1843	M.★	Codadad...........		»
»	LITTLE GIRL.. ....An.	1842	M.	N..............		»
»	WARDA..........Ar.	1843	F.	Ydsulfa.............		M.-L.

S. B. F. 1er v. 2e éd.
p. 449.

MANSOURAH (BAY ARABIAN).

Importé en 1837. — H. I.   Mort en 1851.

B. Arabe, né en 1826.

A produit avec :

»	AIMÉE............An.	1852	M.	Nylus.............	»
M.	FEDAWIE.........Ar.	1841	F.	N..................	M.-L.
M.	KAIFFA...........Ar.	1851	F.	Mlle Massoud.........	»
»	MOINA... .....An.-Ar.	1840	M.★	Orient..............	»
M.	MONAGHIE........Ar.	1837	M.★	Lynx..............	»
		1839	F.★	Fée..............	»
	NINA..........An.-Ar.	1849	F.	Fathma............	»
»	ZELIE.........An.-Ar.	1847	M.	Arabian.............	C.

S. B. F. 1er v. 2e éd.
p. 449.

MASCARA.

Importé en ..... — (H. I. — 1837.)

G. Barbe, né en 1826.

A produit avec :

»	FAVORITE.........Ar.	1845	F.	Medine.............	»
		1850	M.	Jaffa..............	»
		1851	F.	Circé.............	»

S. B. F. 1er v. 2e éd.
p. 449.

MASSOUD.

Importé en 1821. — H. I. — Mort en 1845.

B. Arabe, né en 1815.

A produit avec :

M.	ASFOURA..........Ar.	1837	F.★	Diomeda............	»
M.	BALSORA..... ....Ar.	1843	F.	Jalousie	»
		1844	F.	N..................	M.-N.
»	BETZY...........An.	1843	M.★	Rio-Janeiro...........	»
»	CANDOUR AMDAM...Ar.	1841	F.★	Hectorine............	»

»	CÉLESYRIE........Ar.	1843	M.★	Rajah.............	*M.*
		1844	F.★	Kaiffa.............	*M.*
»	CHANOINESSE......An.	1842	F.★	Léana.............	»
»	CIN.............Ar.	1843	F.★	Massouda..........	»
M.	CLORIS........An.-Ar.	1832	M.★	Y. Massoud.........	»
		1833	F.★	Mignonne..........	»
M.	CORÉ...........Ar.	1841	M.	Phœbus...........	*M.*
»	DANAË..........An.	1842	F.★	Dinarzade..........	»
M.	DEER...........An.	1824	F.★	Danaë.............	»
		1825	F.★	Galatée...........	»
»	DIDON........An.-Ar.	1843	M.★	Romagnesi..........	»
		1844	F.★	Ky................	»
»	DINE.........An.-Ar.	1843	F.★	Juventa...........	»
»	DULCINÉE......An.-Ar	1844	M.★	Sigg.............	»
M.	FEDAWIE.........Ar.	1837	F.★	Desdemona..........	»
		1839	M.	N................	*M.-L.*
		1840	F.	N................	*M -N.*
»	FOLLETTE.....An.-Ar.	1843	F.★	Jactance...........	»
		1844	M.★	Smoull............	»
M.	FORTUNÉE........Ar.	1844	M.	Sennaar...........	*C.*
M.	HAMDANIE........Ar.	1837	F.★	Dejanire..........	*M.*
		1838	F.	N................	*M.-L.*
»	HOEMA........An.-Ar.	1844	F.	Kouba...........	*M.*
M.	JAVA..........Ar.	1838	M.★	Mezaroum..........	»
M.	KOEYL.........Ar.	1838	F.★	Elodie...........	»
M.	LUNA...........An.	1839	M.★	Neptune..........	*C.*
		1841	F.★	Héra.............	»
»	MISS ANN p. Figaro,An.	1842	M.★	Ben Massoud.........	*C.*

M.	NICHAB............Ar.	1834	M.★	Hector.............	»
		1837	F.★	Dalila..............	»
M.	PARASOLINA........An.	1832	F.★	Constance...........	»
		1833	M.★	Partisan............	*C.*
M.	SELIM MARE.......An	1823	F.★	Delphine............	»
		1824	M.	Emir...............	*C.*
		1825	M.★	Derviche...........	»
M.	VALIDÉ...........Ar.	1837	M.★	Leonidas...........	»
		1838	F.★	Eurydice..........	*M.*
		1841	F.	N..................	*M.-L.*
		1843	F.	Paola..............	*M.*
M.	VESTA........An.-Ar.	1843	M.	Saleh.............	*C.*
»	WARDA...........Ar.	1837	M.	Lion...............	»
		1839	F.★	Furette............	»
		1844	M.	N..................	*M.-L.*
»	WAVERLEY MARE..An.	1841	F.★	Herminie ex Herminée.	»
»	ZILLAH.......An.-Ar.	1841	M.★	Patrocle...........	»
M.	ZORAIDE..........Ar.	1838	M.★	Muphty.............	»

S. B. F. 1er v. 2e éd.
p. 450.

MEHEDI.

Importé en 1850. — (H. I.)

G. Arabe, né en 1846. — Son père, KOHELAN ABOU GENOUBE (Arabe); Sa mère, EL HADBA KOHEIL (Arabe).

A produit avec :

M.	VERONICA.........An.	1852	F.	Anna................	»

S. B. F. 1er v. 2e éd.
p. 450.

MELHEAN.

Importé en 1822. — H. I. — Mort en 1841.

G. Arabe, né en 1817.

A produit avec :

M.	AZEMIA..............Ar.	1824	M.	Intrepide............	»

S. B. F. 1er v. 2e éd.
p. 450.

MENTOR.

(Anglo-Arabe.) — H. I. — Vendu en 1847.

B. Né en France, au H. I. de Pompadour, en 1838. — Son père, Sylvio ;
Sa mère, Moïna (Arabe).

A produit avec :

»	CLEMATIS......An.-Ar.	1848	F.	Heiress..............	»
»	NORMA [1]..........An.	1848	F.	Agiba..............	»

S. B F. 1er v. 2e éd.
p. 450.

MESROOR.

Importé en ..... — H. I. — 1847. — Vendu en 1853.

G. Arabe, né en 1832.

A produit avec :

»	DALILA............Ar.	1848	F.	Tafna..............	»
M.	EURYDICE........Ar	1848	F.	Io..............	M.
»	FORTIFICATION, An.-Ar.	1848	F.★	Ondine..............	»
»	HERMINIE ex Herminée, An.-Ar.	1848	F.	Oenone..............	»
»	JUVENTA......An.-Ar.	1848	F.	Obole..............	»

S. B. F. 1er v. 2e éd.
p. 451.

MESRUR.

Importé en 1841. — H. I. — Vendu en 1849.

B. Arabe, né en 1831.

A produit avec :

»	BERENICE......An.-Ar.	1843	M.★	Rominagrobis..........	»
		1844	M.	Stalking..............	C.
»	BRESILIA......An.-Ar.	1843	F.	Jane Rose...........	»
»	CANDOUR AMDAM...Ar.	1844	F.★	Kowa..............	»

[1] Norma a été revue, en 1850, par *Agib* (Arabe).

»	GIN..............Ar.	1842	F.	Idea.................	»
M.	CORÉ.............Ar.	1842	F.	Idylle...............	»
		1843	F.	Judith...............	M.
»	DALILA...........Ar.	1842	M.	Questeur.............	M.
		1843	M.★	Rebus...............	C.
		1844	F.★	Kaïda...............	»
»	DANAE........An.-Ar.	1844	M.	Salah-el-Dyn.........	C.
M.	DEJANIRE.........Ar.	1843	M.	Rotterdam...........	M.
»	DESDEMONA.......Ar.	1842	M.	Quiroga.............	»
		1843	M.	Beder...............	M.-L.
M.	DIOMEDA.........Ar.	1842	F.	Idalie...............	»
		1843	M.	Romanoff............	M.
»	DULCINÉE......An.-Ar.	1843	M.★	Riego...............	M.
M.	EURYDICE.........Ar.	1843	M.★	Regulus.............	C.
		1844	M.★	Seypan..............	»
»	FURETTE..........Ar.	1844	F.★	Kebira..............	»
M.	LUNA............An.	1842	F.★	Zelima..............	»
M.	NICHAB...........Ar.	1844	F.	Keabé..............	»
M.	VALIDÉ...........Ar.	1842	M.	Quibus..............	M.
»	WAVERLEY MARE, An.	1842	M.	Calif...............	Ex.
M.	ZORAIDE..........Ar.	1842	F.	Idole...............	M.

MEZAROUM.

H. 1. — Vendu en 1849.

B. Né en France, au H. 1. de Pompadour, en 1838. — Son père, MASSOUD (Arabe) ; Sa mère, JAVA (Arabe).

A produit avec :

»	ALTHÉA........An.-Ar.	1844	M.★	Sghir-ben-Abd-el......	»

»	BRÉSILIA . . . . . .An.-Ar.	1844	F.	Kalmia.	»
»	ÉLODIE. . . . . .Ar.	1844	M.	Salvator Rosa.	*M.*
»	GOURBETTE. . . .An.-Ar.	1844	F.★	Ketmie.	»
»	HAMDANIE. . . . . . . .Ar.	1846	F.	Assaki.	*M.-L.*
»	LILIA. . . . . . . .An.-Ar.	1848	F.	N.	*M.-L.*
		1850	F.	Melia.	»

S. B. F. 1ᵉʳ v. 2ᵉ éd.
p. 452.

NADAR.

Importé en . . . . . — H. I. — 1833. — Castré en 1851.

Al. Arabe, né en 1828.

A produit avec :

»	BÉDOUINE. . . . . .Ar.	1844	F.	Solima.	

S. B. F. 1ᵉʳ v. 2ᵉ éd.
p. 453.

NASSER.

Importé en 1822. — H. I. — Mort en 1843.

B. Arabe, né en 1817.

A produit avec :

»	ARSÉNA. . . . . . .An.-Ar.	1841	F.	N.	*M.-N.*
M.	ELZIRA. . . . . .An.	1841	F.	N.	*M.-L.*
M.	POMPONIA. . . . . .An.-Ar.	1841	M.★	Luscoque.	*C.*
		1843	M.	Magnifique.	»

S. B. F. 1ᵉʳ v. 2ᵉ éd.
p. 453.

NEDJDI.

(H. I. — 1849.)

Al. Arabe, né en France, au H. de Saint-Cloud, en 1843. — Son père, un étalon du YEMEN ; Sa mère, KEHLAN YEMANI (Arabe).

A produit avec :

»	URANIA. . . . . .An.	1850	M.	Nedjidi.	*C.*
		1851	F.	Medine.	»

S. B. F. 1er v. 2e éd.
p. 455.

NUMIDE.

(H. I.)

G. Né en France, au H. I. de Pompadour, en 1839. — Son père, BEDOUIN (Arabe); Sa mère, ASFOURA (Arabe).

A produit avec :

»	BRÉSILIA . . . . . . An.-Ar.	1845	M.	Trouble Fête	M.
»	CANDOUR AMDAM . . . . Ar.	1845	F.★	Lac Dye	»
M.	CORÉ . . . . Ar	1845	F.	Nisa	»
»	DESDEMONA . . . . Ar.	1844	M.	Assad	C.
»	DULCINÉE . . . . . . An.-Ar.	1845	F.★	Lasciva	»
M.	EURYDICE . . . . Ar.	1845	F.	Lievita	»
»	FOLLETTE . . . . . . An.-Ar.	1845	F.	Lentille	»
»	FURETTE . . . . Ar.	1845	M.★	Tom-Pouce	»
»	GOURBETTE . . . . An.-Ar.	1845	M	Tenor	M.
»	HOEMA . . . . An.-Ar.	1845	M.★	Tu Autem	»
»	LOETITIA . . . . . . An.-Ar.	1845	F.★	Liesse	»
M.	VALIDÉ . . . . Ar.	1848	F.★	Mina	»
M.	VESTA . . . . An.-Ar.	1844	M.	Ganem	»

S. B. F. 1er v. 2e éd.
p. 455.

PATROCLE.

(H. I.)

B. Né en France, au H. I. de Pompadour, en 1841. — Son père, MASSOUD (Arabe); Sa mère, ZILLAH (Arabe).

A produit avec :

»	VESTA . . . . An.-Ar.	1852	M.	Y. Patrocle	»
»	ZÉLIE . . . . An.-Ar.	1852	F.	Gazelle	»

S. B. F. 1ᵉʳ v. 2ᵉ éd.
p. 455.

POLIDAS.

(H. I.)

Al. Né en France, au H. I. de Pompadour, en 1841. — Son père, Bedouin (Arabe); Sa mère, Celesyrie (Arabe).

A produit avec :

M.	ASFOURA	Ar.	1846	M.	Omicron	»
»	GAIETY	An.	1846	F.	Unique	»
»	GARBA [1]	Ar.	1845	M.	Zineby	M.
»	PARASOL	An.	1847	F.	Ombrelle	»

S. B. F. 1ᵉʳ v. 2ᵉ éd.
p. 455.

OAKAB.

(H. I.)

B. Né en France, au H. I. de Pompadour, en 1840. — Son père, Shaklawie Amdani (Arabe); Sa mère, Balsora (Arabe).

A produit avec :

»	DULCINÉE	An.-Ar.	1847	M.	Verrès	C.

S. B. F. 1ᵉʳ v. 2ᵉ éd.
p. 456.

QUIDAM.

(H. I.)

B. Né en France, au H. I. de Pompadour, en 1842. — Son père, Laïsem (Arabe); Sa mère, Candour Amdam (Arabe).

A produit avec :

»	GOURBETTE	An.-Ar.	1853	F.	Oculine	»

S. B. F. 1ᵉʳ v. 2ᵉ éd.
p. 457.

RAJAH.

H. I. — Mort en 1852.

Al. Né en France, au H. I. de Pompadour, en 1843. — Son père, Massoud (Arabe); Sa mère, Celesyrie (Arabe).

[1] GARBA a été revue, en 1844, par *Oriental*.

A produit avec :

»	ALTHÉA ....An.-Ar.	1848	F.	Octavie.............	M.
M.	ANDAÉ ....An.-Ar.	1851	F.	Briseis.............	»
»	BATAYA........Barbe.	1852	M.	Ben Rajah...........	»
»	DIDON.........An.-Ar.	1848	F.★	Occasion	»
»	EMMA............An.	1851	M.	Raymond............	»
»	MEDEAH.......An.-Ar.	1851	M.★	Mohammed...........	»
		1852	F.	Miss Aouda..........	»
»	NINA.........An.-Ar.	1851	M.	Saint-Bernard........	M.-L.
»	REINE DE CHYPRE, An.-Ar.	1848	M.★	Xenocrate...........	»
»	ROSA..........Barbe.	1851	M.	Prince Rosette.......	»
»	SKIRMISH ex SKIRMIS-HERE, An.	1851	M.	Memphis............	»
»	ZILLAH........An.-Ar.	1852	F.	Ramire.............	»

S. B. F. 1er v. 2e éd. p. 457.

RAZ EL FEDAWE.

Importé en ..... — H. I. — 1819. — Mort en 1833.

G. Arabe, né en 1814.

A produit avec :

M.	EGILFÉ...........Ar.	1825	F.★	Java.................	M.
		1826	F.	Sapho...............	M.-L.
»	GAZELLE.........Ar.	1824	F.	Iphigenie............	M.-L.
»	HEUREUSE........Ar.	1824	M.	Ingénieur	M.
»	HUMÉRA..........Ar.	1826	F.★	Validé	M.
»	TAURIS...........Ar.	1825	F.	Joyeuse.............	»

S. B. F. 1ᵉʳ v. 2ᵉ éd.
p. 457.

RÉGENT.

(H. I.)

G. Né en France, au H. I. de Pompadour, en 1843. — Son père, Laïscm (Arabe); Sa mère, Elodie (Arabe).

A produit avec :

Æ.	VALIDÉ............Ar.	1851	F.	Régente..............		»

S. B. F. 1ᵉʳ v. 2ᵉ éd.
p. 459.

SAOUD.

Importé en ..... — H. I. — 1844. — Mort en 1848.

G. Arabe, né en Arabie, en 1824.

A produit avec :

»	ALTHÉA........An.-Ar.	1847	M.*	Vauquelin............		»
M	BALSORA.........Ar.	1846	M.*	Ussel...............		»
»	ELODIE.........Ar.	1846	M.	Urbain IV............		C.
		1848	F.	Ova....		»
M.	EURYDICE ....Ar.	1847	F.*	Nemesis.............		»
»	FURETTE.........Ar.	1847	F.	Noisette.............		M.-L.
»	GARBA ....Ar.	1846	M.*	Beddredin...........		»
»	ISABELLE......An.-Ar.	1847	F.	Nanine.............		»
»	JACINTHE......An.-Ar.	1848	M.	Xanthus		»
»	LEANA ....An.-Ar.	1847	M.	Vasa................		»
»	REINE DE CHYPRE, An.-Ar.	1847	F.	Naxos		»
»	VÉNÉZIA..........An.	1847	M.	Véronèse............		»

S. B. F. 1er v. 2e éd.
p. 460.

SEKLAVI II.

Importé en 1842. — H. I. 1849.

G. Arabe, né en 1838.

A produit avec :

M.	ABJER MARE........An.	1848	M.	Soubki................		M.
»	EGLANTINE........An.	1846	M.	X..................		»

S. B. F. 1er v. 2e éd.
p. 460.

SELIM.

Importé en .....

Bb. Arabe, né en 1819. — Son père, SHAKLAVIE (Arabe) ; Sa mère, METHOSA (Arabe).

A produit avec :

»	BADAWIE.........Ar.	1826	M.	X..................		M.- N.
		1827	M.	Prince Zizine.........		»
M.	DURSIE...........Ar.	1826	F.★	Mlle St-Clair..........		»
		1827	M.	Bienvenu............		»
M.	SHABAT ....Ar.	1827	M.	Le petit roi d'Yvelot...		»
»	WARDA ....Ar.	1826	F.	Reine d'Yvelot........		»

S. B. F. 1er v. 2e éd.
p. 460.

SELIM.

Importé en ..... — H. I. — 1834. — Mort en 1848.

B. Arabe, né en 1824.

A produit avec :

M.	VALIDÉ...........Ar.	1844	M.	Didier...............		»

S. B. F. 1er v. 2e éd.
p. 461.

SHAKLAWIE AMDAM.

Importé en ..... — H. I — 1852. — Mort en 1842.

Al. Arabe, né en 1817.

A produit avec .

Ex.	BADAWIE............Ar.	1830	F.	Moustache..............	»
M.	BALSORA..........Ar.	1840	M.★	Oakab	»
M.	CANDOUR..........Ar.	1828	M.★	Balizam Leben Atdjabel.	»
		1833	F.★	Candour Amdam......	»
»	GENTILLE ....Ar.	1828	F.	Gered.............	»
»	ROSINA ....An.	1833	F.	Lucrèce.............	»
»	WARDA...........Ar.	1829	F.★	Warda Bouza.........	»
		1831	M.★	Almanzour	»

S. B. F. 1er v. 2e éd.
p. 462.

SHERIF.

Importé en 1850. — (H. I.)

G. Arabe, né en 1835. — Son père, MANEKI (Arabe) ; Sa mère, DJELFÉ (Arabe).

A produit avec :

| » | ALICE.........An.-Ar. | 1854 | F. | N................... | M. |

S. B. F. 1er v. 2e éd.
p. 462.

SIDI MAHMOUD.

Importé en..... — H. I. — 1829. — Vendu en 1852.

G. Barbe, né en 1815.

A produit avec :

M.	CAPELLA..........An.	1827	M.	Copernic.............	»
M.	EFFY ....An.	1827	F.	Clio.................	»
		1828	M.	Duguesclin...........	»
M.	ELVIRA.. ....An.	1829	F.	Egeria.............	M.
M.	PHILOMÈLE.....An.-Ar.	1827	M.	N...................	M.-N.
		1828	M.	Delta	C.
M.	REBECCA p. EAGLE. An.	1828	M.	David................	»

S. B. F. 1er v. 2e éd.
p. 465.

SIDI MOUSSAH.

Importé en..... — (H. I. — 1848.)

G. Barbe, né en 1838.

A produit avec :

»	RIGOLETTE.....An.-Ar.	1850	F.	Friponne............	»

S. B. F. 1er v. 2e éd.
p. 465.

TACHIANI.

Importé en 1842. — (H. I. — 1852.)

G. Arabe, né en 1839.

A produit avec :

»	AQUILA...........An.	1848	F.	Légère............	»
»	BATAYA.......Barbe.	1847	M.	Bou-Maza...........	»
M.	KENHLAN YEMANI, Ar.	1851	F.	Taquine...........	»
»	ZILLAH.......An.-Ar.	1848	F. ★	Taquine...........	»

S. B. F. 1er v. 2e éd.
p. 465.

TAMERLAN Ier.

Importé en ..... — H. I. — 1821. — Vendu en 1852.

B. Persan, né en.....

A produit avec :

M.	PALMYRE.........Ar.	1815	F. ★	Tauris............	»
		1818	F.	Corinne............	»

S. B. F. 1er v. 2e éd.
p. 464.

TÉMÉRAIRE.

Importé en ..... — H. I. — 1820. — Vendu en 1829.

G. Arabe, né en 1810.

A produit avec :

»	GAZELLE.........Ar.	1821	F.	Fatme............	»
»	HEUREUSE.........Ar.	1821	F.	Coquette............	»

S. B. F. 1er v. 2e éd.
p. 464.

TIPPO SAEB.

(H. I.)

Al. Né en France au H. I. de Pompadour, en 1845. — Son père, Koheil
Obayan Sederei (Arabe); Sa mère, Celesyrie (Arabe).

A produit avec :

»	SMALA ....An.-Ar.	1851	F.	Ega...............		»
		1852	F.	Nadir...............		»
		1853	F.	Estelle.............		»
»	SYLVIA ....An.-Ar.	1852	M	Adda...............		»

S. B. F. 1er v. 2e éd.
p. 465.

TURKMAN.

Importé en 1841. — (H. I.)

G. Turc, né en 1830.

A produit avec :

»	BETZY.............An.	1845	M.★	Tiburce............		»
»	DIDON..........An.-Ar.	1845	M.★	T. Ben Turkman		»
M.	EUGENIE.......An.-Ar.	1843	M.	Rhésus		»
»	FAVORITE ....Ar.	1843	M.★	Zeid Mehemet........		»
»	KETMIE.........An.-Ar.	1848	F.★	Mirza.............		»
»	VENEZIA ....An.	1845	M.★	Tanger............		»

S. B. F. 1er v. 2e éd.
p. 475.
1er Suppl. p. 214.

XÉRÈS.

(Anglo-Arabe.) — (H. I.)

G. Né en France, au H. I. de Pompadour, en 1848. — Son père, Romagnesi;
Sa mère, Candour Amdam (Arabe).

A produit avec :

»	BATAYA ....Barbe.	1853	M.	Barka...............	»

ÉTALONS DE PUR SANG

NÉS EN ANGLETERRE

Employés avec les Juments indigènes de 1801 à 1853.

EXPLICATION DES ABRÉVIATIONS : *M.* Mort; — *C.* Castré; — *Ex.* Exporté.

Année de la naissance.	Année de l'importation.	NOMS DES ÉTALONS.	ORIGINE.		Année de la mort, de la castration, de l'exportation.
			Père.	Mère.	
1853	1837	A.....................	Voltaire..........	Schedule p. Octavian...	»
1836	»	ABRAHAM COWLEY.....	Jerry.............	Eleanor p. Comus.....	»
1807	1817	AD LIBITUM ou ACRAU.	Whiskey..........	Sea Fowl p. Woodpecker	1827 *M.*
1816	1822	ALDFORD............	Pavillon..........	Olive Branch p. Sir Peter	»
1821	1828	ALFRED.............	Filho da Puta....	Staveley Lass p. Shuttle ou Hambletonian.	1853 *M.*
1846	1852	ANDALUSIAN.........	Liverpool Junior.	Myrrha p. Whalebone..	»
1818	»	ATOM..............	Phantom.........	Mite p. Meteor........	»
1830	1852	AUCKLAND...........	Touchstone.......	Maid of honor p. Champion.	»
1848	1852	BAN (THE)...........	Don John........	Y. Defiance p. Saracen..	»
1834	1834	BEDLAMITE (Y.)......	Bedlamite........	Jenny p. Whalebone...	»
1849	1853	Y. BIRDCATCHER.....	Irish Birdcatcher.	Flower of the Tees par Langar.	»
1821	»	BORYSTHENES........	Smolensko........	Shuttle Mare.........	1850 *Ex.*
1822	1826	BRIGAND............	X. Y. Z,.........	Pipator Mare.........	1853 *C.*
1853	1839	BROOKLAND	Filho da Puta....	Nell Gwynne p. Tramp.	»
1808	1818	CAMERTON..........	Hambletonian....	Precipitate Mare......	1820 *M.*

Année de la naissance.	Année de l'importation.	NOMS DES ÉTALONS.	ORIGINE.		Année de la mort, de la castration, de l'exportation.
			Père.	Mère.	
1827	1831	CAPTIVE	Cervantes	Shoveler p. Scud	1840 M.
1825	1828	CHARON	Woful	Charcoal p. Sir Peter	»
1820	»	CINDER	Woful	Charcoal p. Sir Peter	1831 M.
1828	1834	CLARION	Catton	Henrietta p. Sir Solomon	» Ex.
1798	1815	CLAYTON	Overton	Matchem Mare	»
1845	»	COMUS	Chesnut Comus	Une fille de Tramper	»
1848	1852	CONSTELLATION	Lanercost	Moonbeam p. Tomboy	»
1804	1818	CORIOLANUS	Gohanna	Skysweeper p. Highflyer	»
1833	1836	COUNT D'ORSAY	Doctor Faustus	Prime Minister Mare	1849 C.
1848	1851	CRAVEN	Giraffe	Mab p. Duncan Grey	»
1840	1842	DELPHI	Elis.	Albania p. Sultan	»
1792	1818	DIAMOND	Highflyer	Matchem Mare	1819 M.
1831	1836	DICK	Lamplighter	Blue Stockings p. Popinjay.	»
1815	1819	EGREMONT	Skiddaw	Sir Peter Mare	1838 M.
1820	1828	ELECTROMETER	Thunderbolt	Pearl p. Sir Peter	1833 M.
1846	1852	ELTHIRON	Pantaloon	Phryne p. Touchstone	»
1822	1851	ENAMEL	Phantom	Miniature p. Rubens	»
1819	»	FARMER	Pericles	Harvest Mare	»
1831	1836	FAUNUS	Whalebone	Harpalice p. Gohanna	1851 C.
1820	1826	FELIX	Comus	Beaingbrough Mare (bai)	»
1847	1851	FITZ PANTALOON	Pantaloon	Rebuff p. Camel	»
1850	1855	FORTUNATUS	Picaroon	Granby Mare (Lucia)	»
1810	1820	GOHANNA (Y.)	Gohanna	Grey Skim p. Woodpecker.	1829 M.
1808	1818	HAMLET	Hambletonian	Marianne par Mufti	1855 M.
1848	1855	HERNANDEZ	Pantaloon	Blak Bess p. Camel	»
1822	1826	HOMER	Catton	Queen Coil p. Sweet-william.	»
1855	»	HURRICANE	Cain	Gaiety p. Frolic	»
1845	1855	IAGO	Don John	Scandal p. Selim	»

Année de la naissance.	Année de l'importation.	NOMS DES ÉTALONS.	ORIGINE. Père.	ORIGINE. Mère.	Année de la mort, de la castration, de l'exportation.
1825	»	LINK ROY.............	Aladdin	Doll Tearsheet p. Sorcerer.	»
1822	»	LOCKELL..............	Selim	Williamson's ditto Mare.	»
1817	1827	LOCKSLEY ou STAMFORD	Smolensko	Tooee p. Buzzard......	1855 M.
1824	1855	MAHOMET.............	Muley...........	Dick Andrews Mare ...	1840 M.
1827	1851	MERLIN (Y.)..........	Merlin	Mona p. Partisan......	»
1840	1855	MINOTAUR............	Taurus	Lyrnessa p. The Flyer.	»
1826	1852	MOHICAN	Woful...........	Sorcerer Mare.........	1855 M.
1811	»	MONKEY.............	Shuttle	Sir Peter Mare	» M.
1831	1834	MOROTTO	Gustavus........	Marrowfat p. Orville...	1856 Ex.
1826	1857	NAVARIN.............	Orville..	Lacerta p. Zodiac......	1859 M.
1804	»	OSIRIS	Sir Peter........	Ibis p. Woodpecker ...	» M.
1817	1824	PARCHEMENT ou TRING.	Thunderbolt......	Nepenthe p. Walton...	1842 M.
1811	1818	PAULUS	Sir Paul.........	Antæus Mare.........	1823 C.
1826	1855	PEGASUS	Tiresias.........	Saffi p. un fils de Dick Andrews, issu de la poulinière Barbe de Lord Lowther.	»
1822	1825	PETER LIBERTY	Amadis..........	Juniper Mare.........	»
1810	1819	PHOSPHOR............	Meteor	Mop p. Sir Peter.......	1821 M.
1800	1814	PICCADILLY	Buzzard.........	Alexander Mare	1817 M.
1828	»	PICCADILLY...........	Reveller.........	Spermaceti p. Whalebone.	»
1844	1846	RABAT-JOIE	Sir Hercules......	Harmony p. Reveller ..	»
1819	1851	REMBRANDT..........	Vandyke Junior...	Filagree p. Sooth-ayer.	1852 M.
1849	1855	RICHMOND............	Melbourne.......	La Femme-Sage par Gainsborough ou Physician	»
1842	1847	ROEBUCK............	Venison	Katherine p. Camel....	»
1842	1847	ROMAGER	Venison	Minima p. Sultan.......	1855 M.
1846	1851	ROUE (THE)...........	Claret...........	Roulette p. Philip the First.	»
1847	1852	SCARBOROUGH ex Y. Bamboo.	Ratan...........	Muley Moloch Mare....	»

Année de la naissance.	Année de l'importation.	NOMS DES ÉTALONS.	ORIGINE.		Année de la mort, de la castration, de l'exportation.
			Père.	Mère.	
1836	»	SECUNDUS.............	Scipio.............	Sir Malachi Malagrow-ther Mare.	»
1848	1855	SETTER (THE).........	The Caster........	Y. Medora p. Prince...	»
1846	1852	SIR CHARLES..........	Sleight of hand...	Macbeth Mare.........	»
1817	1825	SIR JOSHUA (Y.).......	Rubens..........	Sir Peter Mare........	1828 *M.*
1845	1853	SIR ROLAND DE BOIS..	Touchstone......	Falernia p. Chateau-Margaux.	»
1851	1855	SLANG...............	Sober Robin......	Billingsgate p. Selim...	1852 *C.*
1848	1852	SLEDMERE............	Sleight of Hand..	Hamptonia p. Hampton.	»
1811	»	SMOLENSKO..........	Stamford.........	Pegasus Mare.........	» *Ex.*
1835	1842	SPATTERDASH........	Sir Benjamin.....	Andrew Mare (bai)....	1846 *C.*
1797	1811	STATESMAN...........	Rockingham......	Violet p. Sweetbriar...	1821 *M.*
1815	1819	STATESMAN (Y).......	Statesman........	Sancho Mare..........	1826 *M.*
1814	1819	STAVELEY (Y).........	Sir David........	Beningbrough Mare....	1826 *C.*
1842	1852	STOKER..............	Steamer..........	Motley p. Pantaloon...	»
1810	1818	STREATLAM LAD......	Remembrancer...	Beatrice p. Sir Peter...	1824 *M.*
1846	1852	STRONGBOW..........	Touchstone......	Mis Bow p. Catton.....	»
1821	»	SWALLOW.............	Skim.............	Sir Petronel Mare.....	1835 *M.*
1823	1828	TOIL AND TROUBLE....	Manfred..........	Witchery p. Sorceror..	1832 *M.*
1819	1836	TOURIST.............	Doctor Syntax....	Governor Mare........	1837 *M.*
1811	1818	TOZER ex MISTAKE....	Fyldener.........	Fortunio Mare.........	1826 *M.*
1824	»	TURCOMAN...........	Selim............	Pope Joan p. Waxy....	» *Ex.*
1836	»	TYRIUS..............	Laurel...........	Antiope p. Whalebone..	»
1827	1836	VANLOO..............	Waterloo.........	Sprite p. Phantom.....	»
1846	1852	VELOX..............	Velocipede.......	Whisker Mare.........	»
1813	1818	VELVET.............	Sorcerer.........	Woodpecker Mare.....	»
1796	1801	VIVALDI.............	Woodpecker......	Mercury Mare........	1817 *Ex.*
1821	1828	WARKWORTH.........	Filho da Puta....	Delpini Mare.........	1834 *M.*
1825	»	WARRIOR............	Pantaloon........	Pasquinade p. Camel...	»
1849	1853	WOMERSLEY..........	Irish Birdcatcher.	Cinizelli p. Touchstone.	»
1805	»	ZOROASTER..........	Sorcerer.........	Louisa p. Ancient Pistol	» *M.*

NOTA. Quelques-uns des reproducteurs désignés ci-dessus, tels qu'Elthiron, Hernandez, Iago, Richmond, Stronghow, Womersley, ont été classés dans la catégorie des étalons employés avec les juments indigènes, par ce motif qu'importés récemment en France, ils n'ont pas eu, en 1855, le temps de se signaler comme reproducteurs de la race pure.

ÉTALONS DE PUR SANG

NÉS EN FRANCE

Employés avec les Juments indigènes, de 1801 à 1853.

RACE ANGLAISE.

Explication des signes et abréviations : * Chevaux nés dans les Haras impériaux ; — *M.* Mort ; — *C.* Castré ; — *Ex.* Exporté.

Année de la naissance.	NOMS DES ÉTALONS.	ORIGINE.		Année de la mort, de la castration, de l'exportation.
		Père.	Mère.	
1848	ADOLPHO	Polecat	Ablette p. Agreeable	»
1839	AKALIBA .... An.-Ar.	Javan	Philomèle p. Adeban	»
1835	ALADIN	Buzzard	The Shrew p. Master Henry	»
1843	ALARIC	Rowlston	Hornet p. Partisan	»
1844	ALBERT.	Ali Baba	Grisi p. Petworth	»
1849	ALBION	Caravan	Olinga ex Illusion p. Napoleon	»
1830	ALCIBIADE *	Harry	Fair Helen p. Crecy	1848 *M.*
1837	ALEXANDER *	Cadland	Cloton p. Eastham	1849 *C.*
1835	ALLEGRO *	Belmont	Caracole p. Doge of Venice	»
1830	AMADIS *	Eastham	Canvas p. Rubens	»
1838	AMATO * .... An.-Ar.	Pickpocket	Mignonne p. Massoud	»
1839	AMBASSADEUR	Plenipotentiary	Merlin Mare	»
1839	ANGORA	Lottery	Y. Mouse p. Godolphin	»
1843	ANSELME * .... An.-Ar.	Napoleon	Delphine p. Massoud	»
1851	ANTAR (Y.) .... An.-Ar.	Antar	Tigresse p. Tigris	»

Année de la naissance.	NOMS DES ÉTALONS.	ORIGINE.		Année de la mort, de la castration, de l'exportation.
		Père.	Mère.	
1843	A PARTE................	Royal-Oak.........	Ada p. Captain Candid.........	1851 C.
1848	ARION *........An.-Ar.	Royal-Oak.......	Agar p. Eastham.............	»
1854	ASHAVERUS	Rowlston.........	Manœuvre p. Rubens..........	»
1850	ATHOL *....	General Mina.....	Vandyke Junior Marc.........	»
1858	ATTILA *..............	Terror...........	Juliette p. Mustachio	1846 M.
1847	BABIEGA	Attila	Essler p. Cadland.............	»
1848	BAGDAD ....An.-Ar.	Frigian...........	Mignonne p. Massoud..........	»
1848	BALTHAZAR .....An.-Ar.	Royal-Oak	Amenaide p. Napoleon..	»
1850	BAYARD *.......An.-Ar.	Napoleon.........	Mignonne p. Massoud..........	1846 M.
1844	BEAUCOQ...............	Napoleon.........	Miss Ann p. Filho da Puta....	»
1854	BEDOUIN ex OISEAU.... An.-Ar.	Bedouin	Hirondelle p. Haleby..........	»
1844	BEGGARMAN (Y.)........	Beggarman.......	Victoire p. Napoleon..........	1849 M.
1847	BÉLISAIRE	Y. Emilius.......	Emiliana p. Emilius...........	1851 C.
1844	BEN AGAR *....An.-Ar.	Lottery..........	Agar p. Eastham.............	»
1843	BEN FRIGIAN ex Y. FRI-GIAN ..An.-Ar.	Frigian...........	Mignonne p. Massoud..........	»
1857	BILBOQUET *...An.-Ar.	Pickpocket	Danaë p. Massoud............	»
1858	BLACK DOMINO.........	Y. Reveller.......	Don Cossack Mare............	1844 C.
1852	BLUNDER *.....An.-Ar.	General Mina.....	Zoraïme p. Aslan	1858 M.
1826	BOLIVAR...............	Tooley...........	Hirondelle p. Gohanna........	1852 M.
1857	BORODINO.............	Glaucus..........	Meliora p. Tramp........... .	1844 M.
1849	BOXEUR...............	Gladiator.........	Retamosa p. Reveller.........	»
1844	BRAVO *........An.-Ar.	Y. Emilius	Agar p. Eastham.............	»
1845	BRIENNE........An.-Ar.	Eylau	Citron p. Centaur............	1851 C.
1854	BRIGHTON *............	General Mina......	Vanity p. Doge of Venice.. ...	»
1840	BRILLA DORO...An.-Ar.	Mameluke........	Danaë p. Massoud............	1848 C.
1833	BROUGHAM	Captain Candid...	Coral p. Orville	1850 M.
1848	BRUTUS	Beggarman	Lady Albert p. Langar........	»
1841	CADICHON.............	Tetotum..........	Medea p. Truffle	1849 C.
1847	CAEN..................	Mr Wags.........	Destiny p. Centaur...........	»
1842	CAPRICE...............	Mazaniello	Miss Blunt p. Camel...	»
1858	CARAMBA *............	The Colonel.. ...	Y. Espagnolle p. Partisan....	»
1844	CARHAIX......	Franck...........	Marionnette p. Sylvio.........	»
1850	CARLIN *.......An.-Ar.	Napoleon ou Dan-gerous.	Carline p. Holbein............	1848 C.
1833	CARLINO *......An.-Ar.	Belmont	Carline p. Holbein............	»
1847	CASSE-COU.............	Napoleon.........	Bride of Abydos p. Belzoni...	»
1850	CATON *..............	Tigris...........	Eleonor (Dick Andrews Mare)..	»
1827	CEDERIC	Captain Candid....	Priestess p. Vandyké Junior..	1848 C.

Année de la naissance.	NOMS DES ÉTALONS.	ORIGINE.		Années de la mort, de la castration, de l'exportation.
		Père.	Mère.	
1840	CÉLADON	Lottery	Manille p. Orville	»
1840	CHACTAS	Mameluke	Noemi p. Tigris	»
1846	CHATELAIN	Napoleon	Danaë p. Terror	1850 C.
1836	CHIP OF THE OLD BLOCK	Royal-Oak	Maria p. Walton	1851 M.
1843	CLUB STICK	Royal Oak	Vesper p. Merlin	»
1836	COALITION	Rouncival	Vanessa p. Gulliver	»
1849	COLONEL PEEL	Ionian	Flora p. Partisan	»
1844	COLONEL PEEL	Mr Wags	Silhouette p. Paradox	»
1835	COMMINGES *	Captain Candid	Helène p. Eastham	1850 C.
1841	COQ-A-L'ANE	Ibrahim	Vittoria p. Milton	1846 M.
1824	CORADIN * ..... An.-Ar.	Bedouin	Vandyke Junior Mare	1842 M.
1848	CORAZON	Swinton	Duet p. Mambrino	»
1848	COSSACK	Camel	Frisure p. Stockport	»
1845	COUERON	Caravan	Penance p. Emilius	»
1844	CREPS *	Lottery	Whalebona (Gipsy) p. Whalebone.	1851 M.
1841	CRISPIN (Y.)	Crispin	Grenada p. Muley	»
1847	CROISSANT	Caravan	Discrète p. Eastham	»
1834	CROMWEL * ..... An.-Ar.	Captain Candid	Vesta p. Mustachio	»
1842	CROQUE-EN-BOUCHE	Lottery	Margarita p. Royal Oak	»
1834	DANDOLO *	Holbein	Pamela p. Tigris	»
1833	DARDANUS	Tigris	Evelina p. Orville	1848 M.
1839	DASH ex DARK	Ibrahim	Eglé p. Rainbow	1846 M.
1848	DASH	Polecat	Aline p. Ali Baba	»
1848	DELEGATE	Nuncio	Loïsa p. Harlequin	»
1825	DERVICHE * ..... An.-Ar.	Massoud	Selim Mare	»
1847	DIAMANT	Beggarman	Rubis p. Sylvio	»
1836	DJINN * .... An.-Ar.	Spectre	Worry p. Woful	1842 M.
1849	DON JUAN	Skirmisher	Chercheuse d'Esprit p. Tigris	»
1841	DRIVER	Crispin	Venus p. Smolensko	1848 C.
1829	EASTHAM (Y.)	Eastham	Canvas p. Rubens	1850 M.
1844	EDGAR	Bizarre	Circé p. Dangerous	»
1840	EDGARD	Tetotum	Venus p. Smolensko	1853 C.
1847	EDOUARD * ..... An.-Ar.	Royal-Oak	Agar p. Eastham	»
1848	ELECTRIQUE	Y. Emilius	Kermesse p. Camel	»
1839	ELIEZER *	Lottery	Rachel p. Whalebone	1849 C.
1828	EMILE * .... An.-Ar.	Captain Candid	Delphine p. Massoud	1841 M.
1847	EMILIEN *	Royal Oak	Corysandre p. Holbein	»
1831	EMILIUS	Frogmore	Lady p. Seymour	1842 M.

Année de la naissance.	NOMS DES ÉTALONS.	ORIGINE.		Années de la mort, de la castration, de l'exportation.
		Père.	Mère.	
1849	EPERON	Sting	The Maid of Fez p. Muley Moloch.	»
1829	EPROUVÉ * .....An.-Ar.	Eastham	Hirondelle p. Haleby	»
1849	ESAÜ	Royal Oak	Creusa p. Priam	1833 *M.*
1843	ESCOBAR	Fang	Lunacy p. Blacklock	»
1848	ESPÉRANCE	Gladiator	Nativa ex Lanterne p. Royal-Oak.	»
1832	ESPÉRANCE * ...An.-Ar.	Tigris	Delphine p. Massoud	1837 *M.*
1847	EUGÈNE	Royal-Oak	Pecora p. Sylvio ou Mameluke.	1852 *C.*
1847	EXTRA	Y. Emilius	Eva p. Sultan	»
1838	FALSTAFF *	Pickpocket	Hélène p. Eastham	»
1847	FARFADET	St.-Francis	Samphire p. Slane	»
1838	FAUST *	Hœmus	Amazone p. Captain Candid	1851 *C.*
1839	FELIX	Royal George	Syrène p. Mustachio	1851 *C.*
1847	FIGHT AWAY	Gladiator	Flighty p. Y. Phantom	»
1848	FIRST BORN	Nuncio	Bienséance p. Friedland	»
1830	FITZ CANDID	Captain Candid	Nanny Shanks p. Mac Orville	1841 *M.*
1848	FITZ CAROLUS	Charles XII	Revival p. Pantaloon	»
1847	FITZ HERCULES	Sir Hercules	Elis Mare	»
1831	FORCLAND *	Premium	Vandyke Junior Mare	1838 *M.*
1842	FRETILLUS *	Bizarre	Fretillon p. Sylvio	»
1845	FRISK	Royal-Oak	Flirtation p. Rococo	»
1843	GALLUS	Hercule	Miss Allen p. Captain Candid	»
1841	GALLUS	Marcellus	Fatime p. Captain Candid	»
1843	GAMBETTI	Emilius	Tarantella p. Tramp	»
1839	GARGANTUA *	Lottery	Venus p. Smolensko	»
1839	GASPARDO * ....An.-Ar.	Dangerous	Renette p. General Mina	»
1846	GAY BOY	Brabant	Flirtation p. Rococo	»
1846	GENTIL BERNARD	Napoleon	Midsummer p. Filho da Puta	»
1837	GÉRICAULT *	Y. Vandyke	Brunette p. Clavileno	»
1851	GILBLAS	Mustachio	Nanny Shanks p. Mac Orville.	»
1847	GRACIEUX	Prospectus	Bella Dona p. Harlequin	»
1848	GRAND ESPOIR	Y. Emilius	Aspasie p. Royal Oak	»
1848	GRINGALET	Mr Wags	Marcella p. Zinganee	»
1846	GROG	Nautilus	Discrète p. Eastham	»
1843	GUSTAVE.......An.-Ar.	Eylau	Ketty p. Tramp	1850 *M.*
1838	HAZARD *	Chance	Filagree p. General Mina	»

Année de la naissance.	NOMS DES ÉTALONS.	ORIGINE.		Années de la mort, de la castration, de l'exportation.
		Père.	Mère.	
1832	HERCULE..............	Trance	Felicia p. Rainbow..........	1837 *M.*
1847	HIRUND.........An.-Ar.	Kohel	Eglantine p. Dangerous	
1849	HOSPITALITY...........	Inheritor	Aspasie p. Royal Oak........	
1848	HUGUENOT	Pagan.	Annette p. Lottery...........	
1840	IMBROGLIO *....An.-Ar.	Paradox.	Agar p. Eastham	»
1849	INDEMNYTY	Inheritor.........	Emerald p. Merchant.........	»
1822	IPSILANTI	Truffle	Crystal p. Triumvir..........	1834 *M.*
1848	ISMAEL	Ismael p. Titus...	Eucharis p. Tigris	»
1842	ISMAEL ....An.-Ar.	Y. Emilius	Galatée p. Massoud..........	1849 *M.*
1850	ITER EMILIUS...An.-Ar.	Fitz Emilius...,..	Hera p. Massoud.............	»
1851	IVANHOE	Rainbow	Y. Urganda p. Treasurer.....	»
1848	JAMES................	Y. Emilius	Jenny p. Royal Oak..........	»
1856	JANNISSAIRE *..........	Hœmus...........	Chesnut Filly p. Grey Walton.	»
1857	JOCELYN	Cadland ou Royal Oak.	Biondetta p. Rainbow	»
1857	JULES *...............	Pickpocket	Amazone p. Captain Candid....	»
1843	JUMEAU ....An.-Ar.	Terror ou Eylau .	Lilly p. Partisan.............	»
1845	JUXON................	Quoniam ou Y. Emilius.	Abjer Mare.................	»
1838	KAM *................	Y. Emilius	Odine p. Tigris..............	1853 *M.*
1839	KARL	Tetotum..........	Lilly p. Partisan.............	1850 *C.*
1856	KERMÈS *.............	Y. Vandyke.......	Crotchet p. Partisan..........	1851 *C.*
1853	KOVERDAL *...........	General Mina.....	Vanity p. Doge of Venice.....	»
1845	LAMBALLE ex LANSQUE-NET.	Quoniam.........	Miranda p. Pickpocket........	1849 *C.*
1838	LAMPION *.............	Mameluke	Lucette p. Captain Candid....	»
1856	LANTARA	Royal Oak........	Naiad p. Whalebone..........	»
1834	LAOCOON..............	Rainbow	Aimable p. Election..........	1849 *C.*
1837	LAOCOON *............	Terror	Miss Henry p. Tiresias	»
1839	LAWTON..............	The Colonel	Matilda p. Orville...........	1849 *C.*
1839	LÉON................	Lottery	Camlet p. Camel	»
1845	LIEUTENANT.,.........	Royal Oak	Lydia p. Rainbow.............	»
1856	LIONCEAU.......An.-Ar.	Deucalion	Philomèle p. Adeban..........	»
1844	LOTO................	Lottery..........	Huraca p. Pickpocket........	»
1856	LOTTERY (Y.)...........	Lottery..........	Princess Mary p. Emilius.....	1849 *C.*
1837	LUCULLUS *	Harlequin.	Crotchet p. Partisan	»

Année de la naissance.	NOMS DES ÉTALONS.	ORIGINE.		Années de la mort, de la castration, de l'exportation.
		Père.	Mère.	
1842	LUGARTO	Crispin	Venus p. Smolensko	»
1850	LULLY *	Tipple Cider	Pecora p. Sylvio ou Mameluke.	»
1854	LUXOR * ....An.-Ar.	Impétueux	Elsy p. Holbein	»
1856	LYCURGUE	Carbon	Doris p. Trance	»
1836	LYNCÉE *	Ægyptus	Poozy p. Partisan	1850 C.
1838	MAJOR *	General Mina	Folla p. Premium	1850 C.
1838	MARC ANTOINE..An.-Ar.	Mameluke	Cleopâtre p. Captain Candid ...	»
1848	MARDAIN ......An.-Ar.	Slane	Misère p. Dangerous	»
1838	MARENGO	Alteruter	Y. Urganda p. Treasurer	»
1855	MARENGO ......An.-Ar.	Napoleon	Cloris p. Aslan	»
1855	MARINO	Mariner	Fair-Helen p. Crecy	1849 M.
1847	MARLY	Attila p. Colwick..	Maria p. Whisker	»
1838	MARMION * .....An.-Ar.	Mameluke	Danaë p. Massoud	»
1842	MARS *	General Mina ou Dangerous.	Folla p. Premium	»
1838	MARS *	Napoleon	Louise p. Mustachio	»
1847	MARS	Tarrare	Bellone p. Sober Robin	»
1848	MARYLAND *	Royal Oak	Pecora p. Sylvio ou Mameluke.	»
1838	MASQUE	Ægyptus	Gaiety p. Abron	1853 C.
1852	MASSOUD * (Y.)..An.-Ar.	Massoud	Cloris p. Aslan	»
1850	MASTRILLO *	Sylvio	Miss Ann p. Figaro	»
1840	MAXIMILIEN ....An.-Ar.	Dangerous	Anne de Bretagne p. The Moor.	1849 C.
1848	MEMORY	Nuncio	Pamela p. Tigris	»
1856	MÉPHISTOPHÉLÈS *	Hœmus	Cloton p. Eastham	1852 C.
1849	MERIADEC *	Prince Caradoc	Frétillon p. Sylvio	»
1854	MERINO	Holbein	Fair Forester p. Agricola ou Egremont.	»
1840	MÉTÉORE	Jocko	Jessica p. Bizarre	»
1841	MICROMÉGAS * ..An.-Ar.	Sylvio	Dine p. Eastham	1851 M.
1838	MINOTAURE *	General Mina	Pulchra p. Premium	»
1839	MIRACULEUX	Hœmus	Y. Miracle p. Harry	1849 M.
1850	MIROBOLAN	Y. Reveller ou Pickpocket.	Elsy p. Holbein	»
1845	MISSY	Y. Emilius	Marcella p. Zinganee	»
1838	MISTRAL	Lottery	Midsummer p. Filho da Puta.	1844 C.
1846	MOINEAU	Beggarman	Aquila p. General Mina	»
1848	MOKA * ....An.-Ar.	Frivole	Medine p. Frigian	»
1837	MOMUS *	Dangerous	Comus Mare	1850 C.
1846	MONTE-CHRISTO	Nautilus	Bellone p. Sober Robin	»
1837	MONTMIRAIL * ..An.-Ar.	Napoleon	Cloris p. Aslan	»
1847	MOURRAHD ex Y. MAMELUKE.	Mameluke	Elvire p. Vampire	»
1856	MULATTO	Royal Oak	Eglé p. Rainbow	»

Année de la naissance.	NOMS DES ÉTALONS.	ORIGINE. Père.	ORIGINE. Mère.	Années de la mort, de la castration, de l'exportation.
1838	MURILLO *	General Mina	Vandyke Junior Mare	1849 C.
1841	MUSTAPHA	Mameluke	Clorinde p. Holbein	»
1845	MYTHÈME	Caravan	Miss Rainbow p. Rainbow	»
1849	NATHANIEL	Mr Wags	Nativa p. Royal Oak	»
1839	NEPTUNE * ...... An.-Ar.	Massoud	Luna p. The Flyer	1851 C.
1834	OBBERTON *	General Mina	Vandyke Junior Mare	1843 M.
1840	ONYX * .... An-Ar.	Abou Arkoub	Luna p. The Flyer	»
1840	OPERA *	Terror	Waverley Mare	»
1840	ORESTE *	Terror	Brunette p. Clavileno	1848 C.
1840	OSIRIS	Fiddler	Jane p. Deucalion	»
1838	PADDYWHACK	Anglesea	Orvillina p. Orville	»
1846	PALAGRAM ...... An.-Ar.	Hamdani blanc	Kasba p. Deucalion	1851 M.
1850	PANTIN .... An.-Ar.	Koheil Hamdani Arbi.	Juliette p. Mustachio	»
1841	PAPHOS *	Harlequin	Citron p. Centaur	1845 C.
1857	PARIS *	Sylvio	Helène p. Eastham	1847 M.
1835	PARTISAN * ..... An.-Ar.	Massoud	Parasolina p. Tiresias	1845 C.
1850	PASQUAL	Y. Emilius	The Maid of fez p. Muley Moloch.	»
1842	PAUL DE KOCK *	Y. Reveller	Helène p. Eastham	1851 C.
1842	PERSPICAX *	Mameluke	Discrète p. Eastham	»
1837	PHENIX *	Cadland	Sapho p. Eastham	»
1853	PICKLE	Mustachio	Luna p. The Flyer	»
1838	PICKPOCKET (Y.)	Pickpocket	Syrène p. Mustachio	»
1845	PIED DE CHÈNE	Royal Oak	Essler p. Cadland	1852 M.
1840	PILE OU FACE	Lottery	Cloton p. Eastham	»
1844	PITRE	Napoleon ou Marcellus.	Creusa p. Priam	1851 M.
1848	POLECAT (Y.)	Polecat	Ursule p. Lottery	1855 C.
1841	POPE *	Premium	Chansonnette p. Napoleon	1851 C.
1847	POTOPY	Commodor Napier ou Quoniam.	Pointe-à-Pitre p. Ali Baba	1851 M.
1839	POURCEAUGNAC *	Pickpocket	Odine p. Tigris	1849 C.
1844	PRIAPE	Terror	Miss Schneitz Hœffer p. Count Porro.	»
1849	PRINCE	Napoleon	Moselle p. Chateau-Margaux	»
1850	PRINCE COLIBRI * ex X..	Sylvio	Fraga p. Harlequin	»
1841	PRINCE EUGÈNE* An.-Ar.	Eylau	Paméla (Bis) p. Captain Candid.	»
1838	PRINCE PAUL	Felix (Rainbow)	Aimable p. Election	1850 C.

Année de la naissance.	NOMS DES ÉTALONS.	ORIGINE.		Années de la mort, de la castration, de l'exportation.
		Père.	Mère.	
1838	PROBLÈME ......An.-Ar.	Paradox..........	Dine p. Eastham	»
1849	PROPHÈTE...............	Y. Snail..........	Zille p. Friedland	»
1843	PUNCH...................	Paradox..........	Marionnette p. Sylvio.........	»
1846	QUIA.............	Quoniam	Sylvina p. Fra-Diavolo.......	1851 C.
1842	QUIBUS................	Harlequin.........	Jocaste p. Deucalion	»
1841	QUINOLA	Terror.............	Rubena p. Waxy Pope........	»
1842	QUINTESSENCE *........	Y. Emilius	Y. Espagnolle p. Partisan	»
1838	QUIPROQUO............	Royal Oak........	Naïad p. Whalebone..........	1850 C.
1839	QUIRINUS...............	Felix (Rainbow)..	Aimable p. Election......	»
1843	RAMSAY *...............	Sylvio............	Emelina p. Emilius............	»
1832	RAPIDE *...............	Libertine.........	Evelina p. Orville............	1841 M.
1836	RICHARD ......An.-Ar.	Fortuné.........	Don Cossack Mare...........	1849 C.
1835	RICHEMONT *...........	Peter Lely.......	Princess Mary................	1849 C.
1843	RIEGO * ....An.-Ar.	Mesrur...........	Dulcinée p. Eastham	1847 M.
1843	ROBINSON *.............	Y. Emilius........	Whalebona (Gipsy) p. Whalebone.	»
1843	ROBINSON	Napoleon.........	Riche p. Eastham.............	»
1836	ROQUENCOURT..........	Logic.............	Contrition p. Tiresias	»
1843	ROMINAGROBIS *.An.-Ar.	Mesrur...........	Berenice p. Eastham..........	1853 C.
1836	ROMULUS...............	Cadland	Vittoria p. Milton	1843 M.
1834	ROYAL GEORGE.........	Royal Oak........	Maria p. Walton	»
1838	SABLONVILLE	Royal Oak........	Anna p. Whalebone..........	»
1847	SAINT-GERMAIN.........	Attila p. Colwick.	Currency p. St. Patrick......	»
1847	SAINT-LÉGER...........	Attila p. Colwick..	Cassandra p. Priam...........	»
1848	SAINT-SIMON...........	Gladiator.........	Sweetlips p. Emilius..........	»
1834	SANCHO *..............	Alcaston..........	Chesnut Filly p. Walton......	»
1843	SANDWICH *.............	Y. Emilius	Pecora p. Sylvio ou Mameluke.	»
1841	SCHAMI........An.-Ar.	Franck...........	Girfah p. Antar	»
1837	SCHUBRY *.............	Pickpocket	Worry p. Woful	»
1843	SELIM ....An.-Ar.	Durzi.............	Ada p. Captain Candid.......	»
1828	SÉMILLANT *...........	Tigris	Deer p. Vandyke Junior......	»
1841	SIGG *.........An.-Ar.	Massoud	Dulcinée p. Eastham..........	»
1840	SINGLETON	Ibrahim	Lady Bird p. Bustard	»
1843	SLY	The Juggler......	Cloton p. Eastham	1851 C.
1841	SMOULL *.......An.-Ar.	Massoud..........	Follette p. Eastham..........	»
1832	SONNANT *.............	Captain Candid ...	Pamela p. Tigris	1852 M.
1841	SOPHISTE	Tarrare	Miss Sophia p. Shakspeare ...	»

Année de la naissance.	NOMS DES ÉTALONS.	ORIGINE. Père.	ORIGINE. Mère.	Années de la mort, de la castration, de l'exportation.
1848	SPRIGHTLY	Y. Emilius	Margaret p. Gigès............	»
1837	STERNE	Harlequin	Eugenia p. Trance	1846 M.
1843	SULPHUR	Terror	Enchanteresse p. Abron......	1851 C.
1841	SUPRÊME...............	Napoleon........	Danaïde p. Ægyptus	»
1842	SYCOMORE...............	Little Rover......	Céleste p. Lottery	1849 M.
1833	SYLPHE *	Sylvio	Eucharis p. Tigris............	»
1846	TAHIR...........An.-Ar.	Dahmani..........	Error p. Napoleon ou Harlequin	»
1829	TALMA	Tancred	Crystal p. Triumvir..........	1839 C.
1844	TAMBURINI......	Terror	Noema p. Premium	»
1833	T. BEN TURKMAN* An.-Ar.	Turkman........	Didon p. Terror	»
1844	TÉLÉMAQUE	Ali Baba	Calipso p. Milton............	»
1828	TÉMÉRAIRE	Captain Candid ...	Witch p. Sorcerer............	1836 M.
1838	TERNE ex TRISTE-A-PATTE *	General Mina.....	Carline p. Holbein............	»
1844	TIBI ....An.-Ar.	Eylau	Sylvie p. Sylvio	»
1845	TIBURCE * ......An.-Ar.	Turkman	Betzy p. Napoleon	»
1830	TIGRIS * (Y.). ...An.-Ar.	Tigris	Cloris p. Aslan.............	»
1836	TOBIE ex LEMOVIX.....	Napoleon........	Desdemona p. Premium	»
1850	TOISON d'OR *.........	Prince Caradoc...	Honey Moon p. Quoniam......	»
1849	TOPINAMBOUR	Ionian...........	Eugenia p. Trance...........	»
1849	TRILBY................	Tipple Cider......	Ketty p. Tramp	»
1845	TRISTAN...............	Y. Emilius	Malvina p. Manfred..........	1850 C.
1848	TROIS HEURES	Royal Oak........	Zille p. Friedland	»
1848	TROMPE LA-MORT	Mr Wags	Miss Exile p. Exile...........	»
1845	TU AUTEM * ....An. Ar.	Numide	Hœma p. Hœmus............	»
1841	TURBULENT	General Mina.....	Tapage p. Pollio............	»
1846	UHLAND * ....An.-Ar.	Koheil Obayan Se-derei.	Kalouga p. Napoleon	»
1846	ULLOA *.........An.-Ar.	Hussein	Didon p. Terror	»
1843	ULYSSE	Elis	Deception p. Defence.........	»
1846	UTETUR * ....An.-Ar.	Koheil Obayan Se-derei.	Bérénice p. Eastham..........	»
1827	VAILLANT * .....An.-Ar.	Eastham..........	Hirondelle p. Haleby.........	»
1847	VAL-DE-SAIR........ ...	Adolphus.........	Ida p. Whalebone	»
1847	VARUS * ....An.-Ar.	Hussein..........	Césarine p. Napoleon	»
1847	VASCO *.........An.-Ar.	Hussein	Belle-Poule p. Napoleon......	»
1847	VAUQUELIN * ....An.-Ar.	Saoud	Althea p. Paradox...........	»
1840	VAUTRIN * ...... An. Ar.	Pickpocket........	Odine p. Tigris.............	»

Année de la naissance.	NOMS DES ÉTALONS.	ORIGINE.		Années de la mort, de la castration, de l'exportation.
		Père.	Mère.	
1846	VESPERUS	Terror...........	Enchanteresse p. Abron.......	»
1834	VESTRIS *..............	Holbein.........	Poozy p. Partisan	1845 *M*.
1847	VESUVE *.......An.-Ar.	Hussein	Follette p. Eastham	»
1850	VIGILANT *.............	Mustachio........	Sir David Mare......	»
1847	VULCAIN ....An.-Ar.	Hussein	Hœma p. Hœmus............	»
1841	W....................	Pickpocket	Ida p. Whalebone............	»
1842	WAGRAM	Napoleon.........	Bellone p. Sober Robin.......	»
1848	WANTON.............	Napoleon ou Jeroboam.	Danaë p. Terror............	»
1851	WAXY	Milton	Luna p. The Flyer...........	»
1848	WILLIAM THE CONQUEROR.	Charles XII.......	Emerald p. Merchant....... .	»
1841	WILLIONS	Tarrare	Ketty p. Tramp..............	»
1848	XANTIPPE *......An.-Ar.	Romagnesi........	Cesarine ex Mansoura p. Napoleon.	»
1848	XENOPHANE *...An.-Ar.	Romagnesi.......	Danaë p. Massoud....	»
1848	XIMENÈS *......An.-Ar.	Koheil Obayan Sederei.	Lœtitia p. Napoleon	»
1849	Y *.............An.-Ar.	Hussein	Hermine p. Massoud.........	»
1849	YATAGAN	Ionian...........	Jocaste p. Deucalion.........	»
1849	YATAGAN *......An.-Ar.	Koheil Obayan Sederei.	Isabelle p. Harlequin	»
1849	YEDO *.........An.-Ar.	Commodor Napier.	Venezia p. Belmont...........	»
1849	YELLOW *.......An.-Ar.	Hussein....	Dine p. Eastham	»
1849	YORICK *.............	Commodor Napier.	Katinka p. Terror...........	»
1849	YOUNG * ....An.-Ar.	Prospero	Ibis p. Napoleon	»
1835	YOUSSOUF ......An.-Ar.	Bedouin	Hirondelle p. Haleby..........	»
1849	YRIEIX ....An.-Ar.	Prospero	Iris p. Napoleon	»
1849	YVES *.........An.-Ar.	Prospero	Dulcinée p. Eastham..........	»
1845	ZAGAL.................	Ratcatcher........	Miss King p. Muley Moloch...	»

ÉTALONS ORIENTAUX

Employés avec les Juments indigènes, de 1801 à 1853.

Années de la naissance.	NOMS DES ÉTALONS.	Années de l'importation.	ORIGINE.		Années de la mort, de la castration, de l'exportation.
			Père.	Mère.	
»	ABDALLA	»	(Barbe)	(Barbe)	»
»	ABDOULA AGA	»	(Barbe)	(Barbe)	»
1815	ABEIAN	1818	(Arabe)	(Arabe)	1824 *M.*
1814	ABJER	1821	(Arabe)	(Arabe)	1825 *M.*
1827	ABOU ARKOUB II	1827	(Arabe)	(Arabe)	»
1822	ABOUCHAR	1830	(Arabe)	(Arabe)	»
1799	ABOUKIR	»	(Arabe)	(Arabe)	»
1814	ABOUMOHUREPH	»	(Arabe)	(Arabe)	»
1812	ABOUSEIF	1821	(Arabe)	(Arabe)	»
1813	ACHMET BEY	1821	(Arabe)	(Arabe)	»
1810	ACTIF	1820	(Arabe)	(Arabe)	»
1817	ADDAL	1821	(Arabe)	(Arabe)	»
1850	AGA An.-Ar.	»	Renonce	Zillah p. General Mina	»
1800	AGA	»	(Arabe)	(Arabe)	»
1814	AIMABLE	1821	(Arabe)	(Arabe)	1824 *M.*
1848	AKAF An.-Ar.	»	Frivole	Melina p. Frigian	»
1831	ALEPPO	»	Tajar	Begida	»
1800	ALGEBECK	»	(Arabe)	(Arabe)	»
»	ALGERIEN	»	(Arabe)	(Arabe)	»
1836	ALI	»	(Arabe)	(Arabe)	1849 *M.*
1822	ALI PACHA An.-Ar.	»	Truffle	Gentille	»
1831	ALMANSOUR	»	Shaklawie	Warda p. Shaklawé	»
1814	ALMANZOR	»	(Arabe)	Fille de l'Etalon Elgin Arabian.	»
1801	ALY	»	(Arabe)	(Arabe)	»

Années de la naissance.	NOMS DES ÉTALONS.	Années de l'importation.	ORIGINE.		Années de la mort, de la castration, de l'exportation.
			Père.	Mère.	
1810	AMROU II *............	»	Amrou............	Momie................	»
»	ANA.................	»	(Arabe)............	(Arabe)................	1817 M.
1819	ANAZETH............	»	(Arabe)............	(Arabe)................	»
1792	ARABE..............	»	(Arabe)............	(Arabe)................	1820 M.
1821	ARABE.	»	(Arabe)............	(Arabe)................	»
»	ARARATH...........	»	(Arabe)............	(Arabe)................	»
1817	ARIEL..............	1820	(Arabe)............	(Arabe)................	»
1841	ASSAM..............	1850	Saklawi..........	Djulfé................	»
1846	BABOUL.......An.-Ar.	»	Ali Baba.........	Y. Melcha p. Tartare...	»
1804	BABYLONIEN..........	»	(Turc)............	(Turc)................	»
1801	BACHA..............	»	(Turc)............	(Turc)................	1819 M.
1842	BACHIBOUZOUK.......	1850	Hamdani.........	Koheil................	»
1813	BADIN..............	1819	(Arabe)............	(Arabe)................	1824 M.
»	BAGDAD.............	»	(Arabe)............	(Arabe)................	1807 M.
»	BAJAZET.	»	(Arabe)............	(Arabe)................	1817 M.
1828	BALIZAM LEBEN ATD-JABEL.	»	Saklawie Amdam.	Candour...............	»
1842	BARBE..............	»	(Barbe)............	(Barbe)................	»
1814	BARDAD.	1852	(Arabe)............	(Arabe)................	»
1826	BARK...............	»	(Barbe)............	(Barbe)................	1844 M.
1849	BARK...............	1852	(Arabe)............	(Arabe)................	»
1809	BAYRACHTER.........	»	(Turc)............	(Turc)................	1825 M.
1849	BEAUBEY............	1853	(Arabe)............	(Arabe)................	1853 M.
1835	BECHIR.............	1842	Zachaïa..........	Kadecha..............	»
1846	BEDDREDIN *.........	»	Saoud............	Garba p. Bedouin......	»
1822	BENI.	»	(Arabe)............	(Arabe)................	1846 M.
1815	BERCK..............	1822	(Arabe)............	(Arabe)................	»
1825	BERGOUT............	1831	(Arabe)............	(Arabe)................	»
1794	BERTRAND...........	»	(Arabe)............	(Arabe)................	»
1831	BIENVENU *...An.-Ar.	»	Tigris...........	Nichab...............	»
1816	BORACK.............	»	(Arabe)............	(Arabe)................	1827 M.
1825	BRITANNICUS........	»	Haleby..........	Une jument Nedjdi.....	»
1793	CADI...............	»	(Arabe)............	(Arabe)................	»
1825	CALIF *.......An.-Ar.	»	D. I. O..........	Nichab...............	1851 C.
»	CALIGULA...........	»	(Arabe)............	(Arabe)................	1823 M.
1816	CAMASH.............	»	(Arabe)............	(Arabe)................	1842 M.
»	CHEBÉIS............	»	(Arabe)............	(Arabe)................	»
1849	CHEFETIAH..........	1852	(Arabe)............	(Arabe)................	»
1816	CHELEBY............	1821	(Arabe)............	(Arabe)................	1834 M.

Années de la naissance.	NOMS DES ÉTALONS.	Années de l'importation.	ORIGINE. Père.	ORIGINE. Mère.	Années de la mort, de la castration, de l'exportation.
1803	CIRCASSIEN.	»	(Barbe).	(Barbe).	»
1790	COBAIL.	»	(Arabe).	(Arabe).	1820 M.
1811	COLOSSE.	»	(Arabe).	(Arabe).	»
1814	COURAGEUX.	»	(Arabe).	(Arabe).	»
»	CRAPS.	»	(Barbe).	(Barbe).	1823 M.
»	CURDE.	»	(Arabe).	(Arabe).	1823 M.
1811	DAHER.	1821	(Arabe).	(Arabe).	1830 M.
1798	DARIUS.	»	(Persan).	(Persane).	»
1842	DERVICHE.	1850	Abou Arkoub.	Koheil.	»
	DIEZZARD.	»	(Arabe).	(Arabe).	1816 M.
1813	DILIGENT.	»	(Persan).	(Persane).	1821 M.
1813	DIVAN EFFENDI.	1821	(Arabe).	(Arabe).	»
1847	DJDAAN.	1850	Seglawi.	Djenoube.	»
1835	DON QUICHOTTE *, An.-Ar.	»	Sylvio.	Moïna p. Tigris.	»
1817	DOUHEY.	1822	(Arabe).	(Arabe).	»
1817	DREY.	1822	(Arabe).	(Arabe).	»
»	DROGMAN.	»	(Arabe).	(Arabe).	1816 M.
1815	DURZY.	1821	(Arabe).	(Arabe).	»
1833	ECLAIR.	»	(Barbe).	(Barbe).	1848 M.
1848	ECLIPSE, ex Xyste. An.-Ar.	»	Romaguesi.	Gourbette p. Abou Arkoub.	»
1813	EFFILÉ.	»	(Arabe).	(Arabe).	»
1834	EL AZUS.	»	(Arabe).	(Arabe).	»
1835	EL RIM.	1842	Saklawi Federavi.	Saklawie Federavie.	»
1810	ESPERANCE *.	»	Cashef.	Houry.	1826 M.
1803	EUPHRATE.	»	(Turc).	(Turc).	1821 M.
1849	FANA.	1853	Race des Anœzis.	Race des Anœzis.	»
1803	FARCEUR.	»	(Barbe).	(Barbe).	»
1810	FOU.	»	(Arabe).	(Arabe).	»
1812	FOUDRE.	»	(Arabe).	(Arabe).	»
1847	FRIDOLIN. An.-Ar.	»	Emilio.	Zillah p. General Mina.	»
1797	GALAZZY.	»	(Turc).	(Turc).	»
1816	GAZAL.	1821	(Arabe).	(Arabe).	1827 M.
1814	GEREDAN.	»	(Arabe).	(Arabe).	»

Années de la naissance.	NOMS DES ÉTALONS.	Années de l'importation.	ORIGINE. Père.	ORIGINE. Mère.	Années de la mort, de la castration, de l'exportation.
»	GINGISKAN	»	(Persan)	(Persane)	»
1813	GLORIEUX	»	(Arabe)	(Arabe)	»
»	GODOLPHIN	»	(Arabe)	(Arabe)	»
1813	HADBAN	»	(Arabe)	(Arabe)	»
1817	HADDEIDI	1822	(Arabe)	(Arabe)	1828 M.
1815	HADJY	1821	(Arabe)	(Arabe)	»
»	HALAVERT	»	(Arabe)	(Arabe)	1818 M.
1847	HALEB	1852	(Arabe)	(Arabe)	»
1833	HAMDAN	»	El Bedawy	Hamdanie	»
1834	HEMON * ...... An.-Ar.	»	Premium	Java p. Raz el Fedawe..	»
1798	HERAC	»	(Turc)	(Turc)	»
1834	HERMES *	»	El Bedawy	Koeyl	1839 C.
1813	HEUREUX	»	(Persan)	(Persane)	»
»	HISPAHAN	»	(Persan)	(Persane)	1825 M.
1834	HOMÈRE *	»	El Bedawy	Warda	»
1817	HONTIEF	1822	(Arabe)	(Arabe)	»
1846	IBN RASSAM	1852	(Arabe)	(Arabe)	»
1794	IMAN	»	(Arabe)	(Arabe)	»
1801	IMARABE	»	(Arabe)	(Arabe)	»
1835	IRAC *	»	Antar	Monaghie	»
1836	ISLY	»	(Arabe)	Arabe	»
1831	JAVELOT * ..... An.-Ar.	»	General Mina	Java p. Raz el Fedawe...	1847 C.
1844	JOUHARA	1853	(Arabe)	(Arabe)	»
1840	KADER	»	(Arabe)	(Arabe)	»
1835	KANUT	»	Haleby	Leila	»
1848	KARA ALI	1850	Obayan	(Arabe)	1850 M.
1813	KEBECHÉ	1821	(Arabe)	(Arabe)	»
1837	KEHELAN	1850	Toubyan	Kehelan	»
1845	KEHELAN SAGLAWY	1850	(Arabe)	(Arabe)	»
1817	KELLY	1822	(Arabe)	(Arabe)	»
1849	KERBELA	1853	(Arabe)	(Arabe)	»
1836	KHAN *	»	Antar	Koeyl	»
1836	KNOUT *	»	Frigian	Asfoura	»
1808	KOCHLANY	»	(Arabe)	(Arabe)	»

Années de la naissance.	NOMS DES ÉTALONS.	Années de l'importation.	Origine. Père.	Origine. Mère.	Années de la mort, de la castration, de l'exportation.
1831	KOHEIL HABBAS......	1842	Koheilan.........	Koheilna...............	»
1837	LEONIDAS *...........	»	Massoud.........	Validé p. Raz el Fedawé.	»
1811	LION...............	»	(Arabe)	(Arabe)................	1839 M.
1841	LUSCOQUE *...An.-Ar.	»	Nasser	Pomponia p. Doge of Venice.	1851 C.
1837	LYNX *..............	»	Massoud	Monaghie...............	»
1846	MACHOUK PACHA.....	1853	(Arabe)	(Arabe)................	»
1816	MAHAMA.............	1822	(Arabe)	(Arabe)................	»
1846	MAHBOUB	1850	Seglawi..........	Koheil	»
1849	MAHI EDDIN...An.-Ar.	»	Kohel	Garba p. Bedouin	»
1838	MAHMOUTH *.........	»	Bedouin..........	Asfoura	»
1815	MABRUCK	1821	(Persan).........	(Persane)...............	1826 M.
1809	MAJESTUEUX	»	(Arabe)	(Arabe)................	»
»	MARABOUT	»	(Arabe)	(Arabe)................	»
1842	MASCARILLE *.An.-Ar.	»	General Mina.....	Mascara................	»
1833	MASSOUD	1842	Saklawi..........	Kelat..................	»
1831	MATAMOR	1838	(Barbe)...........	(Barbe)................	1842 M.
1815	MEDANI	1821	(Arabe)	(Arabe)................	1834 M.
1847	MESCHED...........	1853	(Arabe)	(Arabe)................	»
1814	MIKHAWI	1821	(Arabe)	(Arabe)................	»
1801	MIRZA............	»	(Arabe)...........	(Arabe)................	1821 M.
1817	MOCHAKEF	1822	(Arabe)	(Arabe)................	»
1800	MOCRABI............	1808	(Arabe)	(Arabe)................	»
1845	MOGADOR *..........	»	Benny...........	Bedouine...............	1849 C.
1837	MONAGHÉ ZAHÉ......	1843	Bedavie..........	Monaghé Zahé Ire	»
1817	MONKY.............	1822	(Arabe)	(Arabe)................	»
1846	MORBAL.............	»	Hamdani blanc...	Kenhlam Hamdani......	1853 M.
1798	MUPHTI	»	(Arabe)	(Arabe)................	»
1838	MUPHTY *...........	»	Massoud	Zoraïde p. Hyder Aly....	»
1801	MUSTAPHA..........	»	(Arabe)	(Arabe)................	»
1830	NEMERR............	»	(Barbe)	(Barbe)................	»
1839	NERVEUX.....An.-Ar.	»	Frigian...........	Massoudé p. Barelegs...	»
1803	OBIYOU	1819	(Arabe)	(Arabe)................	»
1846	OMICRON...........	»	Polidas...........	Asfoura................	»

Années de la naissance.	NOMS DES ÉTALONS.	Années de l'importation.	ORIGINE.		Années de la mort, de la castration, de l'exportation.
			Père.	Mère.	
1840	ORIENT *..... An.-Ar.	»	Mansourah.......	Moïna p. Tigris........	»
1840	ORIENTAL *..........	»	Abou Arkoub.....	Zoraïde p. Hyder Aly...	»
1814	ORKAN..............	1821	(Arabe)..........	(Arabe)...............	»
1796	OROSMAN...........	»	(Ture)...........	(Ture)..............	»
1840	OUADI *.............	»	Bedouin.........	Java p. Raz El Fédawe..	1850 M.
1840	OUESEL *............	»	Bedouin.........	Monaghie............	»
1840	OUM *..............	»	Bedouin.........	Bedouine p. Antar.....	»
1840	OURAN *............	»	Abou Arkoub....	Asfoura.............	»
1812	OURFALY..........	1821	(Arabe)..........	(Arabe).............	1838 M.
»	OUZELEY...........	1818	(Arabe)..........	(Arabe).............	»
1813	PACIFIQUE..........	»	(Arabe)..........	(Arabe)..........	»
1827	PAN *......... An.-Ar.	»	Eastham.........	Nichab..............	1840 M.
1830	POMPEE............	»	(Barbe)..........	(Barbe).............	»
1842	PRÉFÉRÉ...... An.-Ar.	»	Antar...........	Zillah p. General Mina.	»
1842	QUINOLA *..........	»	Laïsum..........	Déjanire.............	»
1823	RAAD..............	»	(Arabe)..........	(Arabe).............	»
1817	RAAS..............	»	(Arabe)..........	(Arabe).............	»
1843	RABBIN *...........	«	Laïsum..........	Hamdanie p. El Bedavy.	1849 C.
1843	REBUS *............	«	Mesrur..........	Dalila p. Massoud......	1850 C.
1843	REGULUS *..........	»	Mesrur..........	Eurydice p. Massoud...	1851 C.
1843	REMUS *...........	»	Laïsum..........	Candour Amdam p. Sha-klawie Amdam.	»
1816	RENEGAT...........	1822	(Arabe)..........	(Arabe).............	»
1813	RHADEBAN..........	»	(Arabe)..........	(Arabe).............	1832 M.
1816	RICHAN............	1821	(Arabe)..........	(Arabe).............	1839 M.
1846	RICHAN II..........	1850	Seklawi Hassene..	El Obaye Koheil el Ad-jous.	»
1804	RIS-HAM...........	»	(Arabe)..........	(Arabe).............	1824 M.
1816	ROMP.............	»	(Arabe)..........	(Arabe).............	1826 M.
1813	SAKAF............	1821	(Arabe)..........	(Arabe).............	»
1795	SAKAL............	1820	(Arabe)..........	(Arabe).............	»
1834	SAKLAWI DJEDRAN....	1834	Saklawi.........	Saklaouie...........	»
1849	SAMARA...........	1853	(Arabe)..........	(Arabe).............	»
»	SCIPION...........	»	(Barbe)..........	(Barbe).............	»
1794	SEDIMAN...........	»	(Arabe)..........	(Arabe).............	»

Années de la naissance.	NOMS DES ÉTALONS.	Années de l'importation.	ORIGINE. Père.	ORIGINE. Mère.	Années de la mort, de la castration, de l'exportation.
1813	SÉDUISANT	»	(Arabe)	(Arabe)	1820 *M.*
1813	SEGLAWIE	»	(Arabe)	(Arabe)	1820 *M.*
1836	SEKLAVI Ier	1842	(Arabe)	(Arabe)	»
1814	SERONGE *	»	Heliopolis	Bedouine p. Eclair	»
1809	SESOSTRIS Ier	»	(Arabe)	(Arabe)	»
1805	SESOSTRIS	»	(Arabe)	(Arabe)	»
1844	SEYPAN *	»	Mesrur	Eurydice p. Massoud	»
1840	SFIRI	1850	Hamdani	Hamdanie	»
1803	SHAH	»	(Persan)	(Persane)	1820 *M.*
1825	SHAKLAWY	1830	(Arabe)	(Arabe)	1837 *M.*
1814	SHAMI	»	(Arabe)	(Arabe)	»
1796	SHEIKH	»	(Arabe)	(Arabe)	»
1844	SHEIK ZAADE	1853	(Arabe)	(Arabe)	»
1800	SHEITAM	»	(Persan)	(Persane)	»
1817	SHEOUD	1822	(Arabe)	(Arabe)	1825 *M.*
1818	SHOUAIMAN	»	(Arabe)	(Arabe)	1843 *M.*
1813	SHOUAIMANI	1821	(Arabe)	(Arabe)	1822 *M.*
1841	SIDI AOUD	»	Hélénus	Aouda (Barbe)	1850 *M.*
1830	SINAN	1838	(Barbe)	(Barbe)	1849 *C.*
1807	SOLIMAN	»	(Barbe)	(Barbe)	»
1849	SOUEDJ	1855	(Arabe)	(Arabe)	»
1811	TADMOR	»	(Arabe)	(Arabe)	»
1798	TAMERLAN	»	(Persan)	(Persane)	1824 *M.*
1849	TAOUK	1852	(Arabe)	(Arabe)	»
1805	TARRACAN	»	(Persan)	(Persane)	1825 *M.*
1806	TITZICAN	»	(Barbe)	(Barbe)	»
1845	TOM POUCE *	»	Numide	Furette p. Massoud	»
1810	TREBON *	»	(Arabe)	(Arabe)	»
1813	TREFFY	»	(Arabe)	(Arabe)	»
1832	TREIFI	1842	Treifi	Treifia	1851 *M.*
1845	TRISTAN *	»	Kobeil Obayau Sederei.	Dalila p. Massoud	1851 *C.*
1846	USSEL *	»	Saoud	Balsora p. Antar	»
1846	USTUBERLU *	»	Kobeil Obayan Sederei.	Fortunee p. Bedouin	»
1846	UT-RE-MI *	»	Hussein	Diomeda p. Massoud	»
1846	UZERCHE *	»	Hussein	Gamba p. Bedouin	»
1829	VADNÉ	1834	El Bedavy	El Bedu	»

Années de la naissance.	NOMS DES ÉTALONS.	Années de l'importation.	ORIGINE.		Années de la mort, de la castration, de l'exportation.
			Père.	Mère.	
1847	VALENÇAY *	»	Koheil Obayan Se-derei.	Dalila p. Massoud.......	»
1847	VAUBAN *	»	Hussein..........	Hermine p. Bedouin....	»
1813	VISIR..............	»	(Arabe).	(Arabe).	»
1835	WARDA.............	»	Hlavie Ier........	Warda Ire.............	1844 M.
1810	WELLINGTON........	1818	(Arabe).	(Arabe).	»
1848	XILOE *	»	Koheil Obayan Se-derei.	Gamba p. Bedouin......	»
1791	YEMEN.............	»	(Arabe).	(Arabe).	»
1849	YERVILLE *	»	Hussein..........	Gamba p. Bedouin.....	»
1849	YO *	»	Hussein..........	Hermine p. Bedouin....	»
1824	YOUSSOUF..........	»	(Arabe)...........	(Arabe).	1846 M.
1817	ZACRE.............	»	(Arabe).	(Arabe).	»
1843	ZEID MEHEMET.......	»	Turkman.........	Favorite p. Hector.....	»
1850	ZOUAVE *	»	Hussein.	Gamba p. Bedouin.....	»

IMPRIMERIE DE PAUL DUPONT, RUE DE GRENELLE-SAINT-HONORÉ, N° 45, A PARIS.